人物叢書

新装版

最上義光《もがみよしあき》

伊藤　清郎

日本歴史学会編集

吉川弘文館

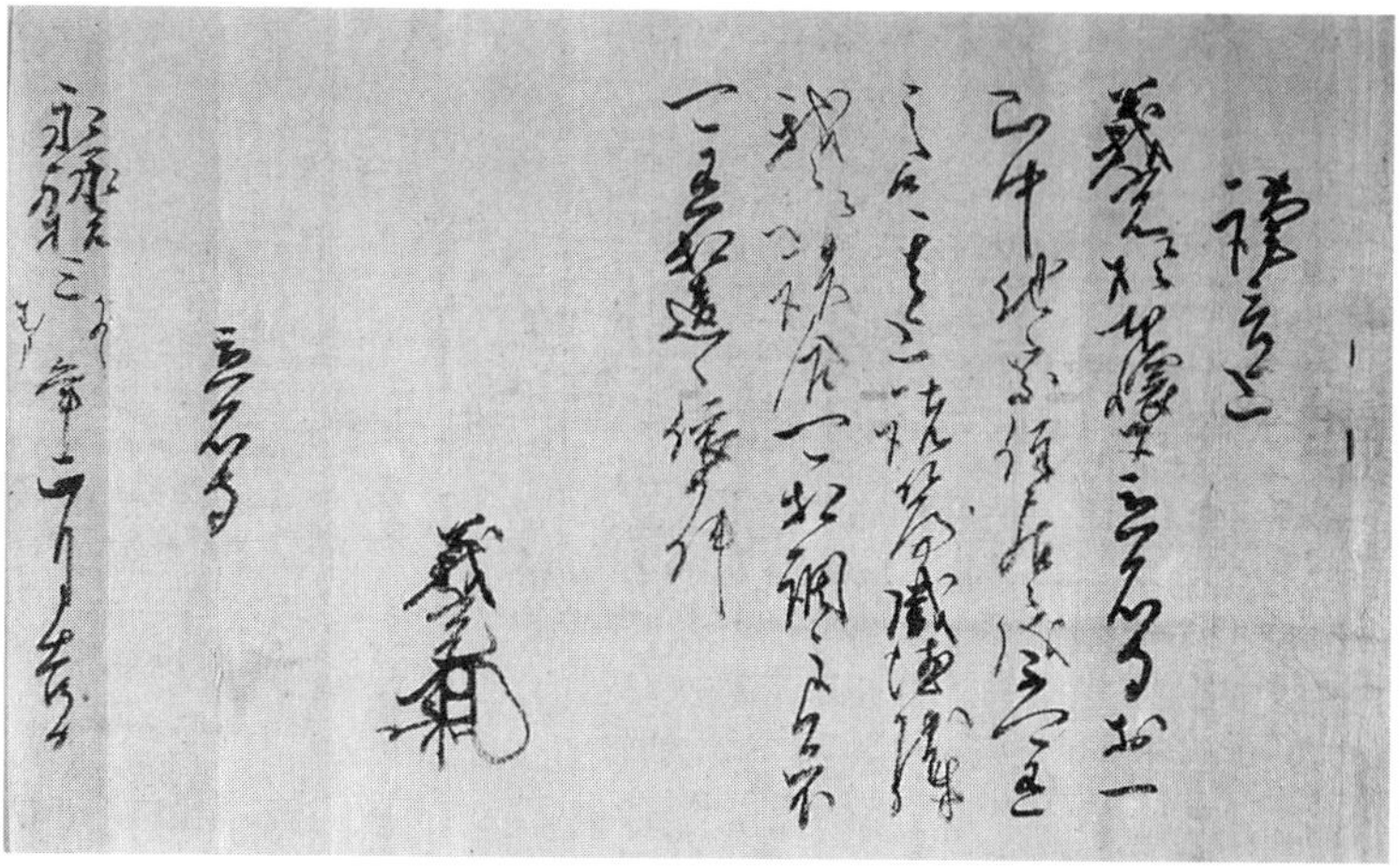

最上義光願文〈立石寺文書〉

（立石寺所蔵、最上義光歴史館提供）

永禄十三年（一五七〇）正月吉日に立石寺へ出されたもので、この頃、義光は家督相続をめぐって父義守との対立が深まりつつあった（本書三二・二〇九頁参照）。

謹言上

義光於本懐者、立石寺於一
山中、他宗住居之儀、不可有
之候、其上諸篇、威徳院殊
我々以談合可相調之旨、不
可有相違候、依如件、

義光（花押）

立石寺

永禄拾三かのへむま年正月吉日

最上義光所用「三十八間総覆輪筋兜」
〈𩊱《しころ》を取り付け，右下は鍬形・利剣を復元〉
（最上義光歴史館所蔵）

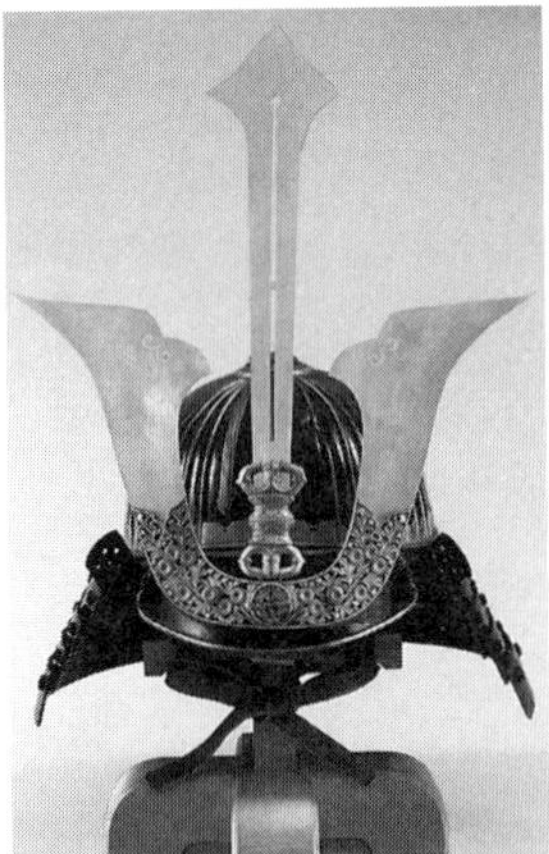

最上義光が〝北の関ヶ原〟長谷堂合戦時に身につけていたもので，三鈷《さんこ》（密教で煩悩をうち砕く意を表す）がついている。これを身につけた義光の姿は「長谷堂合戦図屏風」にも描かれており，合戦の最中に上杉勢の鉄炮がこの兜に命中し，兜の前面（三鈷より斜め右上）に玉疵がある（本書155・215頁参照）．

はしがき

最上義光《もがみよしあき》は、出羽《でわ》国の戦国武将にして山形藩初代藩主である。最上氏は義光の孫の代に御家騒動によって改易に追い込まれることになるが、その全盛期を築いたのはこの義光であった。しかし、全国的視野でみるとそれほど知られた人物ではない。甥の伊達政宗《だてまさむね》の人気に比較しても、それは明瞭である。

義光は、県史や市町村史、県の歴史シリーズ、村山の歴史などで、山形の基礎を造った人物として取り上げられるが、天正十六年（一五八八）の伊達包囲網の首謀者、天正十八年の奥羽仕置《おううしおき》の当事者、そして慶長五年（一六〇〇）の〝北の関ヶ原〟合戦で、上杉景勝《うえすぎかげかつ》・直江兼続《なおえかねつぐ》と敵対した人物、また連歌などにも才を発揮した文人武将として、さらには義光の妹で政宗の母である義姫《よしひめ》（お東）の活躍との関連で描かれてきた。湯村家文書や遠藤家文書などの最上関連史料が発見され（『伊達氏重臣遠藤家文書・中嶋家文書―戦国編―』白石市文化財調査報告

山形城二の丸東大手門・大手橋（山形市公園緑地課提供）

書四〇、二〇一一年）、最上氏に関する研究も進展しているが、それでも伊達政宗に比して全国的知名度は低い。

人物史として取り上げたものでは、誉田慶恩『奥羽の驍将　最上義光』（人物往来社、一九六七年）、高橋富雄『評伝　最上義光』（山形新聞社、一九八九年）、佐藤清志『最上義光―戦国の驍将―』（新人物往来社、一九九六年）、片桐繁雄『改版・北天の巨星　最上義光』（最上義光歴史館、二〇〇二年）、同『最上義光の風景』（山形商工会議所、二〇〇九年）や、人物小説風に仕立てたものに中村晃『修羅鷹　最上義光』（叢文社、一九八七年。のち『最上義光―伊達・上杉と死闘を演じた出羽の勇将―』〈PHP文庫、二〇〇六年〉と

山形城全景（霞城公園，山形市教育委員会提供）

改題して出版）などがある。

そういうなかで私が最上義光の人物史を執筆することにいたったのは、出羽合戦ともいわれる長谷堂《はせどう》合戦四〇〇年にあたる二〇〇〇年（平成十二）に、講演や合戦跡などを案内する機会が何度かあり、そのつど義光関係の史料などを読み返しているうちに、義光への興味が強まったためである。

なお、私は、この長谷堂合戦をふくむ慶長五年の会津攻めを〝北の関ヶ原〟と称するが、実は〝東北の関ヶ原〟と言われる場合が多い。しかし、この徳川家康《とくがわいえやす》によって行なわれた会津の上杉景勝攻めと長谷堂合戦は、戦の舞台が奥羽のみならず関東・北陸にまでに広がっている。したがって〝東北の関ヶ原〟では、この合戦の性格と範囲を十分反映していないことになる。また〝北の関ヶ原〟という呼称も、これまでも様々なところで使用されてきているが、奥羽の歴史にとって大転換点となったこの合戦を十分にとらえ切れてこなかったようにも思える。そこで本書ではあえて〝北の関ヶ原〟と呼び、この合戦の本質にも迫っていきたい。

私が義光に興味をもった遠因は、NHK大河ドラマ「独眼竜政宗」（一九八七年放送）に見るように、テレビなどで演じられる義光の人物像の設定に非常に疑問を感じていたことである。義光が滅ぼした出羽の武将白鳥長久《しろとりながひさ》に関連する「血染めの桜」の話に見られるような、謀略をこととする人物、父・弟をないがしろにする非情な性格などの評価に対して、誤解ではないかという思いがあった。

これは、近隣の伊達政宗や上杉景勝などに対する評価を見ていても、最上氏が元和八年（一六二二）改易《かいえき》されて、父祖の地を離れたことが大きく影響していると考えられる。一方で、郷土の英雄として美化する風潮があることも事実である。山形のアイデンティティーを形成する実在の人物として取り上げられ、偏狭な地域ナショナリズムの対象にされる場合が多いのではないか。

その後、上杉景勝と直江兼続主従の栄光と苦悩を描いたＮＨＫ大河ドラマ「天地人」の放映（二〇〇九年）があって、長谷堂合戦がどう描かれるのか、義光がどのような性格の武将として登場するのか期待したのであったが、ほとんどふれられず多くの人が落胆した（伊藤清郎「村山から見た『天地人』の世界」〈『河北の歴史と文化』六、二〇一〇年〉）。

また、二〇一三年は義光没後四〇〇年にあたるということで、山形市を中心に記念事業として「よしあきフェスタ」が開催され、再現戦国劇「長谷堂合戦絵巻」や「最上軍パレード」などが行なわれ、最上義光歴史館においても記念事業として、「最上義光と連歌」展や「遊《ゆ》行《ぎょう》上人《しょうにん》絵《え》」展も開かれ（最上義光歴史館『遊行上人絵』山形市、二〇一三年）、賑やかな一年であった。

ただ、思い入れが強すぎて最上氏や義光を美化し、過度の評価をしてはならない。そういう状況のなかで、義光や最上一族に対して正当なる評価を後世の者たちがしなければならないのではないか、私はそう思っていたのである。史・資料に基づく客観的冷静な研究の積み上げが、逆に魅力を引き出すことを忘れてはならない。このたび日本歴史学会よりその機会が与えられ、義光の人物像をまとめてみようと蛮勇を奮い起こした次第である。

義光が生きた時代は、戦国期の後半から織豊《しょくほう》期、江戸初期に至る中世から近世に移行する激動期である。ちょうど十六世紀後半から十七世紀前半にわたる。この中世から近世へ移行する時期の社会や民衆の姿も視野に入れながら、最上義光という人物史を描こうと考えた。

私たち「団塊の世代」も昭和から平成へ、二十世紀後半から二十一世紀前半にわたって生きている。二〇一一年三月十一日に起きた東日本大震災では、私は津波の影響もあって母を亡くした。「震災関連死」の一人といえる。享年九十八なので大往生ともいえないことはないが、実家の近くでは小学校の大惨劇があって、何ともやるせない気持ちである。災害や悲劇が絶えない世の中で私たちは生きていかねばならない。

二十一世紀に生きる私たちが、戦国時代や最上義光をはじめその時代を生き抜いていった人びとから何を学んだらよいのか、そんなことを反芻しながら執筆した。人間義光にどれだけ迫れたのか、はなはだ疑問ではあるが、読者の方々からの忌憚《きたん》のないご意見を頂戴することを期待している。

今回の執筆にあたり、多くの方からご教示やご協力をいただいた。と同時に、人物叢書執筆に手をあげてからずいぶんと時間が経過してしまい、日本歴史学会と出版元の吉川弘文館には多大のご迷惑をかけてしまった。深くお詫び申し上げたい。

なお、本書で使用する史料は、下記の所収史料を主に用いている。『山形県史』資料編一四〈慈恩寺史料〉（一九七四年）、『山形県史』資料編一五上〈古代中世史料一〉（一九七七年）、『山形県史』資料編一五下〈古代中世史料二〉（一九七九年）、『山形県史』一〈原始・古代・中世篇〉（一九八二年）、『山形県史』二〈近世編上〉（一九八五年）、『山形市史』史料編一〈最上氏関係史料〉（一九七三年）、『米沢市史』資料編一〈古代中世史料〉（一九八五年）、『米沢市史』一〈原始・古代・中世篇〉（一九九七年）、『寒河江市史』上〈原始・古代・中世編〉（一九九四年）、『寒河江市史』史料編〈慈恩寺中世史料〉（一九九七年）、『寒河江市史』〈大江氏ならびに関係史料〉（二〇〇一年）、『鶴岡市史資料編　荘内史料集一―一』古代・中世史料上巻（二〇〇二年）、『鶴岡市史資料編　荘内史料集一―二』古代・中世史料下巻（二〇〇四年）、『山形県地域史研究』一〇（一九八四年）、『宮城県史』二四〈資料篇二〉（一九五四年）、『宮城県史』二五〈資料篇三〉（一九五四年）、『仙台市史』資料編一〈古代中世〉（一九九五年）、『仙台市史』資料編一〇～一三〈伊達政宗文書一～四〉（一九九四～二〇〇七年）、『大日本古文書家わけ第三　伊達家文書』一～一〇、『大日本史料』第一〇編・一一編・一二編、『青森県史』資料編中世一〈南部氏関係資料〉（二〇〇四年）、『青森県史』資料編中世二〈安藤氏・津軽氏関係資料〉（二〇〇五年）、『秋田県史』第一一巻〈資料古代中世編〉（一九七九年）、『横手市史』史料編〈古代中世〉（二〇〇六年）、『本荘市史』史料編Ⅰ上（一九八四年）、『本荘市史』史料編Ⅰ下（一九八五年）、『本荘市史』通史編一（一九八七年）、『岩手県戦国期文書Ⅱ』（岩手県文化財愛護協会『文化財調査報告』八三、一九八六年）、『福島県史』七巻〈資料編二〉（一九六六年）、『新潟県史』資料編三〈中世一〉（一九八二年）、『新潟県史』資料編四〈中世二〉（一九八三年）、『新潟県史』資料編五〈中世三〉（一九八四年）、『上越市史』別編一〈上杉氏文書集一〉（二〇〇三年）、『上越市史』別編二〈上杉氏文書集二〉（二〇〇四年）などである。

二〇一五年九月

伊藤清郎

目次

口絵

挿図

挿表

第一　義光以前

一　南北朝期・室町期・戦国初期の最上氏

最上義光《もがみよしあき》は、最上氏第十一代の当主である。十二代とする説、あるいは八代とする説もあるが、本書では十一代説をとる。義光の生涯を書き始めるにあたっては、彼以前の最上氏の歴史をたどる必要があり、まず最上氏が歴史に登場する南北朝期～戦国初期の出羽の様相をみていきたい。

鎌倉幕府を滅ぼして誕生した後醍醐《ごだいご》天皇を中心とする建武《けんむ》新政権は、出羽《でわ》国には国守《こくしゅ》兼秋田《あきた》城介《じょうのすけ》として葉室《はむろ》光顕《はる(みつ)あき》をすえ、陸奥《むつ》国には国守として北畠顕家《きたばたけあきいえ》をすえる。北畠顕家は義良《のりよし》親王（のちの後村上天皇）を奉じて国府多賀城に下り、式評定衆《しきひょうじょうしゅう》・引付《ひきつけ》・政所《まんどころ》・評定奉行・寺社奉行・安堵奉行・侍所《さむらいどころ》を置き、在地には郡奉行所（郡奉行・郡検断）を置いた。一方、足利尊氏《あしかがたかうじ》は鎮守府《ちんじゅふ》将軍《しょうぐん》に補任《ぶにん》されている。

ところが建武二年（一三三五）、北条時行《ほうじょうときゆき》の乱を機に、足利尊氏は建武政権に反旗をひるがえす。このあと五十余年におよぶ南北朝動乱の始まりである。戦乱は民衆を「飢渇《きかつ》」と「死」の恐怖で包み込んだ（山形市岩波石行寺所蔵『大般若経』奥書巻一〇〇〈文和三年・一三五四〉、巻四二四〈延文六年・一三六一〉）。

奥州総大将斯波家長

建武政府側は尊氏勢と対峙するために、北畠顕家を陸奥守兼任で鎮守府大将軍《たいしょうぐん》に補任して（「鎮守府将軍」の職は従五位下相当だが、顕家は従二位参議であったので特別に「大」を入れて処遇した）奥州武士を動員し、顕家は建武二年暮には奥州武士の大軍を引き連れて、上洛を開始した。翌建武三年二月に尊氏軍を摂津（大阪府）で破り、九州へ敗走させた。顕家は再度奥州に下向するが、すでに尊氏は斯波家長《しばいえなが》を奥州総大将《おうしゅうそうだいしょう》として陸奥に送り込み、奥州武士を結集させていた。そのため顕家は、翌建武四年正月には多賀国府を捨てて、伊達《だて》郡霊山《りょうぜん》（福島県）に移ることになる。

吉野（奈良県）に逃れた後醍醐帝からの催促を受けて、同年八月、顕家は三万余の軍勢を率いて、再上洛をめざして霊山を出発した。しかし利あらず、翌暦応《りゃくおう》元年（一三三八）五月、和泉国石津《いしづ》（大阪府）で二十一歳の若さで戦死する。この後、南朝方は北畠顕家の弟顕信《あきのぶ》を陸奥介兼鎮守府将軍に任じて下向させ、情勢を挽回しようとしたが、奥羽の情勢は次第に北朝足利方に有利に展開していく。

北朝・室町幕府は、東国支配の要として貞和《じょうわ》五年（一三四九）に尊氏の子足利基氏《もとうじ》を鎌倉へ派遣し、鎌倉公方《くぼう》となった基氏は関東管領《かんとうかんれい》上杉氏との鎌倉府体制をつくりあげていく。奥羽に関しては斯波家長の次に奥州総大将として、建武四年（一三三七）石塔義房《いしどうよしふさ》を下向させた。ついで室町幕府は貞和元年（一三四五）、吉良貞家《きらさだいえ》と畠山国氏《はたけやまくにうじ》の二人を奥州管領として下向させた。この職は奥羽を一体的に支配する地方行政府の長官のような権限を有していた。この施策はうまくいくように見えたが、足利尊氏の執事高師直《こうのもろなお》と弟足利直義《ただよし》との対立から将軍尊氏と直義の兄弟の対立に発展し、幕府が分裂してしまう。これを観応《かんのう》の擾乱《じょうらん》という（一三五〇〜五二年）。このため南朝方の勢力も活発となり、一時は北畠顕信も多賀国府を奪回するが、すぐに奪い取られ、顕信は北奥に逃れていく。

羽州管領と斯波兼頼

さて奥州管領も分裂し、吉良・畠山・斯波・石塔各氏が管領を名乗り、「四管領」状態が続くことになる。このようななかで延文《えんぶん》元年（一三五六）、斯波兼頼《しばかねより》は羽州管領として山形に入部してくる。兼頼は安国寺を山辺《やまのべ》（山辺町大寺）に設置して南朝方を牽制し、管領の権限を行使して、北朝・室町幕府勢力を拡大していった。さらに一族を大山《おおやま》（鶴岡市）・成生《なりゅう》（天童市）両荘周辺に扶植し、のちの最上氏領国の基盤を築いていった。兼頼

斯波兼頼画像

（光明寺所蔵，最上義光歴史館提供）

の登場は、出羽国にとって大きな転換点となった（『図説　山形の歴史と文化』山形市教育委員会、二〇〇四年）。

「四管領」と呼ばれる四分五裂の状況のなかで、室町幕府は鎌倉府に、奥羽二ヵ国の支配を任せようとした。明徳《めいとく》三年（一三九二）には陸奥・出羽両国が鎌倉府の管轄に属することになり、応永《おうえい》六年（一三九九）には鎌倉公方満兼《みつかね》の弟らが稲《いな》村《むら》・篠川《ささがわ》両御所として奥州に下向し、支配を強化しようとした。これに対して室町幕府は、翌応永七年、奥州管領斯波氏の系譜を引く大崎詮持《おおさきあきもち》を奥州探題《たんだい》に補任する。

そのときに羽州管領も羽州探題となったものと考えられ（最上氏二代の直家）、室町幕府―奥州・羽州両探題と、鎌倉府―稲村・篠川両御所の、どちらに付くかをめぐって奥羽の国人《こくじん》層はゆれ動くことになる。京都扶持衆《きょうとふちしゅう》になる者、国人一揆《いっき》を形成して対応する者など、さまざまな動きが見られた。永享《えいきょう》十一年（一四三九）、関東管領上杉氏との対立から、鎌倉公方足利持氏《もちうじ》が自害して鎌倉府は滅亡する。その後、古河公方《こがくぼう》足利成氏《しげうじ》と伊豆の堀《ほり》越公方《ごえくぼう》足利政知《まさとも》の対立を中心に、関東は文明十四年（一四八二）まで大乱が続いた（享徳《きょうとく》の乱）。

室町幕府的政治秩序

一方の奥羽では、稲村・篠川両御所が死去した後、『余目記録《あまるめきろく》』（永正十一年頃成立）に記された書札礼《しょさつれい》（書状の形式などに関する規定）に見るように、室町将軍の下に、奥羽両探題を頂点とする室町幕府的政治秩序が保たれたようである。

『余目記録』の用例には、「謹上　山形殿　左衛門佐教兼」「謹上　大崎殿御宿所　源義春」「謹上　天童三郎殿　衛門佐教（ママ）」「謹上　大崎殿御宿所　天童源頼武」「進上　大崎殿人々御中　中野源義建」とある。文書の宛所の上には、「進上」「謹上」などの文言を付して相手に敬意を表すことがあり、これを「上所《あげどころ》」といい、相手との関係によって差異を付けた。大崎奥州探題との書札礼では、最上本家と庶子家天童氏は「謹上書《きんじょうがき》」で交わし、脇付《わきづけ》を付している。大崎氏は左衛門佐教兼《さえもんのすけのりかね》と官途《かんと》＋実名《じつみょう》、最上氏・天童氏は源義春と本姓＋実名を記して脇付を付しているので、大崎氏に対してより厚礼となっている。最上氏の一族中野氏は、進上書で源義建と本姓＋実名で出す。室町幕府（足利）的序列の中に奥羽の領主が位置づけられ、最上氏はその中で大崎氏の次に立つ領主であったことが書札礼からわかる。山形殿（最上氏）と天童殿は並立している。

戦国の幕開けとなる菖蒲沼の合戦

しかしながら、応仁・文明の乱や関東の大乱を引きがねにして、奥羽も戦国の争乱に突入していく。山形の地では、文明十一・十二年（一四七九・八〇）に置賜《おきたま》方面から五百川《いもがわ》峡谷づたいに伊達成宗《しげむね》の軍勢が寒河江《さがえ》大江氏を攻めるという事件が起き（菖蒲沼《しょうぶぬま》の合戦）、これが村山地域における戦国の幕開けとなる象徴的な合戦となる。

永正《えいしょう》元年（一五〇四）七月、寒河江大江氏十四代の宗広が死去すると、六男の孝広が後を継ぐ。後継者をめぐっては一族内で争いがあったようで、そこに山形の最上義定《よしさだ》が介入していく。永正元年から三度にわたって最上義定は寒河江に侵攻し、そのたびに退けられた（『安中坊系譜《あんちゅうぼうけいふ》』）。

慈恩寺の延焼

この「郡中兵乱」「国中の乱逆」と称される紛争の中で、慈恩寺《じおんじ》（山形県寒河江市）が延焼してしまった（『慈恩寺伽藍記』）。慈恩寺は鎌倉期永仁年中にも焼失し、再建されていた。この永正五年の延焼では、勧進《かんじん》による復興に向けて立ちあがったが（『慈恩寺金堂造営勧進状』）、永仁で再興した伽藍にはもどらず、江戸時代の享保《きょうほう》十二年（一七二七）の段階でも「旧観に復せず」「古に復せず」と慨嘆せざるをえない状況で、慈恩寺の衰微を招いたのだった。慈恩寺ではこの教訓からであろうか、一山全体を囲む城郭群を造築し、防備を固めていく（北畠教爾「慈恩寺の武力装置的側面を考える」〈『西村山の歴史と文化』V、西村山地域史研究会、二〇一〇年〉）。

伊達勢の影響力拡大

本格的な戦国争乱の時代へ

菖蒲沼の合戦で、寒河江大江氏は伊達勢の侵攻をはねのけたものの、伊達氏の支配が次第に及んできたらしく、永正六年（一五〇九）八月、国分胤重《こくぶんたねしげ》が伊達尚宗《ひさむね》の命を奉じて、越後上杉定実《さだざね》・守護代長尾為景《ためかげ》への加勢を催促した「廻文」が、下長井（西置賜郡）の被官衆とともに寒河江大江氏にも届けられた（国分胤重軍勢催促廻文写、奥羽編年史料所収文書）。寒河江大江氏が伊達陣営の一翼を担うことを求められたことになる。

室町期には足利一門と非一門の格差が著しかったが、十六世紀半ば頃になるとその差が解消されていく方向にあり、実力によって各所掌を勝ちとっていく方向になっていったとされる（谷口雄太「足利一門再考―『足利的秩序』とその崩壊―」〈『史学雑誌』一二二―一二、二〇一三年〉）。奥羽でも、大永《だいえい》三年（一五二三）に伊達稙宗《たねむね》が陸奥国守護職に補任、弘治《こうじ》二年（一五五六）に伊達晴宗《はるむね》が奥州探題職に補任されるなど、その傾向が顕著に見られる。十六世紀半ばをまたずに、奥羽も本格的な戦国争乱時代に突入していったのである（遠藤巌「戦国・織豊時代の出羽」〈伊藤清郎・山口博之編『中世出羽の領主と城館』高志書院、二〇〇二年〉）。

二　最上氏の系譜

1　最上氏の系図

大きな二つの系統

最上氏の系図を見ていくと（巻末系図参照）、兼頼《かねより》から義光までを、十一代にするものと、十二代にするものとがあることがわかる（伊藤清郎「室町期の最上氏と系図」〈羽下徳彦編『中世の社会と史料』吉川弘文館、二〇〇五年〉）。

義光を、兼頼から数えて十一代目とするのが、『寛永諸家系図伝』『寛政重修諸家譜』である。これは最上氏から提出された書き上げが基礎となったもので、その書き上げは光明寺本《こうみょうじ》（「光明寺本最上家系」）・宝幢寺本《ほうどうじ》（「宝幢寺本最上家系図」）・常念寺本《じょうねんじ》（「常念寺本最上家系図」）などによったものであろう。一方、菊地蛮岳氏旧蔵本によれば、十二代となる。菊地本の祖本は、高野山北室院《きたむろいん》にあったのではないかとされる。また『最上記』などには、「義光公迄八代也」とあって、八代説もある。

第一系

そうすると系図は、第一系と第二系が存在したことになろう。第一系は、光明寺本・

宝幢寺本・常念寺本などが依拠する祖本である。この祖本によって、光明寺本・宝幢寺本・常念寺本が作成され、それらに依拠して最上氏の書き上げが作成される。最上氏から提出された系図をふまえて、江戸幕府が『寛永諸家系図伝』『寛政重修諸家譜』を作成した。『続群書類従』第五輯上所収の「最上氏系図」も、この系統に属する。

第二系

第二系は、紀伊国高野山北室院か同東根《ひがしね》院にあった祖本で、明治四十一年（一九〇八）に最上郡金山村（金山町）の曹洞宗宝円寺の月光円半が写したものを、大正四年（一九一五）になって山形新聞社長の菊地蛮岳氏が、東根町の中島三郎氏から借り受けて書写したもの。これが『最上家系図』である。もう一つ『最上・天童・東根氏系譜』がある。これは、最上氏改易の後、東根城主の里見《さとみ》氏が徳島に移されたのであるが、その十八代の里見親賢氏が東根町の中島三郎氏に贈った系図があって、それを菊地蛮岳氏が写したものである。

高野山には、元和年間に東根城主の里見薩摩守景佐《かげより》が、本院・堂宇を再建した東根院がある。『最上・天童・東根氏系譜』「東根家系図」の奥書には、中島三郎氏が系図について東根院に照会している記事がある。最上氏と高野山との関係についてであるが、最上氏が高野山往生院・観音院を宿坊・菩提所としていたが、やがて両院は廃絶し、その後を北室院が継承した。「最上氏系図」の祖本が、北室院か東根院かにあった可能性を、『山形市史』史料編一は指摘している。

高野山観音院

この観音院については、仙台藩伊達家も戦国期から菩提所にしている（近世に入って成就院も菩提所にしている）。ただ、高野山では、平安後期から学侶方《がくりよかた》と行人方《ぎようにんかた》とが対立抗争を繰り返していて、その抗争は江戸時代まで持ち込まれる。元禄《げんろく》五年（一六九二）八月、江戸幕府の裁決が下り、学侶方の勝利となり、行人方の寺院が多く廃絶した。行人方に属していた観音院も廃寺となって、その跡を北室院が継承したのである（「古代中世史料・補遺（3）」〈仙台市博物館編『市史せんだい』Vol12、二〇〇二年〉）。最上家も伊達家も、同じ観音院を菩提所にしていたことになる。

2　最上氏歴代の系譜と事蹟・呼称

次に、歴代をめぐる系譜と事蹟・呼称についてふれてみる。

初代兼頼

初代の兼頼《かねより》は、斯波家兼《しばいえかね》の子で、生年は光明寺《こうみようじ》本系図と『光明寺由来記』によると正和《しようわ》五年（一三一六）生まれで、康暦《こうりやく》元年（一三七九）六十三歳で死去した。官職は修理大夫《しゆりだいぶ》、官位は従五位下、時宗《じしゆう》光明寺に葬られ、法名は光明寺殿成覚就公という。遊行《ゆぎよう》十代の

山形入部

他阿元愚《たあがんぐ》に帰依して其阿《ごあ》の号を受けた。貞治《じょうじ》三年（一三六四）八月十日、倉持《くらもち》兵庫助入道に山辺庄内塔見三分一を預け置いている（倉持文書）。また光明寺には、斯波兼頼の画像が残されている（山形市光明寺蔵、四頁参照）。

光　明　寺（山形市七日町）

延文《えんぶん》元年（一三五六）の兼頼の山形入部を、これまで羽《う》州《しゅう》管領《かんれい》として入部したと解釈してきたのに対して、白根靖大氏は奥州管領の両人《りょうにん》制《せい》という点に着目して、奥州管領の一人として出羽国内に分郡を求めたものと解釈している（白根靖大「南北朝・室町時代の動乱と出羽」〈前掲『中世出羽の領主と城館』〉）。永和《えいわ》三年（一三七七）十二月二十四日、将軍足利義満《よしみつ》の仰を受けて、管領細川頼之《よりゆき》が、鎌倉の円覚寺領出羽国北寒河江荘内五ヵ郷の諸役免除を執行するように命じた「斯波修理権大夫」とは、兼頼であろう（円覚寺文書）。出羽国内に将軍の命令を執行する権限を有していたのである。なお、兼頼については、生まれを嘉暦《かりゃく》二年（一三二七）、山形入部を貞治六年（一三六七）とする説もある（青柳重美「斯波兼頼の山形入部について」〈『山形県地域史研究』二二・二三、一九九七・九八年〉）。一族は、現在の村山・最上地域に盤踞《ばんきょ》していく。系図には最上氏を名乗ったとされるが、室町幕府管領奉書に見るように、斯波氏と呼ばれている。

二代直家

二代の直家《なおいえ》は、初代兼頼の子で、生年は不詳、応永《おうえい》十七年（一四一〇）に死去した。官職は右京大夫《うきょうだいぶ》、金勝寺《こんしょうじ》に葬られ、法名は金勝寺殿月潭光公という。室は伊達宗遠《むねとお》の娘で、この直家のときの明徳《めいとく》三年（一三九二）、奥羽二ヵ国が鎌倉府《かまくらふ》の管轄となった。応永六年（一三九九）に、稲村・篠川両御所が下向する。鎌倉には最上氏の屋敷があり、その所在地から「長尾殿」と呼ばれ、鎌倉公方に参向することもあった。応永七年（一四〇〇）、大崎氏が奥州探題に補任されるのであるが、最上氏も羽州探題《うしゅうたんだい》に補任されたものと考えられている。

「最上駿河守義昭」

ところで『戸沢家譜』（『寒河江市史　大江氏ならびに関係史料』）には、応永八年、伊達持宗《もちむね》が鎌倉公方持氏に反して奥州信夫郡《しのぶぐん》赤坂城に立て籠もり、翌九年にはその家臣らが刈田《かった》城に立て籠もったため、秋田・本堂・小野寺・戸沢・白鳥《しろとり》・寒河江・左沢《あてらざわ》・最上・清水各氏らが攻撃をしたことが記されている。この『戸沢家譜』に登場する「最上駿河守義昭」は、二代直家と同時代の人物になるが、どの系図にも見あたらない。

三代満直

三代の満直《みつなお》は、二代直家の子で、生年不詳であり、応永三十一年（一四二四）に死去した（死去を応永二十年、二十三年とする系図もあり）。官職は修理大夫、法祥寺に葬られ、法名は法祥寺殿念叟観公という。満直のときの応永二十三年（一四一六）十月、上杉禅秀《ぜんしゅう》（氏憲）の乱がおきる。前関東管領の上杉禅秀が、鎌倉公方足利持氏・関東管領上杉憲基《のりもと》を攻めて鎌倉から追い、政権を奪取する。室町将軍足利義持《よしもち》は、これに対して軍勢を派遣して持氏らを救援し、翌二十四年正月に上杉禅秀を鎌倉で自殺に追い込んだ。この乱をめぐって、『大館記』所収の『昔御内書符案』に「一応永廿三年　出羽探題修理大夫」という記事がある。「修理大夫」が三代満直に相当することは疑いなく、「御内書《ごないしょ》」の内容は、この上杉禅秀の乱をめぐって出された命令であろう。なお、満直の弟頼直《よりなお》は天童氏を号し、右京大夫を名乗る。官途を見るかぎりでは、最上本宗家と天童家が並立しているように見受けられる。

中野氏

『戸沢家譜』には、応永十九年（一四一二）、伊達成宗《しげむね》が鎌倉に反旗をひるがえして大仏城（福島市）に立て籠もり、それを攻めた斯波直政を支援して、南部《なんぶ》・蘆名《あしな》・相馬《そうま》・田村・岩城《いわき》・秋田・戸沢・小野寺・由利・最上各氏らが出兵をしたことが記されている。ここにみえる「最上修理太夫」は、三代満直のことであろう。系図によると、満直には男子が四人いたが、次男の満基《みつもと》を山形城の重要な支城である中野《なかの》城（山形市大郷）に封じた。中野氏はこの後、最上宗家を補佐する重要な位置を占めることになる。

四代満家

四代満家《みついえ》は、三代満直の子で、生年は不詳、嘉吉《かきつ》三年（一四四三）に死去した。官職は修理大夫で、長瀞殿《ながとろどの》と称し、寒河江大江氏の息女を妻にした。寒河江大江氏と最上氏との友好関係を読みとれる（『寒河江市史』上〈原始・古代・中世編〉）。『最上家譜』（東京大学史料編纂所架蔵影写本）や光明寺本・常念寺本の系図では、応永三十二年（一四二五）死去と記す。満家は、禅会寺《ぜんえいじ》（東根市長瀞）に葬られ、法名は禅会寺殿虎山威公という。最上嫡宗家がなぜ長瀞に葬られることになったのか。晩年、山形城を離れて長瀞に居を構えることによって、最上氏の北方進出の拠点づくりをしたということになろうか。満家の弟の満頼《みつより》は大《おお》久保《くぼ》城（村山市）に、満国《みつくに》は楯岡《たておか》城（村山市）に入部しており、山形の北方にあたる楯岡・長瀞・大久保のラインまで最上氏が支配の手を伸ばしたことを示すものであろう。この四代満家のときの永享《えいきょう》十年（一四三八）、鎌倉公方持氏の乱（永享の乱）が起きる。

長瀞氏の祖

『高野山観音院過去帳（甲本）』に、「大慈院殿椿谷齢禅定門　出羽最上長瀞殿　永正十六天四月廿四日」「東岳院決叟勝公大禅定門　出羽最上長瀞殿為御老父立之　天文六丁

酉六月十一日」「慶室貞公大禅定尼　逆修　長瀞殿上洛之時御立之　天文六丁酉六月十一日」とあって（前掲『市史せんだい』Ｖｏｌ12）、最上長瀞氏が続いている。この長瀞氏が、のちに最上義光が天童氏を攻略して最上郡全域を支配下に収めることになる天正《てんしょう》十二年（一五八四）の天童合戦の時、最上八楯《はちたて》（天童氏を中心とした成生《なりゅう》・東根《ひがしね》・六田《ろくた》・長瀞・飯田・尾花沢《おばなざわ》・延沢《のべさわ》の国人領主連合）の一つ長瀞氏として登場するのであろう。したがって四代満家は、長瀞殿の祖ということになろう。

五代について

その次の第五代の当主については、四代満家の子のうち、義春《よしはる》とするか、義春の兄である頼宗《よりむね》の継嗣を認めるかによって異なる。この継嗣の異同については、正覚寺（山形市旧皆川町）に伝わる縁起に、会津蘆名氏の女子（椿の方と称した）が四代の満家に入室したと記されているところから、寒河江大江氏から入室した女子との間に継嗣をめぐって確執が生じ、頼宗の五代継承が葬り去られたのではないかと見る説もある（前掲、片桐繁雄『最上義光の風景』）。なお、本書では、五代を義春とする立場をとる。

頼　宗

頼宗は、生年不詳で、嘉吉元年に死去した。官職は式部大（少）輔、右京大夫・修理大夫に補任され、法名は雲竜寺殿一棕（渓）守公という（たんに法名一渓ともいう）。頼宗の継嗣を認め、五代としているのは「菊地本」のみである。

五代の義春は、四代満家の子で頼宗の弟であるが、生年は不詳で、文明六年（一四七四）に死去した。足利将軍義政より偏諱《へんき》を下賜され、右馬助《うまのすけ》、右京大夫・修理大夫に補任されている。龍門寺《りゅうもんじ》に葬られ、法名は龍門寺殿天真（心）源公という。この義春の代より、足利将軍（義政）から偏諱を受けることになる。代々「義」の字を通字とする。一字を受け（名字状）、叙位任官《じょいにんかん》を受けるためには、公方・管領らに使者を派遣して、礼物として黄金・馬・太刀などを贈るなど、多大の出費が必要であった。もちろん公方からも太刀・香合《こうごう》・段子・絵などが下賜された。なお、伊達氏の場合は、持宗が将軍義持から応永三十年（一四二三）以前に一字を賜っているので、最上氏は少し遅れをとっている。

さて、出羽国赤宇曽郷《あかうそ》（由利本庄市）をめぐって相論があり、宝徳元年（一四四九）八月二十五日、将軍足利義政が「竹松殿」に、醍醐寺三宝院領として沙汰するように命じている（足利義政御教書案、醍醐寺文書）。赤宇曽郷の領主小介川《こすけがわ》氏・京都扶持衆の小野寺氏らを巻き込んで、相論は続いたようである〈宝徳二年〉二月十六日、小介川立貞書状案、醍醐寺文書。〈宝徳二年〉二月十八日、小野寺家道書状案、同）。「竹松殿」は将軍の命令を遵行する立場にあり、羽州探題にふさわしいといえよう。「竹松」は、五代義春の幼名であろうか。

ところで『羽黒山年代記』には、宝徳《ほうとく》二年（一四五〇）、「最上探題」が庄内を攻めたが、

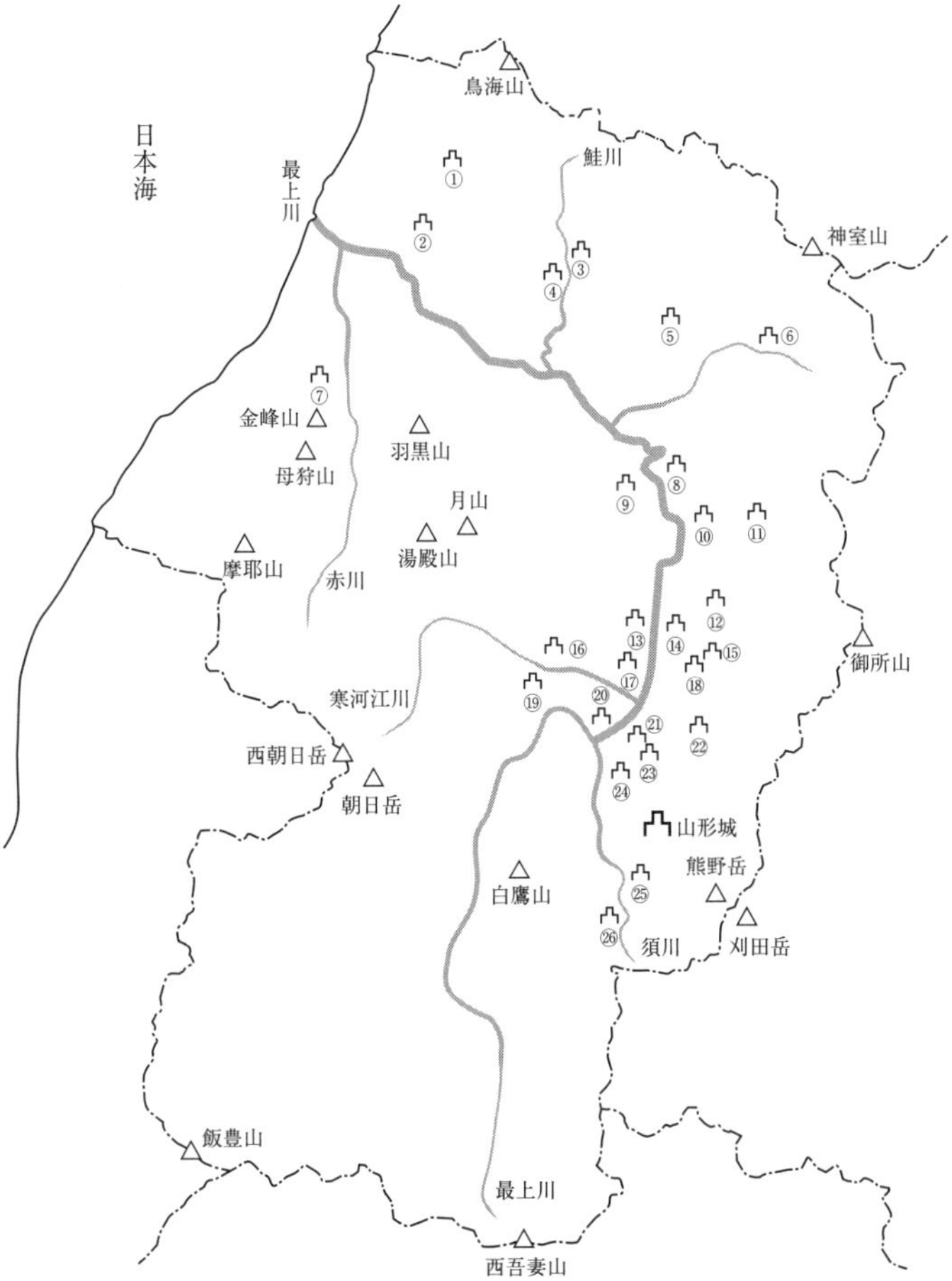

中世南出羽の領主分布図

凸山形最上氏　①来次氏　②砂越氏　③鮭延氏　④庭月氏　⑤日野氏　⑥細川小国氏　⑦大宝寺武藤氏　⑧鷹巣氏　⑨清水氏　⑩尾花沢氏　⑪延沢氏　⑫楯岡氏　⑬大窪(大久保)氏　⑭長瀞氏　⑮東根氏　⑯白岩氏　⑰白鳥氏　⑱蟹沢氏　⑲左沢氏　⑳寒河江大江氏　㉑蔵増氏　㉒天童氏　㉓高擶氏　㉔中野氏　㉕成沢氏　㉖上山氏

生け捕られてしまったことが記載されている。また応仁《おうにん》元年（一四六七）、上杉（大宝寺）健氏「最上へ御向アリ」とあって、山形へ参向している。義春の時代であろう。

享徳《きょうとく》三年（一四五四）、鎌倉公方足利成氏《しげうじ》が幕府と対立し、康正《こうしょう》元年（一四五五）、下総古河に拠り、以降は古河公方と称した。長禄《ちょうろく》四年（一四六〇）発給の将軍足利義政御内書案のなかで、古河公方足利成氏追討に国人らを動員して加わるように、「左京大夫」「修理大夫」宛に命令が出されている。その注記に「出羽探題山方歟」「出羽探題伯父歟」とある。羽州探題の軍事指揮権を表すものと考えてよかろう。「左京大夫」（右京大夫の誤記か）は義春ということになるし、「修理大夫」は天童頼勝あたりであろうか。このときの京都扶持衆は、大宝寺《だいほうじ》武藤氏（大泉氏）・小野寺氏・伊達氏などである。

室町幕府と義春の呼称

前述したように、永正年間に作成された『余目記録』を見ると、室町幕府（足利）的序列の中に奥羽の領主が位置づけられ、最上氏はその中で大崎氏の次に立つ領主であった。ただ、山形殿と天童殿は並立している。いずれにしても、山形殿・天童殿・中野殿という呼称がなされ、最上本宗家は山形殿と呼ばれている。

六代義秋

六代の義秋《よしあき》は、四代満家の子で（生年は不詳）、五代義春の実弟であったが養子となって六代を継ぎ、文明十二年（一四八〇）に死去した。官職は右京大夫・修理大夫に補任されている。法名は隣江院殿松岩芳公という。『親元《ちかもと》日記』文明十年（一四七八）正月表紙書入に「羽州探題の最上右京大夫殿への書状は、氏家伊予守が奏者となる」と記され、室町幕府政所執事代であった蜷川《にながわ》親元が、羽州探題最上氏に書状を送る際には、家臣の氏家伊予守宛に出し、氏家伊予守から主人の最上氏に披露してもらう型式をとったことになる（黒嶋敏「京・鎌倉と東北」〈白根靖大編『室町幕府と東北の国人』吉川弘文館、二〇一五年〉）。「最上右京大夫殿」は六代義秋のことである。羽州探題の政治的地位の高さがうかがえる。文明十一年（一四七九）・十二年に、伊達成宗が寒河江大江氏を攻めた菖蒲沼の戦いが起こる。この地域に戦国の争乱をもたらした合戦であるが、最上氏の当主であった義秋がこの合戦にどのように関わったか定かではない（『寒河江市史』上巻）。

七代満氏

七代の満氏《みつうじ》は、中野満基（四代満家の実弟）の息子で、四代満家の血筋は途絶えることになる。満氏は生年は不詳だが、六代義秋の養子となり、明応《めいおう》三年（一四九四）に死去した。九郎五郎と称され、官職は治部大輔《じぶたいふ》、国盛（成）寺に葬られた。法名は国盛（成）寺殿月心峯光公という。宝幢寺《ほうどうじ》本の系図に「葬地中野」とあるので、国盛（成）寺は中野に存在したと捉えるべきかと思われる。満氏は中野氏からの入嗣（中野満基の子）であるので、本宗家になにかがあったのかもしれない。

松蔵寺

なお明応五年（一四九六）、松蔵寺二世の定阿了儀聖人が著述した『松蔵寺幹縁疏』によると、菖蒲沼の戦いで死んだ伊達成宗の家臣桑折《こおり》播磨守宗義の菩提を弔うために、文明十二年（一四八〇）には、宗義の嫡子権太郎宗利が成宗と成宗一門である山形城主左京大夫満氏に依頼して松蔵寺を建立し、八鍬《やくわ》村の寺境の田地一〇貫の所を永代寄進したという（『寒河江市史　大江氏ならびに関係史料』）。

八代義淳

八代の義淳《よしあつ》は、七代満氏の子で、生年は不詳、永正元年（一五〇四）に死去した。四郎五郎と称し、官職は左衛門佐、龍壮寺に葬られた。法名は龍壮寺殿天鏡春（青）公という。『光明寺本兼頼公系譜』に「尾花沢龍昌寺入」とあって、現在の尾花沢の「竜昌寺」（曹洞宗）とも考えられるが、宝幢寺本には、「葬地中野村なり」とあって、山形・中野両方を支配する領主としては、龍壮寺は中野に存在したと考えるのが自然であろう。

九代義定

九代の義定《よしさだ》は、八代義淳の子で、生年は不詳、永正十七年（一五二〇）に死去した。出羽太郎と称し、官職は修理大夫であった。中野の雲照《うんしょう》（祥）寺に葬られ、法名は雲照（祥）寺（院）殿惟翁勝公という。母は明応八年（一四九九）に死去し、法名は雞琳院日棒大法尼（『最上源代々過去帖』）。室は伊達尚宗《ひさむね》の娘であった。永正十一年（一五一四）、伊達稙宗《たねむね》が長谷堂《はせどう》城を攻略し、伊達家臣小梁川親朝《こやながわちかとも》が城将として配されたため、義定は中野城に退避する。

尚宗の娘（稙宗の妹）が嫁して平和が戻り、義定も山形城に戻る。『高野山観音院過去帳（甲本）』には、「雲照寺殿帷翁勝公大禅定門　山形殿　享禄二年丑三月六日」とあって、没年が享禄《きょうろく》二年（一五二九）となっている。

十代義守

さて、次の十代の義守《よしもり》が、本書の主人公最上義光の父である。中野義清《よしきよ》の子で、九代義定の養子となり、天正《てんしょう》十八年（一五九〇）に死去した。享年七十であったので、逆算すると永正十八・大永《だいえい》元年（一五二一）頃の生まれであろうか。官職は修理助（亮）、右京大夫・修理大夫に補任され、法名は龍門寺殿羽典栄林公である。最初は中野の寿昌寺に、ついで龍門寺に葬られる。

義守は大永二年（一五二二）、二歳で最上宗家を嗣ぐ。『高野山観音院過去帳（甲本）』によると、長松丸と名乗り、九歳の時には高野山に登って、実父中野義清の逆修供養《ぎゃくしゅくよう》と、九代義定の追善供養を行なっている（前掲『市史せんだい』Ｖｏｌ12）。天文《てんぶん》三年（一五三四）、十四歳頃に、山形殿として立石寺《りっしゃくじ》日枝神社の修造を、一族の中野殿・東根殿・高擶《たかだま》殿らと行なっている（同棟札）。ここでも最上本宗家は、山形殿と呼ばれている。

当主の呼称

最上氏の当主がどのように呼ばれていたのか。斯波兼頼が山形に入部して以降、内陸部すなわち現在の村山地域に盤踞していくなかで、庶子らは天童・高擶・蟹沢《かにさわ》・泉出《いで》・

中野・大久保・楯岡・東根・鷹巣《たかのす》・上山《かみのやま》・清水各氏のように郷名を名乗っていくようであり、「山形殿」もその一つということになる。次の義光の代にはそれが大きく変容する。

さて、義守は、六年にもわたった伊達氏の内紛である伊達天文の乱では、最初は当主稙宗側に立ったが、後には嫡男晴宗側に味方した。永禄《えいろく》六年（一五六三）の「諸役人附」に、「関東衆」の一人として「最上出羽守奥州」と出てくるのは（『群書類従』雑部）、この義守であろう。義守は約五〇年間、最上氏宗家の長として君臨する。

歴代の官途

最上氏歴代の官途を見ていくと、修理大夫・右京大夫の両方か、どちらかを名乗り、名乗らなかったのは七代満氏と八代義淳だけである。ことに右京大夫は、左京大夫を名乗る奥州探題家大崎氏と、肩を並べる羽州探題家最上氏の権威を示すものであった。

一方、左京大夫に関しては、伊達氏が陸奥守護職となる稙宗の時代に名乗りはじめ、奥州探題職となる晴宗も、続く輝宗《てるむね》・政宗《まさむね》も左京大夫を名乗っていく。伊達氏は、奥州探題大崎家の地位を奪取したのである。羽州探題最上氏の方は、その権威が弱体化はしたものの、他家から奪われることはなかった。

最上氏の状況

つまり、最上氏は、南北朝・室町期は羽州管領・探題として、奥羽においては大崎氏の奥州管領・探題と比肩する位置にあった。戦国期はそれを引きずりながらも、台頭してきた伊達氏の勢いに押されていく。最上氏は、越後勢には庄内を奪取され、一方の伊達氏の方は、葛西氏や大崎氏を軍事指揮下に入れ、会津蘆名領も手中にして、南奥羽に大勢力を有していく。その差は歴然としている。

次章では、最上氏としては最大の勢力を有するに至った第十一代義光の誕生から見ていくことにする。

第二　義光の誕生と父子相克

一　最上氏と伊達氏

脆弱な権力構造

初代の兼頼《かねより》が山形に入部して以降、最上氏の一族が現在の村山・最上地域に盤踞《ばんきょ》していく。しかし、最上本宗家は、最上一族や譜代・外様の国人領主との間に強固な主従関係をつくり上げていたわけではなく、その権力構造は脆弱《ぜいじゃく》なものであった。この最上氏の弱点を突くような形で攻勢をかけてきたのが、境を接する伊達氏である。

伊達氏

伊達氏は本姓藤原氏、常陸国伊佐《いさ》荘中村《なかむら》（茨城県筑西市）に拠点を有していたので、伊佐氏、中村氏と称した。源頼朝《みなもとのよりとも》の奥羽合戦後、朝宗《ともむね》（念西）の代に陸奥国伊達郡地頭《じとう》職《しき》に補任《ぶにん》され、伊達氏と称するようになった。伊達氏初代が居城を高子岡《たかこがおか》城（福島県保原町）に置き、以後、粟野大館《あわのおおだて》（同桑折町）、梁川《やながわ》城（同梁川町）へと移り、稙宗《たねむね》の時には桑折《こおり》西山《にしやま》城（同桑折町）に拠点を移した。そして南北朝期末頃の宗遠《むねとお》の代には、置賜《おきたま》地域に勢力を有していた大江《おおえ》長井《ながい》氏を一掃し、高畠《たかはた》（山形県高畠町）に拠点を有していた（『伊達正統世次考』）。

義定期の伊達氏との関係

義光の二代前になる義定《よしさだ》の代に、永正十一年（一五一四）二月、伊達稙宗によって長谷堂《はせどう》（山形市）・上山《かみのやま》（上山市）両城を攻撃され、最上氏は両城を奪取されてしまう。楯岡《たておか》・長瀞《ながとろ》・山辺《やまのべ》・吉河各氏ら一〇〇〇余人が討ち死する激戦だった（「天文本大江系図」）。この合戦の後、長谷堂城には伊達家臣の小梁川《こやながわ》中務親朝《ちかとも》が城将として配され、山形城に拠る義定を牽制し、圧力をかけてきた。そのため義定は中野城に退避するに至った。翌十二年に入ると、寒河江《さがえ》大江氏の仲介もあって最上・伊達両氏は和睦し、義定は伊達稙宗の妹を妻として最上家に迎え入れ、義定自身も中野から山形城に帰城して両家間に平和が戻った。

義定の死と伊達氏の介入

しかし、永正十七年（一五二〇）二月に最上義定が死去すると、稙宗の妹に嫡子となるべき子がなかったこともあって、山形城には故義定夫人（稙宗の妹）のみが残った。伊達方の介入が一層強くなることに反発した上山城主上山（里見）義房が、同年四月に伊達氏に反旗を翻した。それに呼応して最上衆も一斉に蜂起した。

寒河江大江氏の反感

これに対して、伊達稙宗は自ら上山に兵を進め、さらに山形城に入城、天童付近でも合戦を行なっている。最上勢は、強力な伊達軍の前に一蹴されてしまう。この合戦で伊達氏を支援した者には、会津蘆名《あしな》氏や稙宗の女婿の相馬《そうま》顕胤《あきたね》もいたようである（『米沢市史』一〈原始・古代・中世篇〉）。このとき伊達方の捕虜になった兵たちの中には、寒河江大江一族およびその家臣たちが多くおり、寒河江大江一族の反伊達氏の感情が強烈なものであったことがうかがえる。この反感の背景には、伊達成宗《しげむね》の軍勢が寒河江大江氏を攻めた文明十一・十二年（一四七九・八〇）の菖蒲沼《しょうぶぬま》の合戦後に、伊達氏の勢力が入り込んで伊達方に傾斜したものの、その後に最上義定がたびたび寒河江大江氏領に侵攻したために、最上方に就くという事態が生まれていたためであろう。

伊達氏による内政干渉

さて翌永正十八年七月、伊達稙宗は葛西《かさい》・相馬・岩城・会津・宮城国分《こくぶん》らの軍勢を率いて最上川を渡り、高瀬山《たかせやま》（寒河江市）に陣をしき、寒河江大江勢を威喝するという挙に出た。この伊達軍には最上氏も参戦していた。しかし寒河江大江一族は頑強に抵抗し、ついに八月、伊達軍が陣を引くに至る（「工藤喜兵衛家大江系図」）。

このように、最上衆や寒河江大江勢の抵抗が強かったために、伊達氏による最上領の直接支配は困難となり、大永二年（一五二二）、中野民部大輔義清（八代最上義淳《よしあつ》の孫）の子義守《よしもり》が、最上宗家《そうけ》を嗣ぐこととなった。しかしこのとき義守はわずか二歳の幼児であり、事実上、山形城内で実権を握る故義定夫人（稙宗の妹、出家していたであろうが）を通じて伊達氏の内政干渉を受けたものと思われる。そのためこの年の春には、成生十郎《なりゆう》、長崎の中山朝勝らが最上の宗家に背き、天童頼長や東根頼景《ひがしねよりかげ》らもこれに与同した。しかしながら、この乱も何とかおさまったらしく、この後、義守も成長して領国支配の安定に努め、治世は半世紀を超えた。

天文の乱

一方、伊達領国内では、時宗丸（実元《さねもと》）の養子問題や知行制確立をめぐって、天文《てんぶん》十一年（一五四二）に父稙宗とその子晴宗《はるむね》との対立が激化し、家中は両派に分裂して抗争し、さらに南奥羽の国人《こくじん》層を巻き込む大規模な争乱に発展していった。天文の乱である（一五四二〜四八年）。この乱の結果、稙宗は丸森《まるもり》（宮城県丸森町）に隠居し、晴宗が権力を掌握した。家臣団と領国支配の強化がなされて『晴宗公采地下賜録』が作成され、伊達氏は南奥羽における有力な戦国大名に成長していく。居城も米沢（米沢市）に移す。これは長井地域の生産性の高さと京都・上方への利便性などがあったとされる（『米沢市史』第一巻）。

天文の乱と最上義守

伊達氏の内紛である天文の乱において、最上義守は、伊達稙宗から谷地《やち》の白鳥《しろとり》氏を通して加勢するよう依頼されたこともあってか（六月十一日、伊達稙宗書状、田村文書）、当初、山形城にいる義母の兄にあたる稙宗を援助して置賜方面に出兵した。一時は置賜地域を制圧し（十一月十四日、上郡山為家書状写、奥羽編年史料所収文書）、笹谷口《ささや》（山形市）にも出陣していたが（卯月七日、最上義守書状、伊達家文書）、乱末期には晴宗方についた。

このように、最上義光が誕生した頃の山形は、父義守の執政が続くとともに、伊達氏をはじめとする近隣の領主との抗争が展開され、戦国の争乱が深化し、近世社会へ向けての胎動が始まりつつある状況下にあった。

二　義光誕生

義光の誕生

義光は、義守の長男として天文十五年（一五四六）山形に誕生した。母は小野少将娘（「宝幢《ほうどう》寺《じ》本最上家系図」）とされる。

義光誕生の逸話として、『羽源記《うげんき》』「義見（義光）武者修行の事」に、真言宗の僧侶が百日の軍荼利夜叉《ぐんだりやしゃ》の秘法を行なったところ、百日目の暁に城中の山王権現社の上空に羽黒山神が現れ、生まれてくる子を加護すると告げたと記している。このような義光の誕生譚が生まれたのは、近世に入ってからであろう。

義光の兄弟

義光の兄弟には、長瀞城主となる義保《よしやす》（新八）、楯岡城主となる義久《よしひさ》（光明寺所蔵の「光明寺本最上家系」〈以下、光明寺本〉では光直、甲斐守）がいる。系図によっては、中野殿と称する義時、白岩《しらいわ》殿と称する光広《あき(みつ)ひろ》（松根備前守）、本庄殿と称する光俊《あき(みつ)とし》（豊前守）も加えられている。義時の存在を記載するのは、『最上・天童・東根氏系譜』の「最上系譜」（菊地蛮岳旧蔵）だけであり、光明寺本の系図には弟の一人に「某　中野殿」と記されているところから、義時が実在した根拠とする説もあるものの、義時の実在を証明するには至っていない（大澤慶尋「『天正二年最上の乱』の基礎的研究」）。光広については、『安中坊系図』に白岩氏七代の項に「天正五年、山形義光弟為松根光広、被害、家絶」とあり、『白岩系図』の光広の項に「白岩備前守広教為聟養子松根家相続、実最上少将義光甥也」とあって、義光の弟説と甥説の二つがあったことになる。甥説では、義光の弟の義保の子で、義保が早くに死んだため義光に育てられ、庄内に松根城を築いて松根氏を名乗ったとされている。

妹・義姫

妹には義姫《よしひめ》と、ほかに光明寺本には上山氏に嫁した女子も記されている。義姫（お東・保春院《ほしゅんいん》とも呼ばれた）は、義光とは二つ違いの妹になる。彼女は伊達輝宗《てるむね》のもとへ嫁ぎ、永禄《えいろく》十年（一五六七）八月、米沢城で政宗（幼名梵天丸《ぼんてんまる》）を生む。輝宗は二十四歳、義姫は二十歳であった（『性山公治家記録』）。

義光の元服

さて最上義光は、幼名は白寿丸《はくじゅまる》と言い、永禄元年（一五五八）に十三歳にて元服、将軍足利義輝から偏諱《へんき》、すなわち義の字をもらい義光とし、通名源五郎《げんごろう》と称した。その御礼として翌永禄二年、父の義守は将軍に馬を献上し、将軍義輝は「出羽国最上山形孫三郎」の献上した馬が無事に通過するように、越後の長尾景虎《ながおかげとら》へ往来の便を図るよう命じている（六月二十六日、足利義輝御内書、上杉家文書）。なお、『山形県史』資料編一五上は永禄四年のこととするが、『新潟県史』資料編三では永禄二年としている。永禄元年に元服したのであれば、御礼の馬献上は翌年の方がふさわしいと思われる。

父子で上洛

永禄六年（一五六三）、義守（当時四十三歳）と義光（当時十八歳）はともに上洛した。『言継卿《ときつぐきょう》記《き》』同年六月十四日条に「出羽国之御所山形殿父子」と見える。

宝光院旧蔵文殊菩薩騎獅像《もんじゅぼさつきしぞう》には、中野（山形市）寿昌寺《じゅしょうじ》に住む源氏末葉の永浦尼《えいほに》が刺繡して、永禄六年四月十七日に宝光院住職増円に寄進したと記されている。義守と義光の上洛にあたって無事を祈り、製作したものとされる（松尾剛次「山形市宝光院と文殊菩薩騎獅像」〈『山形大学大学院社会文化システム研究科紀要』六、二〇〇九年〉）。この永浦尼とは義守の妻であるので、小野少将娘ということになろう。

旅で得たもの

馬の献上ルートからして、父子の上洛への道は北陸ルートを利用したのであろうが、山形―京都間を往復する旅の中で、義光は諸国の状況や京都における公家、将軍・幕府、町衆の様子をつぶさに見て見聞を広げるとともに、多くの人的関係も築いたに違いない。連歌の名手になっていく素地を形成する機会にもなったのかもしれない。その後の義光の人生にとって、多大なプラスになったものと思われる。

『最上記《もがみき》』「義守公逝去之事」に見る盗賊退治の話、『奥羽永慶軍記《おううえいけいぐんき》』「最上義守逢夜討事」・『羽陽軍記《うようぐんき》』「義守浴高湯温泉事」・『羽源記』「山形義晃家譜之事」に見る義光十六歳の時の高湯温泉での山賊退治の話、『羽源記』「義晃武者修行之事」に見る諸国武者修行に出かけたなどの武勇伝は、軍記物《ぐんきもの》に数々記されているが、ここでは取り上げない。ただ、元亀《げんき》元年（一五七〇）と天正《てんしょう》二年（一五七四）に、父子相克があったことはよく知られている。

三　父子の相克と家督相続

内紛の始まり

最上氏でも伊達氏と同様、内紛が始まる。これまでは、義守が長男義光を嫌い、その弟義時を寵愛したことから、父子兄弟の相克が始まったとされてきた。元亀元年（一五七〇）

のことである。しかし、義時の存在は『最上・天童・東根氏系譜』のみに認められるだけで、他の系図には見えない。そこから義時の存在を否定する説も打ち出されている。

一九九七年（平成九）、大澤慶尋氏によって湯村家文書（神奈川県相模原市）が発見され、氏の研究によって父子相克と西根《にしね》・東根《ひがしね》国人、最上氏家臣団、伊達輝宗・伊達氏家臣の関与が明らかにされた（前掲、大澤慶尋論文）。ここでは二度にわたる父子相克の過程を追いながら、最後にその対立の要因を探りたい。

1　元亀元年の家督相続と父子対立

困難な家督相続

永禄十三年（一五七〇年、四月二十三日に元亀と改元）、二十五歳となった義光は、正月吉日付で立石寺《りっしゃくじ》に、「本懐《ほんかい》」が達成したならば立石寺「一山中」での他宗の者の居住を一切認めないという願文《がんもん》を出している（立石寺文書、口絵参照）。本懐とは、家督を継いで最上家当主となり、山形城主になることであったろう。義光が家督を相続するにあたって何らかの困難な事態があったことを意味している。

父子の対立と和睦

この年五月十五日付で最上栄林（義守）は、伊達家臣の牧野弾正忠久仲《まきのだんじょうちゅうひさなか》へ、次のような内容の書状を出した（伊達家文書）。過日牧野宛に書状を出したが、中野常陸介宗《なかのひたちのすけむね》時《とき》・牧野久仲の父子の謀反事件があって「路次不自由」で使者が戻ってきた、その後に最上の方も争乱があって「此口手透《てすき》な」く連絡が取れなくなったが、再び書状を出し、そちらは伊達輝宗と中野父子が和合することが大切であり、当方最上も宿老である氏家《うじいえ》

立石寺（山形市山寺　上・遠景　下・本堂）
山形城の鬼門の位置にあり，義光は特に信仰し厚く保護した．

守棟《もりむね》の「意見」を受け入れて、栄林と義光とは「親子和与《わよ》」するにいたり、「祝着《しゅうちゃく》」のこととなった、というものである。

中野・牧野の父子は伊達輝宗への謀反発覚によって、米沢市中に放火し、追い詰められて相馬へ遁走した（『性山公治家記録』）。義守は状況を正確に把握できなかったのか、中野・牧野の父子を通じて娘婿の伊達輝宗の応援を得ようとして、渦中にあった牧野氏に連絡を取ろうとしたのである。結果的には、義守・義光父子間の対立は、宿老氏家の仲介によって和睦したと書状に述べている。

宿老氏家氏

この宿老の氏家氏は、最上氏の外交を担っており（〈天正十年〉十一月二十五日、下国宛氏家尾張守守棟書状、湊文書など）、上杉景勝《うえすぎかげかつ》にとっての直江兼続《なおえかねつぐ》、伊達政宗にとっての片倉小十郎《かたくらこじゅうろう》らと肩を並べる武将である。江戸時代にはなるが、『最上義光分限帳』（慶長末年頃の内容）に氏家左近が天童に一万七千石を、『最上源五郎様御時代御家中並寺社方在町分限帳』（元和末年頃の内容）に氏家左近が成沢《なりさわ》に一万八千石を、『最上家中分限帳』（慶長末年頃の内容）に氏家尾張守が天童に一万七千石を宛行《あてが》われている。

義守の出家

義守はすでに禅宗に帰依して出家得度し、栄林《えいりん》と号し、元亀二年（一五七一）秋彼岸には、以前に置賜高玉《たかだま》（白鷹町）の瑞龍院《ずいりゅういん》の僧であった一翁和尚から「下炬語《あこご》」をもらっている。下炬とは、禅宗で火葬の時に、僧が遺骸に火を付けることで、後には偈《げ》を唱えてしぐさをするだけとなったとされる。つまりは安心立命を保証してもらったことになろう（元亀二年秋彼岸、一翁老衲預覚下炬語、龍門寺文書）。義守は元亀元年五月十五日付書状で栄林と称している。したがって、これ以前に、義光に家督を譲り、出家していた可能性は高い。

周囲の動き

さて、庄内大宝寺《だいほうじ》氏の家臣九雲斎明三は、四月二十三日付で遠藤内匠助基信《もとのぶ》に宛てて、最上家中の紛争に伊達輝宗が上山へ出兵したとの情報を得たが、それは最上栄林（義守）からの要請を受けて加勢するために出陣したのか、それとも輝宗の専断で出陣したのか、確かめようとする書状を送っている（本間美術館所蔵）。大宝寺氏も、最上家中の内紛に乗じて最上領に進出する機会を探っていたのであろう。

これまでは、この四月二十三日付の遠藤内匠助基信宛九雲斎明三書状をもって、伊達輝宗は元亀元年に義父義守を応援するため出兵し、庄内の大宝寺武藤氏も内紛に乗じて最上領侵入の機会を狙っていたとされてきた。しかし大澤慶尋氏は、遠藤基信が宿老になった時期、内匠助を名乗る時期、上使曽我殿の動き、輝宗の行動などから、この書状の年次について、元亀元年説を否定して元亀二・三年頃のこととされた（前掲、大澤慶尋論文）。大澤説に従いたい。

元亀三年（一五七二）三月十七日付の萩生田《はぎゅうだ》弥五郎宛最上義光宛行状では（秋田藩家蔵文書）、下級家臣と思われる萩生田弥五郎に、妙見寺内二〇〇〇苅・畠一貫地、飯田内一〇〇〇苅を加増している。理由は「此方罷越致奉公付而」、つまり最上家中で紛争が生じたため義光が軍事動員をかけ、それに応じて萩生田氏が参戦したことに対する恩賞ということになろう。

続く対立

このように、元亀元年、義光の家督相続をめぐる父子間の対立が表面化し、最上家宿老の氏家氏の嘆願で、なんとか義守・義光父子の抗争が一時的には収まったものの、その後も父子間の不和は続き、義光が最上宗家家督として舵取りをしていくが、元亀二年から三年にかけて、伊達輝宗が栄林応援のため出兵するなど、最上一族の対立はくすぶっていたようである。

2　天正二年の父子対立

表面化した対立

天正二年（一五七四）、最上父子の対立はふたたび表面化する。義光の政策に反感を抱いた国人らが蜂起するに至った。義光の父最上栄林（義守）が、この年の正月十三日付で大《おお》津将監《つしょうげん》に宛てた書状では、息子の義光との間に確執が生じ、しかも最上郡中《もがみぐんちゅう》（西根・東根筋の国人たち）・山形中《やまがたちゅう》（最上氏家臣たちではあるが、義光に反抗する者）の領主たちも反義光の動きを強めているので、伊達輝宗と相談の上、義光討滅のために助勢してくれるよう取りはからってほしいと懇願している（湯村家文書）。

伊達輝宗の義守方助勢

これを受けて伊達輝宗は正月二十五日、高畠城主の小梁川中務盛宗に命じて、最上一族の里見民部の居城である上山城を攻撃する。正月二十九日には、義光に奉公していた寒河江大江氏が、伊達家に帰伏していた天童・白鳥《しろとり》・蔵増《くらぞう》・延沢《のべさわ》・溝辺《みぞのべ》・左沢《あてらざわ》の七国人らに攻撃され、ついに寒河江大江氏は伊達家に帰伏してしまった。この背景には、七国人らが伊達輝宗家臣の草刈内膳を通じて、すでに「旧冬」（天正元年）から輝宗と連絡を取り合っていたことがあった（『性山公治家記録』天正二年八月二十七日条）。

二月三日付で最上栄林は、伊達家臣の湯村助九郎と宮大郎兵衛に書状を出している（湯村家文書）。湯村氏も宮氏も、最上領との境に領地をもつ領主で、栄林は伊達輝宗を頼りにし、宿老《しゅくろう》たちと内談《ないだん》のうえ義光と手切れして最上領境に出陣したことを喜ぶとともに、義光の山形勢が押し寄せて来ても、こちら（栄林）は大丈夫であり、義光に反抗する一味中もこちらに奉公するだろうから安心だというのである（『性山公治家記録』）。さらに二月十一日、中野にいた栄林は、娘婿の輝宗へ書状を遣わして、何事もないことを知らせた（『伊達輝宗日記』）。

義光の対応

山形にいる義光の方は、二月二十一日に使者として鈴木将監を伊達輝宗の元に遣わすが、同月二十四日に伊達側の北条荘川樋《ほうじょうのしょうかわとい》（南陽市）を奇襲し、目目沢《めめさわ》丹後と同肥前を討ち取っている。この時、義光側は目目沢氏の家臣らを捕虜として連行したらしく、二月二十八日には伊達側に捕虜を返してやっている。

三月十四日には、境目の中山口（上山市）のことで、伊達側の使者として円成坊が山形へ遣わされて来ている。この時点で最上義光と伊達輝宗の和睦《わぼく》が成立したものと考えられ、三月十六日には、最上領ではあるものの、奪い取られていた楢下《ならげ》（上山市）から伊達軍が撤退していった。

衝突

しかし三月二十八日、義光ら山形勢は、最上領上山から伊達側の北条荘石田孫右衛門の在所へ夜討ちを仕掛けた。四月に入ると事態は急変し、四月十四日に荒砥《あらと》（白鷹町）、翌十五日に畑谷《はたや》（山辺町）が義光と「手切《てぎれ》」（敵対行動を起こすこと）となって、義光軍と伊達軍は戦闘状況に至った。輝宗は、四月二十一日に小山田筑前守に笹谷口への警護を命じ、四月二十二日および二十四日にはついに伊達・信夫・苅田・柴田方面へ、ついで長井方面にも最上領への出陣を命じるにいたり、栗野・湯目《ゆのめ》・片倉・大立目《おおだちめ》各氏が出陣している。

義光の山形勢は五月三日、輝宗・栄林と連携した若木《わかぎ》城主（山形市）の攻撃を受けるが、若木城を攻撃して外城を破っている。同五日には義光の山形勢は、中野の栄林（最上義守）と江俣（山形市）で合戦となった。

輝宗の第一次出兵

輝宗自らもついに五月七日に米沢から出陣して、暗くなってから新宿（高畠町二井宿）に着陣している（『伊達輝宗日記』）。これが、最上氏の内紛に関係する伊達輝宗の第一次出兵ということになる。

栄林は、五月十二日付で伊達家臣の小島右衛門尉宛に書状を出し（湯村家文書）、このたびの合戦における栄林側への輝宗の支援に安心していることを述べるとともに、「当口一両ヵ所」が栄林方に帰伏し、さらに輝宗方から最上領の口々を「相詰《あいつめ》」られるように下知してほしいと依頼している。「一両ヵ所」とは、長崎城主と山辺城主が帰伏してきたことを指すようである（『伊達輝宗日記』天正二年五月十二日条・十五日条）。

輝宗の帰陣

五月二十日、伊達軍が輝宗指揮の下に新地《しんち》（上山市）から打って出てきたため、義光の山形勢は鉄砲戦・槍合戦をしたが、仙石（上山市）は焼き討ちされてしまった。さらに輝宗は楢下《ならげ》を再占領して、本陣を新地から中山（上山市）に移し、五月二十三日には亘理重《わたりしげ》宗《むね》に笹谷口《ささや》から最上義光方を攻撃するように命じている。ところが六月三日には、輝宗は荒砥（白鷹町）に移動し、今度は畑谷口から攻撃する戦術に変えたが、蘆名盛興《あしなもりおき》が死去したという知らせが会津から入ると、米沢へ帰陣してしまった（『伊達輝宗日記』）。

輝宗の第二次出兵

七月に入ると伊達輝宗は、亘理元宗《もとむね》（重宗の父、輝宗の叔父）の申し出を受けて、荊田口からの義光方への攻撃を命じた（七月十六日、亘理修理助重宗宛輝宗書状。同八月十日、重宗宛輝宗書状、長谷文書）。ところが、いったんは伊達・栄林方に臣従した寒河江大江氏が義光方についたという情報が入るや、輝宗は七月二十五日、再び新宿（二井宿）まで出陣し、さらに八月三日には楢下まで進駐してくる。輝宗による第二次出兵である。

八月十四日の天童で焚かれたかがり火を合図に、翌十五日に栄林・最上中・山形中らと連携して、義光勢に総攻撃を仕掛ける手はずになっていたが、亘理元宗の進言があって、十五日は放生会《ほうじようえ》の日であることと、義光方の動きもなさそうだという判断で伊達勢は動かなかった（『伊達輝宗日記』）。その後も小競《こぜ》り合い程度の合戦はあったと思われるが、本格的な合戦には至らなかったようである。ただこの抗争には、庄内の大宝寺氏や、相馬氏と相馬へ逃れていた中野・牧野父子らが、虎視眈々《こしたんたん》と介入の機を狙っていた（八月十六日、日野左京亮宛大宝寺義氏書状、歴代古案所収文書）。

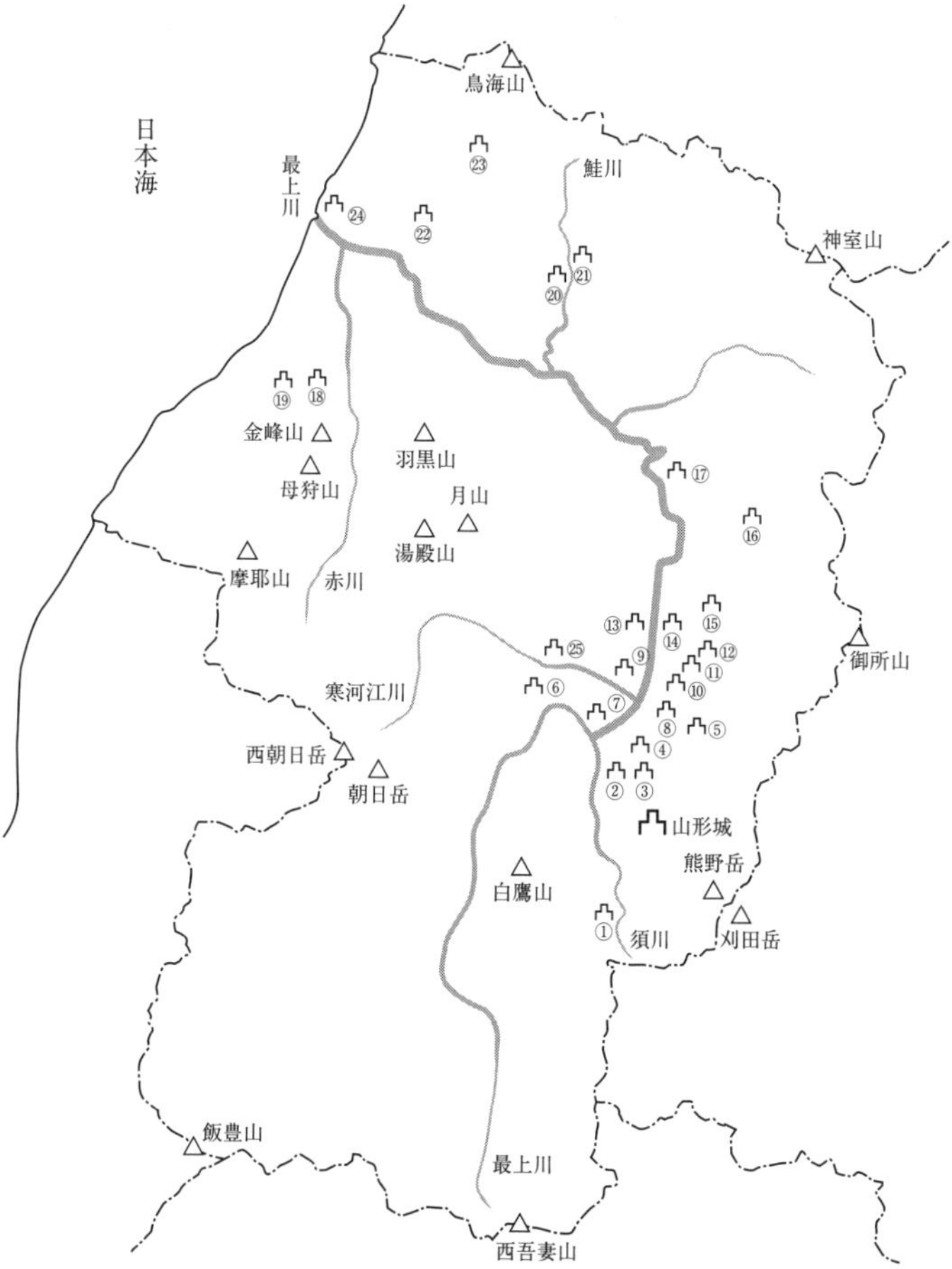

最上義光襲封当時の領主分布図（置賜地域は除く）

①上山（高楯）城（里見氏）②中野城 ③漆山館 ④高擶城 ⑤天童城（里見頼直）⑥左沢楯山城（大江氏）⑦寒河江城 ⑧蔵増城 ⑨谷地城（白鳥長久）⑩成生城 ⑪蟹沢城 ⑫東根城（里見氏）⑬大窪城 ⑭長瀞城 ⑮楯岡城（楯岡甲斐守義久）⑯延沢城（延沢能登守）⑰鷹之巣城（里見氏）⑱大宝寺城（武藤光安）⑲大浦（尾浦）城（武藤義氏）⑳庭月城（庭月広綱）㉑鮭延（真室）城（鮭延越前秀綱）㉒砂越城 ㉓観音寺城 ㉔東禅寺城 ㉕白岩城

義光と輝宗の和睦

しかし、八月二十六日頃から義光と伊達輝宗との間で和睦の話が進められて、九月十一日に和睦が成立し、十二日には輝宗が米沢に帰陣し、最上領から伊達勢は撤退していった。

収まらない争乱

一方、依然として最上義光と父栄林（義守）・山形中・最上中の対立は続いた。この対立の間に仲介役として入ったのは、伊達輝宗と最上中の一人である谷地城主の白鳥長久《しろとりながひさ》であった。

閏十一月には、反義光方の中核であった天童氏と義光が和睦し、残る最上中・山形中および栄林らとも和議が成立したようであるが、十二月に入るとまた和睦が破れて、再び争うことになったようである（『伊達輝宗日記』）。また『性山公治家記録』天正二年十二月十日条の末尾に「この後義光と東根《ひがしね》・西根《にしね》筋の輩、和睦の義ついに済まず、鉾楯年久しといふ」と記され、争乱はなかなか収まらなかった。

義守の隠居

栄林は次第に劣勢に立たされたようで、天正三年頃と考えられる三月十一日付で伊達輝宗が栄林の近臣貴志兵部少輔に宛てた書状写（元亀二年説や、大澤氏の天正三年～七年の間とする説がある。ここでは天正三年としておく）に、父子間の不和に対して数度戟諫《げきかん》に及んだけれども、また再乱になりそうで実に嘆かわしいことで、「義守」（写ではあるが、法名栄林ではなく義守とするのが気にはなる）が「義高（清水）伺《うつろ》の傍らに在留するか」「高野山中に住居するか」「当方（伊達家）へ差し越すか」のいずれかを選択し、「親子和合」して「御伺中静謐《せいひつ》」になるように相談して籌策《ちゅうさく》するよう求めている（曽根家文書）。栄林は菩提寺の龍門

龍　門　寺（山形市北山形）

龍門寺にある最上義春墓〈右〉と義守墓〈左〉

寺に隠居し、逼塞《ひっそく》することになったのであろう。

実権を掌握した最上義光は、こののち反義光派の一族・国人らを積極的に討滅し、覇権を掌握する方策に出る。天正三年（一五七五）には、上山城主の上山満兼を殺害し（従来は弟義時をも殺害したとされていた）、一族争いや内紛を克服して、家臣団編成を強固なものに成し遂げようとしていくのである。

対立の内容

これまで見てきた家督相続から始まる父義守（栄林）と長男義光の対立は、従来は親子の愛憎問題ととらえられてきた。しかし、戦国大名最上氏の権力のあり方の問題としてとらえられないだろうか。つまり義守は、山形衆（中）・最上郡中（衆）との合従連衡《がっしょうれんこう》の上に最上氏の地位を築いていく政策を採り、譜代《ふだい》的国人領主や外様《とざま》的国人領主の自立性を保証し、姻戚関係などを通じて緩やかな連合をめざしていた。それに対して義光は、山形衆との強固な結集による権力の集中をめざした。権力のあり方の方向性をめぐって対立が生じ、父子相克と絡んで紛争を拡大したのではなかろうか。

対立の意義

伊達氏の内紛である天文の乱に構図は近似しており、このような内紛を克服して戦国大名へと成長していったのである。義光自身も隣国大名伊達氏、外様の国人領主、家中の国人たちとの外交のもち方、接し方・扱い方を厳しく学び、二十五～三十歳の青年義光は大きく成長したのであろう。

義光の婚姻関係

ここで、年次は定かではないが、家督相続の前後に結ばれたと思われる義光の婚姻関係について若干ふれておく（第九で後述）。義光は、正妻は大崎氏から、側室は天童氏と清水氏から迎えている。大崎氏は奥州探題家で奥羽の政治的頂点に立っていたとはいえ、すでに伊達氏に同職を奪われ、姻戚関係を通じて伊達氏の旗下的立場にあり、その立場は脆弱なものになりつつあった。最上氏も羽州探題家ではあるが、台頭する伊達氏の勢力に追い詰められている。

婚姻と政治的意図

最上氏第二代直家・第九代義定らの正妻が伊達氏から嫁し、第十代義守の娘義姫が伊達輝宗に嫁すなど、伊達氏と姻戚関係を深めているものの、本家大崎斯波家と分家最上斯波家が姻戚関係を結ぶことによって、伊達氏に対抗しようとする政治的意図が背景に見られる。

また、同じ最上一族ではあるが、本宗家と対等の立場にあって独立性の高い天童氏や、清水氏と姻戚関係を結ぶことによって、最上一族の結束を強めていこうとする意図が見えてくる。最上家当主と氏家ら譜代宿老たちの政治的嗅覚がうかがえる動きである。

第三　領国の拡大と白鳥氏・寒河江大江氏・天童氏との合戦

一　織田信長と奥羽の様相

信長の影響

永禄十一年（一五六八）に織田信長は足利義昭《よしあき》を奉じて入洛すると、元亀二年（一五七一）には延暦寺を焼き討ちし、天正元年（一五七三）に浅井氏・浅倉氏を打倒、本願寺との戦争にも勝利する。翌天正二年、義光は出羽守に補任《ぶにん》されるが、これは信長の斡旋によるものであった。信長は、天正三年五月に甲斐の武田軍を長篠《ながしの》の戦《たたかい》で破ると、翌四年には美濃岐阜城から安土城《あづちじょう》へ移り、「天下布武《てんかふぶ》」を行ない、天下人としての地位を固めていく（近年は、天下・惣無事のとらえ方をめぐって様々な論が展開されている。竹井英文「織豊政権と『正典』―「天下」「惣無事」をめぐる研究動向―」〈『歴史学研究』九三八、二〇一五年〉）。

臣従競争

また、長篠の戦の勝利を誇示し、与同従属を促す信長の書状が関東・奥羽の諸将に送付され、最上・伊達・白鳥《しろとり》・大宝寺《だいほうじ》・秋田各氏らは、競うように鷹や馬を献じ、信長への臣従競争とでもいうべき状況が奥羽に現出する。

迫る信長政権

その後、天正十年（一五八二）二月、信濃の木曽義昌《きそよしまさ》や武田勝頼《かつより》の義兄穴山梅雪《あなやまばいせつ》らが武田方から離反し、三月初めには勝頼の弟の仁科盛信《にしなもりのぶ》が守る高遠城《たかとおじょう》が落城。勝頼は新府城《しんぷじょう》（韮崎市）から岩殿山城《いわどのやまじょう》（大月市）へ逃げる途中、田野（甲州市）で自害して、武田氏が滅亡する。武田分国の配分では、徳川家康が駿河一国、穴山梅雪の本領を除く甲斐国が織田家臣河尻秀隆《かわじりひでたか》に、信濃四郡は森長可《もりながよし》に、上野国・信濃二郡（小県・佐久）は滝川一益《たきがわかずます》に与えられた。滝川一益の権限は「関東八州御警護」「東国の儀取次」（『信長公記』）で、家康と相談して「関東八州陸奥ニ至ルマデノ諸公事等」を扱うものであり、本能寺の変直前の織田政権は、北条氏もその配下に入れ「東国御仕置」を行ない、奥羽両国もその視野に入っている状況であった。

二　各方面への侵攻

義光の領国拡大

信長が天下取りに近づいているなか、義光もその勢力を北と西に伸ばしつつあった。天正八年（一五八〇）、義光は北の小国《おぐに》（細川氏）も倒して家臣の蔵増《くらぞう》氏を小国城（最上町）に入部させる（蔵増小国氏）。翌天正九年には、鮭延《さけのべ》（真室）城主の鮭延越前守秀綱《ひでつな》を攻略し、鮭延配下の庭月《にわつき》氏も最上氏の支配下に帰属させた。新庄城主の日野左京亮も、ほぼ同じ頃、同じく最上氏の配下に入っている。

鮭延氏

しかし、鮭延秀綱が義光に降伏したのは『鮭延秀綱旧臣岡野九郎左衛門覚書』（『鶴岡市史資料編　荘内史料集一―二』）をふまえて天正十三年とし、天童合戦の後であり、南から順に支配領域を拡大していったと解釈する説もある（保角里志「鮭延氏降伏の時はいつか」〈『羽陽文化』一五七、二〇一三年〉）。鮭延越前守の帰属を天正十二年とする説もある（早川和見「鮭延越前守口述録について」〈『山形県地域史研究』三四、二〇〇九年〉）。

鮭延氏の帰属時期

従来の説は、最上八楯《はちたて》（天童氏を中心とした、成生《なりゅう》・東根《ひがしね》・六田《ろくた》・長瀞《ながとろ》・飯田・尾花沢《おばなざわ》・延沢《のべさわ》の各城主の国人《こくじん》領主連合）の滅亡が天正五年、その後に北上して天正八・九年に現在の最上地域を手中にしたという筋立てに立っている。ただ、覚書には、関ヶ原の御陣は鮭延越前三十八歳の時とし、帰伏して最上氏の旗本になったのは二十五歳の時とする。二十五歳の時は天正十五年となる。やはりつじつまが合わない。覚書は当時の状況を知るにあたり、貴重な史料ではあるが、年次の比定は慎重にならざるをえない。最上一族の清水氏の進出がかなり早くからなされており、支配領域拡大の順番も慎重に検討する必要がある。

ここでは鮭延氏の最上氏への帰属を天正九年ととらえて著述を進める。

庄内攪乱の策謀

さらに義光は、天正十年頃から、砂越《さごし》（酒田市旧平田町）城主の砂越氏を通じて庄内攪乱の策謀をめぐらしている。当時、大宝寺義増《よします》を継いだ長男の義氏《よしうじ》は、上杉謙信の権威に依拠するなかで庄内三郡を支配していたが、鮭延や清水などの最上方面にも触手をのばして最上勢と衝突した。永禄末年には清水・鮭延両城は大宝寺氏の支配下に属していたが（〈永禄十二年〉閏五月七日、土佐林禅棟書状、山吉文書）、最上領となって支配が安定した。ところが再び大宝寺勢に鮭延氏が攻められて窮地に陥り、義光は天正十年八月七日付の書状で大崎義隆に援軍を求めている（鈴木惣栄門氏所蔵文書）。さらに由利地方に進出して秋田氏と激しい戦いを行なうなど、庄内では抗争が激化しつつあった。一方で、大宝寺義氏の領国形成の進め方は、川南（最上川以南のこと）の土佐林《とさばやし》氏、川北の砂越・来次《きすぎ》各氏らの反発を招くとともに、一族の反感も買ったようである。

このような状況から、義光は天正十年十一月二十五日付の下国《しものくに》氏に宛てた書状のなかで、来春清水・鮭延両氏とともに庄内へ攻め込む計画を打ち明けている（湊文書）。義光は翌天正十一年に、大宝寺家臣の前森蔵人《まえもりくらんど》義長（妻は大宝寺義氏の娘）を調略し、三月には前森蔵人が兵を挙げて、大浦（大山）城を包囲、大宝寺義氏を切腹に追い込んだ。このとき、「庄中一統」もいっせいに蜂起した（『来迎寺年代記』）。乱後、前森蔵人は東禅寺《とうぜんじ》（亀ヶ崎）城主となり、東禅寺氏を名乗った（菅原義勝「東禅寺氏永考」〈『山形県地域史研究』三九、二〇一四年〉）。大宝寺家を継いだのは義氏の弟、義興《よしおき》である。

結託の意図

義光が前森（東禅寺）氏と結託したのは、たんに庄内へ触手をのばすというだけでなく、最上氏の本拠の最上川中流域から、下流域、そして河口酒田までの舟運を押さえ、さらに国府津酒田湊を押さえて、北方・蝦夷《えぞち》地および南方・京への交易ルート・連絡網を掌握しようとする強い意図がうかがえるものである。

最上義光は小国・真室川・新庄・庄内へと領地を拡大していったが、最上川を越えた西側方面に目を向けたとき、そこには強力なライバルが勢力を有していた。白鳥氏と寒河江大江氏である。

三　白鳥氏との戦い

義光による領国の拡大に関して、栄林（義守）と義光との父子対立に、仲介役として入った白鳥《しろとり》氏との関係から見ていくことにする。

白鳥氏

白鳥氏は、小田島荘《おだしまのしょう》白鳥郷（村山市）の白鳥城に拠点をもつ国人領主で、永禄から元亀年間（一五五八～七三）頃に中条《なかじょう》氏の後を襲い、谷地大塚館（河北町）に進出、ついで谷地城（河北町）を築いて拠点とした（伊藤清郎「中条氏・白鳥氏と谷地城」〈『河北の歴史と文化』四、二〇〇八年〉）。天文十一年（一五四二）と思われる六月十一日付の伊達稙宗《たねむね》書状には「謹上　白鳥殿」と「謹上書《きんじょうがき》」で記されている（一関田村文書）。伊達天文の乱の最中で、稙宗が援軍を得るために多少卑屈になっているのであろうが、白鳥氏を同格かそれ以上の鄭重な扱いをしている。この白鳥殿は、長久《ながひさ》の父義久であろう（『白鳥系図』）。

白鳥氏の動き

先に述べたように、栄林と義光との間で、最上の家督相続に始まる父子相克が元亀元年（一五七〇）と天正二年（一五七四）に起きた。白鳥氏（長久）は、栄林方に付いた最上郡中（衆）の一員として動き、結果的には成功はしなかったものの、天正二年の栄林と義光間の争いでは仲介役をしている。

また、白鳥氏は陸奥の大崎氏が上洛する際に、内陸部の長井口の安全を確保するため、伊達輝宗家臣の遠藤基信《もとのぶ》に便宜を図ってもらえるよう依頼している（〈天正九年〉五月九日、遠藤山城守基信宛白鳥長久書状、遠藤家文書）。

信長に接近する動き

天正五年（一五七七）に比定される七月十五日の織田信長朱印状写（槙文書、天下布武の朱印は朱印影である）が伝えられているが、これは、上洛して信長に馬を献上した白鳥長久に、信長が段子・縮羅《しじら》・紅・虎皮・豹皮・猩猩《しょうじょう》皮を下賜し、さらに鷹を所望した内容である。同じく天正五年に比定されている八月二十四日の最上義光書状（最上義光歴史館所蔵、鼎型黒印の下部半分欠損、写ヵ）が遺されているが、こちらは宛名が欠失してはいるが、義光が同じく上洛して信長に謁見していることなどを知らせた内容とされている（武田喜八郎「新出の最上義光書状について」〈『山形県地域史研究』二〇、一九九五年〉）。天下取りに近づいている信長に接近しようとする両者の動きが見える。

二つの文書

しかし、両文書ともに写であって、内容・文言の使用からも、出羽南部の戦国時代史を考察する上での根本史料として扱うことを疑問視する見解も出されている（鈴木勲「織田信長の朱印状―槇家文書の周辺―」〈『西村山地域史の研究』三一、二〇一三年〉）。義光書状に関しては、下部が欠損しているものの、この鼎型黒印は天正十二年頃以降に使用されたとされる黒印（本文七一頁のB型）のようである。両文書については、様式・内容・用語・朱印《しゅいん》・黒印《こくいん》・料紙《りょうし》など検討の余地がかなりあるが、ただ、近隣の秋田氏・大宝寺氏・伊達氏などの領主も馬や鷹を信長に献上して臣従していく動きがあり、山形の地においても同様の展開があったことは十分推察できる。

義光は、前述のとおり天正二年（一五七四）には信長の斡旋で出羽守に補任されてはいるものの、その地位が安定していない。信長への臣従競争とでもいうべき状況が現出するなかで、かつて羽州探題《うしゅうたんだい》として出羽国内において政治的頂点にあった立場が崩れていく現実を見なければならない、最上家当主としての義光の揺れる心情を垣間見ることができるのではなかろうか。

白鳥長久謀殺

天正十二年（一五八四）六月七日、白鳥長久は義光に謀殺される（『白鳥系図』）。

義光が白鳥長久を討った際の様子は、軍記物に記されているのみで、史料的にどこまでが史実かを明らかにするのは難しい。不安が残るが、軍記物である『最上記』『奥羽永慶軍記』『羽源記』によると次のようである。

白鳥長久の娘を義光の長男義康《よしやす》に娶って一応和解した上で、義光が重病となって死の淵を彷徨《さまよ》っていると偽って長久を山形城中の義光の寝所に呼び寄せ、枕元に近づいた長久に、自分が死んだら後を頼む、代々の系図も義康が成人するまで預け置く、といって安心させておいて、床の下に隠し置いていた小太刀《こだち》をやおら抜き払って一刀のもとに切り倒した。となる。

東林寺門前（西村山郡河北町）
東林寺は白鳥家の菩提寺であり，白鳥十郎長久の墓碑が立てられている．

白鳥十郎墓碑（東林寺）

謀殺された際に、長久の血は庭の桜の木に飛び散ったという。山形城二の丸土塁にあった一本の桜こそ、その名残であるという「血染めの桜」伝説が、久しく白鳥長久の非業の死を現代まで伝えていた。残念ながら、三百数十年花をつけていたその桜は、昭和三二年（一九五七）、ついに倒壊してしまった。なお、長久の墓とされるものが東林寺（河北町）とさらに大石田町次年子《じねんご》の山中にもある。

白鳥氏と寒河江大江氏

長久には娘はないが、『安中坊系譜』に十七代寒河江大江兼広《かねひろ》の二女が「義康妻也」と記載されているところから、兼広の娘を白鳥長久の養女とし、その上で義康に嫁がせたという説があることを『寒河江市史』上巻に記している。この説が事実かどうかは判断しかねるが、『安中坊系譜』に吉川政時（寒河江大江氏十八代当主となる高基《たかもと》の祖父）の娘の記事に「女　城取十郎長広妻」とあって、白鳥氏と寒河江大江氏との間に姻戚関係を軸にした強い連携が築かれていたことは十分考えられよう。

白鳥領の支配

白鳥長久を討った義光は、三千余の軍勢を率いて谷地城を攻撃して、落城させた。天正十二年六月のことである。その後、白鳥領は『最上義光分限帳』に「一、谷地　高四千石　斎藤伊予」「御蔵入　一、三万弐千六百石　谷地」とあって、ほとんどが最上氏の蔵入地《くらいりち》（直轄地）にされ、四〇〇〇石だけを斎藤伊予守が領知したことになる。

谷地小僧丸

ところで、天正十七年（一五八九）二月二十日付の最上義光預置状（青木文書）では、青木孫（兵衛カ）に白鳥旧領の「木下在家《ざいけ》三貫文・籾《もみ》八斗」を預け置いている。これまでは、小黒印が義光のものなので、

谷地小僧丸

天正十七年己丑二月廿日　（小黒印）

と記載されているのを一人の人物と見て、谷地小僧丸《やちこぞうまる》と卑称する義光が預け置いたと解釈してきた。しかし古文書学上の基本的知識（元服以前は原則、花押や印章は押さない）をふまえるならば、これを連署ととらえ、「谷地小僧丸」を十五歳の長男の義康かまだ八歳の次男（のちの家親《いえちか》）ととらえ（義康は元服していた可能性が高いので、家親ととらえるべきか）、蔵入地の管理を形式上義康あるいは家親に与え、父子連署で預け置いたとの解釈は可能である（安部俊治氏のご教示による）。

天正十四年（一五八六）正月一日付の義光寄進状の次の記載についても（立石寺《りっしゃくじ》文書）、

天正十四年丙戌正月一日　義光（鼎型黒印）

高楡小僧丸

高楡（擶）小僧丸

は連署であり、高楡《たかだま》（擶）小僧丸を後の義康、当時十二歳ととらえると（五歳の家親ではあるまい）、天正十二年に天童氏を中心とする最上八楯を討った後に、形の上で高擶城に義康を城将として入れ、父子連署《れんしょ》して立石寺に常燈料《じょうとうりょう》油田《ゆでん》を寄進するという姿勢を示し、まだ不安の残るこの地域に安穏をもたらすという意志を示したと解釈できる。

四　寒河江大江氏との戦い

寒河江大江氏の滅亡は、白鳥長久が謀殺されてからわずか二〇日後の天正十二年（一五八四）六月二十八日のことであった。

寒河江大江氏との確執

白鳥氏を討った義光が、次に攻撃の対象としたのは寒河江大江氏である。白鳥・寒河江両氏は、姻戚関係を通じて一揆契約を結び、強固に連携していたようである。

最上軍が攻撃した背景には、寒河江大江氏第十七代兼広《かねひろ》の娘を妻にした吉川《よしかわ》元綱の長男高基《たかもと》が、寒河江大江氏を嗣ぎ十八代当主となったことがある。吉川氏は、寒河江大江氏の庶家である。しかし、すでに義光は長男義康《よしやす》を兼広の婿にして寒河江氏を嗣がせる約束をしていたので、この決定に激怒したと『安中坊系譜』にある。寒河江大江兼広の死後、家督をめぐって、最上と寒河江大江両氏間に確執が生じていたのである。

寒河江大江氏の滅亡

最上軍による寒河江大江氏攻撃については、白鳥長久の謀殺と同様、史料的に史実を明らかにするのは難しく、軍記物によると次のような話になる。

寒河江大江兼広の執事《しつじ》（家老）であった羽柴《はしば》勘十郎（当主高基の弟）が、谷地・寒河江連合軍を指揮し、谷地城で奮戦した。この勘十郎は、谷地城落城後は最上軍に積極果敢に攻め込み、須川《すかわ》を越えて中野（山形市）まで攻め込んだ。しかし、待ち伏せていた鉄砲隊の銃撃を受けて被弾し、その日の申の刻（午後四時）に戦死した。翌日、最上軍は寒河江城へ攻め込む。十八代寒河江大江氏の当主高基は、甥の松田彦次郎が拠る貫見《ぬくみ》館（大江町）に落ち延びるが、ここで家臣三人らと自害して果て、その後に殉死者は一二名に及んだとなる。文久二年（一八六二）に書かれた『寒河江太郎四郎高基卿並追腹御廟所書上帳』には、一五人の法名《ほうみょう》・俗名《ぞくみょう》が記載されている。強固に連携していた白鳥・寒河江両氏は連合軍として最上軍に立ち向かい、撃破されてしまったようである。

寒河江大江領の支配

さて、寒河江旧領および白岩城について、『最上義光分限帳』には、「一、寒河江　高二万七千石　寒河江肥前守」「御蔵入　一、壱万石　溝辺」とあり、『最上源五郎様御時代御家中並寺社方在町分限帳』には「一、壱万三千石　白岩　松根備前」とあり、また『最上家中分限帳』には「一、壱万二千石　白岩城　松根備前守」とあって、寒河江大江領は、溝辺《みぞのべ》が直轄地となり、他は寒河江肥前守が領知し、白岩は松根《まつね》備前守光広（義光の弟または甥）が領知したことになる。

寒河江大江氏の家臣たち

ところで、寒河江大江氏の家臣たちのなかには帰農《きのう》した者もいるが、最上氏の家臣として知行宛行を受けたり、寒河江大江氏の庶子家の吉川宗家の保護や、宗廟《そうびょう》阿弥陀堂を再建して別当に安中坊を名乗らせるなど、最上氏は寒河江大江氏旧臣らを丁重に扱っている（黒田〈大宮〉冨善「最上氏時代の寒河江領主について」〈『西村山の歴史と文化』阿部酉喜夫先生喜寿記念会、一九八七年〉）。

五　天童氏との戦い――天童合戦――

領国支配拡大の敵

天正十二年（一五八四）六月に最上川西部の谷地・寒河江両地域を手中に入れた義光は、その勢いにのってさらに最上地域（現在の村山地域のこと）の天童氏と天童氏を盟主とする最上（天童）八楯《はちたて》を攻略する。

最上八楯

最上八楯とは、先述したが、天童氏（天童市）を中心に、成生《なりゅう》（天童市）・東根《ひがしね》（東根市）・六田《ろくた》（東根市）・長瀞《ながとろ》（東根市）・飯田（村山市）・尾花沢《おばなざわ》（尾花沢市）・延沢《のべさわ》（尾花沢市）の各城主をさし、天童以北、現在の北村山地域といわれる国人《こくじん》領主の連合である。

天童氏

天童氏は最上氏の一族ではあるが、前述したように『余目記録』によれば、奥州探題

天童城が築かれた舞鶴山

大崎氏を頂点とする奥羽における室町的政治秩序の世界では、羽州探題最上氏と肩を並べて最上位に位置する家柄とされていた。最上氏は、大崎氏、高水寺斯波氏（紫波郡を本拠とした）、浪岡城の北畠《きたばたけ》氏とともに御所と呼ばれていたが、天童氏はそれと肩を並べる存在であった。義光が戦国大名としての地位を確たるものとするためには、この有力一族を除かねばならなかった。

この天童氏が本拠としたのは天童城《てんどうじょう》（現在は、天童古城、舞鶴山《まいづるやま》城とも呼ばれる）で、居館はその西麓にある北《き》目《め》付近と考えられている。舞鶴山の東側に位置する出羽三森の一つ八幡山との間を中世の羽州大道が走り、大手口には十日町・八日町・七日町という小字名が残り、交通の要衝の地に位置していた。

天童氏は、元亀元年（一五七〇）と天正二年（一五七四）に起こった最上氏における栄林（義守）と義光の父子相克では、父の栄林方に付き、天正七年には天童頼貞《よりさだ》が死去して子の頼澄《よりずみ》（頼久）が十二歳で家督を継いでいる（『最上家系図』『最上・天童・東根氏系譜』）。最上氏と天童氏との間では天正八・九年頃から前哨戦が展開され、両者の間には緊張関係が生じていたと思われる。

天正十年に入ると、義光は三月に山形城下の柴野来吽院《らいうんいん》と宝幢寺《ほうどうじ》に命じて蔵王山へ登らせて天童頼久の呪詛の祈禱を隠密に行なわせ、宮の成就院はこれに従わなかったために湯殿山仙人沢で殺害された、という逸話も残る。

同年九月には天童城の東口・西口に兵を押し進めたが、天童側が最上勢を切り散らしたため、義光はいったん矛を収めた。

天童合戦の原因

そして天正十二年の天童合戦をむかえることになる。この合戦の直接の原因については不明である。軍記物には次のようにある。『奥羽永慶軍記』は、

天童頼久が最上家臣志村右兵衛尉と面談したときに、天童城が山城で堅固であるに対して、山形城は平城《ひらじろ》で「平城ハ何ノ用ニカ立ヘキ」と嘲笑したので義光は不快に思って天童攻撃を決断した

と記す。『最上記』では、天童氏が「下筋八楯の大将なれば、今更義光へ随ふべき謂《いわれ》なしとて、城を丈夫に拵《こしら》へ」城に立て籠もったので、義光は天童攻めを決意したとする。

天童合戦については、『奥羽永慶軍記』「羽州天童合戦ノ事」に見るように、天正五年（一五七七）三月～五月説があるが、関連史料からこれは無理な説である。天童合戦に関して天童方にたって記述したものには、『天童落城並仏向寺縁起』（天正十三年作とされるが疑問が残る。山形大学所蔵）、『天童落城記』『天童記』などがあるが、類書のうち、最も早く成立し、その後の諸本の拠り所となったものと見られる『天童落城並仏向寺縁起』に依拠しつつ、天正十二年九月～十月のこととして述べていく（「天童落城軍物語集」〈『天童市史編集資料』二二、一九八〇年〉）。また、後述するように戦国期の山形城は平城ではなく、江戸期の山形城を見て得た近世人の発想であり、『奥羽永慶軍記』の説は信憑性に欠ける。

天童勢は、舞鶴山の各峯ごとに城郭を造築し（縄張図《なわばりず》では、主郭・東郭・南郭・西郭・中央郭・北郭などがある）、そこに八楯の軍勢や天童氏の家臣らが立て籠もり、最上勢と戦った。『奥羽永慶軍記』には、「土民等迄駆《までは》集《せあつまり》ケル程ニ、都合三千余人ソ籠リケル」と記され、農民たちも雑兵《ぞうひょう》として戦場にかり出されたことは間違いあるまい。

『天童落城並仏向寺縁起』によると、東楯・東口には大将として八森石見守・阿部土佐守・小幡大隅守、先手として木村熊之助・小笠原藤兵衛・浅野図兵衛・玉河助蔵・児玉源助らが固め、西楯・西口には塩中の五六坊・騎馬六八騎など合わせて四九六騎で僧俗勢が出陣した。寺ノ表門には重阿弥坊・徳阿弥坊・伊藤左近・高田藤右衛門・日野右京助・寺内の者共で固め、御楯の大将は佐々木織部、中楯に安斎刑部・大友将監らが陣を構えた。北楯・北口には横山備後守・大沼左衛門・千葉源八郎・和田太郎吉・富沢右京之助・松浦外記・渋谷頼母之助・小山源助・大森又内・結城八郎・渡部内匠・八野平七・大森七内・桑原角内・戸島彦八らが出張った。

縄張図と権力構造

天童城は、縄張図からわかるように、主郭を中心にした求心的な一極集中型の城郭構造にはなっておらず、各郭分散型の構造となっている。それはとりもなおさず、天童氏を中心とした最上八楯と称される国人領主連合の権力構造を如実に反映しているものと思われる。つまり、天童氏を盟主と仰ぐものの、各楯主と天童氏との間に強固な主従関係がいまだ確立していない状況で、各楯主は各独自性を保ち、さらに天童氏家中内でも強固な主従関係が築かれずに自立性を維持していて、戦況如何によってはたやすく連合体制が崩壊しうる脆弱な構成であったと推測される。

義光の動静

最上八楯の国人連合に対して義光は、娘の松尾姫を延沢城主満重（満延とも）の子又五郎に嫁して和し、最上方に味方させて天童氏から離反させ、領主連合を動揺させた。さらに天童頼澄（頼久）の弟である東根頼景《ひがしねよりかげ》に対しては、東根氏家臣の里見源右衛門を味

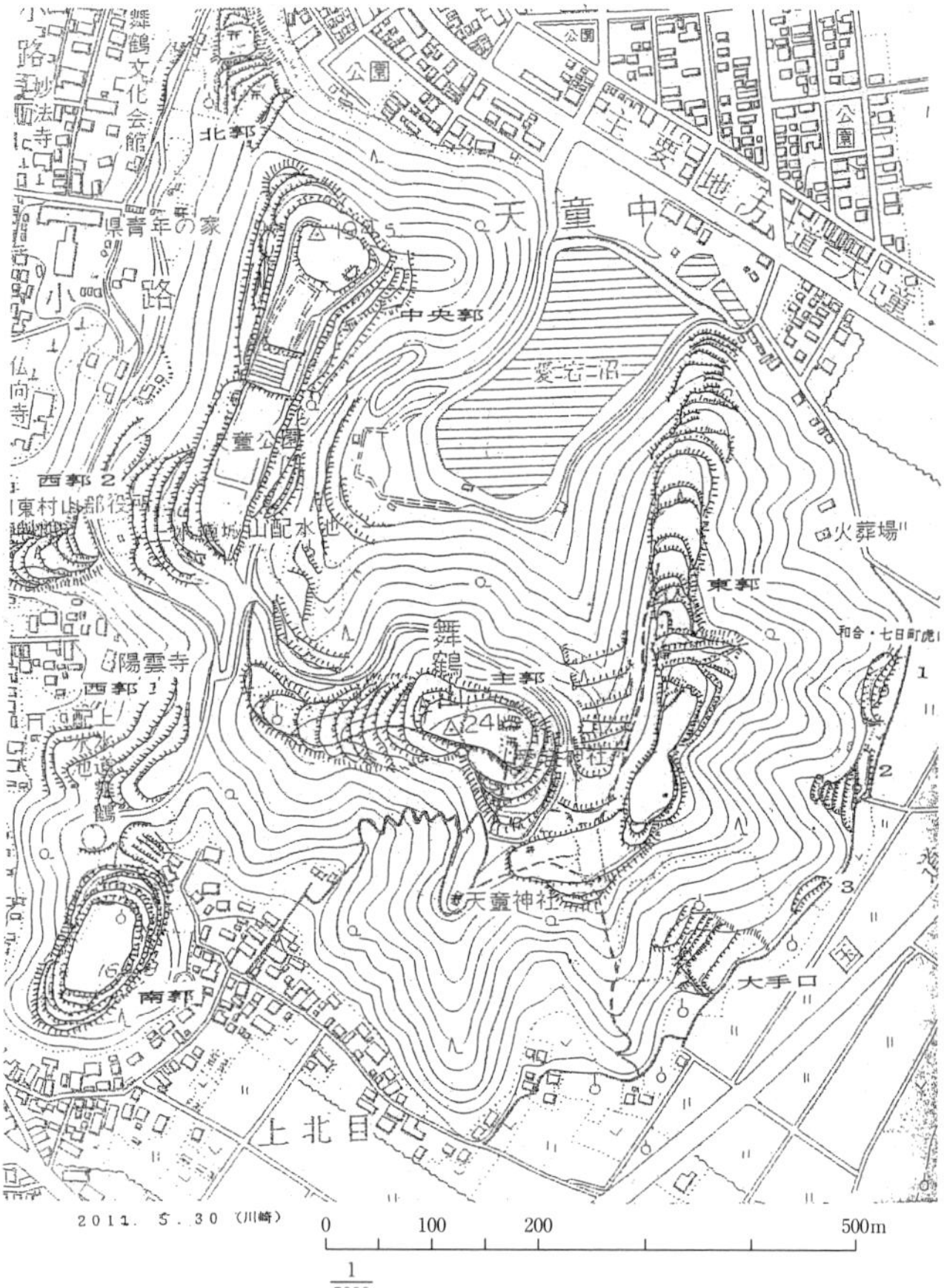

天童城縄張図

（川崎利夫氏作図「天童古城縄張概要図」，川崎氏提供）

義光の画策と天童城落城

方に引き入れ、山形からの軍勢と里見勢とが不意をつき東根城を落城させる。また、成《なり》生《ゆう》氏も味方につけるなどして連合の結束をばらばらにし、弱体化させた上で、天童城に対して西口・東口・北口などから総攻撃を行なったのである。

また義光は、天正十二年三月四日付で、山家《やんべ》九郎二郎に天童領分の温津《ぬくつ》・成生に七〇〇〇束苅の田地を宛行うなど（安部文書）、天童領内にくさびを打ち込んでいた。

義光はこの天童攻撃に際し、伊達氏や天童氏と姻戚関係にある国分《こくぶん》氏らが介入しないように画策している。五月十三日付の高森留守政景《たかもりるすまさかげ》宛最上義光書状や、同じく五月十三日付の砂金駿河守《いさごするがのかみ》宛中山光広書状には、天童氏が城を増築し、東根氏と連携して伊達氏・砂金氏へ味方するよう画策したのに対し拒絶したことへ感謝することなどが記されている（砂金家文書）。義光は、その外交手腕を充分発揮していたようである。

最上勢は梨木清水に本陣を構えて、天童城の大手にあたる東口、居館があったとされる北目付近の西口、縄張図でいう中央郭（軍記物で言う呼称と現代に作成した縄張図の呼称とでは異なる）へ攻め込む北口に殺到し、立て籠もる天童勢を攻め立て、激戦になった。さしもの天童連合軍も抗しきれず、ついに天正十二年十月十日、落城した。城主の天童頼澄（頼久）は、姻戚関係にあった隣国宮城郡の国分氏を頼って逃げていった（『天童氏と天童古城』天童市立旧東村山郡役所資料館、二〇〇五年)。一方、かりだされた雑兵たちはどうなったのであろうか。江戸時代につくられた軍記物の作者には興味がないらしく、いっさい記述されていない。

天童城主郭跡

愛宕神社(天童市天童字城山)

何度かの内紛を乗り越え、伊達氏など隣国領主からの干渉をはねのけてきた義光の政治的手腕とその強力な家臣団の前に、天童連合軍はもろくも敗れたのである。翌天正十三年二月に、天童家臣の瀧口・浅岡らが再起をはかって川原子《かわらご》（天童市）で蜂起するが、最上軍に鎮圧されている。

生き延びた天童氏

義光は残存する国人領主たちの糾合を恐れたのであろうか、天童城を廃城とし、主郭には山形宝幢寺を別当として愛宕神社を勧請した（現在も存在）。その後、生き延びた天童氏は仙台藩伊達家の家臣となり、宮城郡八幡村（多賀城市）を拝領して歴代、準一家《じゅんいっか》に列せられ、若年寄・大番頭などの要職にあって藩政に携わり、幕末を迎えた。その縁で天童市と多賀城市は現在も交流が続けられている（天童美術館『天童城主天童氏』二〇一四年）。

出羽南部掌握

この結果、最上氏は最上・村山両郡をほぼ手中に入れ、室町的政治秩序では対等の立場にあった天童氏を倒し、台頭してきた白鳥・寒河江両氏を打倒して、名実ともに出羽南部における軍事的政治的頂点に近づいたといえる。領国を一気に拡大し、南・東境は伊達氏と接し、東北は大崎氏、北は小野寺氏らと境を接することとなり、西は大宝寺氏領内に深く侵入することとなった。

天正八・九年から始まって、天正十二年という年は、義光にとってその覇権を確立するにあたり、画期的な年になったのである。

六　領国の拡大と義光の花押・印判

これまで領国の拡大の様相を見てきたが、それに応じて義光が使用した花押《かおう》や印判《いんばん》がどのように変化していったのか、父義守の花押・印判と比較しながら、その特徴について見てみよう。

最上氏の花押・印判について触れたものとしては、『山形市史』史料編一（一九七三年）、鈴木勲「最上義光の印判状」（『羽陽文化』一〇七、一九七八年）、武田喜八郎「最上義光の発給文書」「最上氏関係の文書」（『武田喜八郎著作集巻一　山形県文化史の諸研究』小松印刷所、二〇〇七年）、安部俊治「花押に見る最上氏の領主としての性格」（伊藤清郎編『最上氏と出羽の歴史』高志書院、二〇一四年）がある。その後に出された松尾剛次「最上義光文書の古文書学　判物・印判状・書状」（『山形大学大学院文化システム研究科紀要』一一、二〇一四年）は、精力的な義光関係史料の収集の上に、料紙の折式の分析を加えた詳細な研究である。ここではそれらの成果によって明らかにされた特徴を、概観するにとどめる。

義守の花押

まず花押について、父の義守の花押は、義の一字を形象化した足利様《よう》で、右に空間を作る線が天文末から永禄・天正期にかけて縦長に変形していく。また花押中央の「守」の字を形象化したと思われる部分も変化していく。義守の花押は将軍足利義晴《よしはる》の花押の影響ではなく、管領細川高国《たかくに》や細川晴元《はるもと》の花押の影響があるとされる。

義光の花押

一方、義光の花押は、十三代将軍足利義輝《よしてる》、十五代将軍足利義昭《よしあき》の花押の影響があるとされる。足利様の花押であるが、独自性も見られ、それが花押上部にある「○」だとされる。これは日輪《にちりん》を意味し、義光の「光」（あきと読む）に通じ、明るい光の日輪で、出羽国を照らす、つまり義光が出羽国に統治を及ぼすという意味がこめられていると安部俊治氏はいう。

この足利様花押は、永禄十三年（一五七〇）から天正十一年（一五八三）にかけて自筆花押（①）から版刻《はんこく》花押（②）、そして籠字《かごじ》式花押（③）へと推移していき、花押の印章化が進んでいったとされる。ただし、天正十二年から天正十八年七月四日付の浅野弾正少弼宛義光書状（この花押は足利様の籠字式の花押）まで花押の使用例が見あたらず、花押の代わりに鼎《かなえ》型黒印《がたこくいん》A型・B型とC型小黒印が使用されていく。これは伝存の問題というより、権力のあり方の問題だとされる。天正十九年以降は、出羽守を象徴する「出羽」の二文字の二合体の花押と「出」の一字体の花押を使用していく（④⑤⑥）。また慶長以降には④⑤⑥を祖型とする⑦の型の花押（1型・2型・3型がある）も対外領主・領内家臣等に出す書状など広範囲に使用されていく。

義守の印判

次に、印判について、義守の印判は、印文に「梅花」の字が入った鼎型黒印を使用している。義守の法号である「栄林」の署名の後に押されている例しか確認できないので、義守の隠居後に使用されたものであるという。

義光の黒印

一方、義光の黒印は、はじめは印文「出羽山形七徳」を含む鼎型黒印A型を使用し、天正九年頃に印文「七徳」の入った小黒印C型がつくられ、家中印（洞判）として近世に入っても使われていく。さらに天正十三年から天正十八年までは、印文「出羽十二山方日上方七」を含む鼎型黒印B型（1型と2型がある）が使用されていく。

状況変化と花押・印判

つまり義光は家督を相続した後、鼎型黒印A型を使用して山形盆地の領域的支配を推進していき、天正十二年に南部を除く山形内陸部全体にその支配を一気に拡大した際に鼎型黒印B型を使用して領国の統治を行なった。小黒印C型は、最上氏の軍事編成が整い始めた天正九年頃から家中印として使用して家臣団を統制していったと、とらえられるのである。

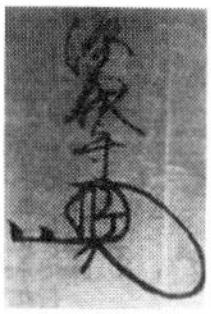

義守花押①

②

③

義光花押①

②

③

④

⑤

⑥

⑦-1

⑦-2

⑦-3

義守黒印

義光黒印
鼎型印判Ａ型

鼎型印判
Ｂ-１型

鼎型印判
Ｂ-２型

鼎型印判
Ｃ型

義守・義光の花押と黒印

以上、安部俊治氏らの成果をふまえて概観してみたが、花押・印判が、これまで第一・第二・第三で見てきた父子相克、最上氏権力のあり方、領国の拡大などとともに変化していったことが理解されよう。

七　義光と近隣領主の呼称

書札礼

書札礼《しよさつれい》（書状に関する礼式）における自署と宛名の書き方、さらに自称とともに他称も、領主間の序列や官職・官位の関係が強く反映していると考えられる。そこで、義光の位置を明確にするために、最上氏と近隣の領主がどのように呼ばれていたのか、自称・他称について見てみる（遠藤ゆり子「戦国時代における公権の形成と国郡・探題職―戦国大名最上・伊達両氏の事例をめぐって―」〈『歴史評論』六二七、二〇〇二年〉）。

呼称については、南北朝・室町期的政治的序列、戦国期はそれを継承した序列、豊臣期は秀吉を頂点とする武家的序列、江戸期は徳川将軍を頂点とする序列の中に、各大名・領主は位置づけられ、叙任された官位・官職をふまえた書札礼を維持していた。

その流れを踏まえ、ここでは戦国期の義光の呼称を見ていこう。

義光の場合

戦国期には、室町的書札礼が継続していた。天正十二年（一五八四）の寒河江・谷地合戦、天童合戦で勝利し、置賜《おきたま》をのぞく内陸部を手中に収めた以降も、義光は「山形」と称し続ける。

伊達氏は、他称で「米沢」と呼ばれることはあっても〈天正十二年〉霜月十二日、黒河為重書状、伊達家文書など）、決して「米沢」とは称さない。これは、伊達氏が奥州守護・奥州探題の家柄であることから、羽州米沢の領主ではないという意識があるからであろう。起請文《きしょうもん》からもそれはうかがえる。最上氏の場合は、山形の呼称こそが羽州探題と奥羽の御所《ごしょ》を象徴するものであった。

この時期、義光は右京大夫、出羽守に補任されていたようである。宝幢寺《ほうどうじ》本の系図に「天正二年信長公より出羽国主出羽守と御書給云」とある。最上氏は御所・山形殿と呼ばれ、自らも山形出羽守と称してはいるが、「最上（殿）」とも称されていることは明らかである。「最上殿」（立石寺《りつしやくじ》文書）、「従最上種々雑説」「最上之馬」「自最上」「最上之氏家殿息」「もかみのことほか」と見えるのはその一例である。

なお、文書の宛所の上に「謹上」などの文言を付して相手に対する敬意を表す形式の書状や願文《がんもん》では、源義光と称した。女性に対しては「よしあき」「よし光」など、ひらがなで記することもあった（なお、高楡〈揄〉小僧丸、谷地小僧丸という呼称に関しては、既述のとおりである）。

天正十二年以降も「山形殿」を称していくのは、中央の室町幕府・織田政権との関係で、「山形殿」羽州管領・探題、奥羽の中では四御所は大崎御所・高水寺斯波御所・浪岡御所そして山形御所、という構図ができあがっていたからであろう。

伊達政宗の場合

さて、義光の最大のライバルであった伊達政宗について見てみる。小林清治氏によって政宗の書札礼が考察され、大名・郡主・公家宛、大名・郡主の家臣・国人宛、家中宛それぞれによって型式が異なることが解明されているが（小林清治『伊達政宗の研究』吉川弘文館、二〇〇八年）、ここでは著者なりに整理してみる。

稙宗・晴宗・輝宗の場合と同様に、政宗は戦国期には、家臣や近隣の領主に対しては、「政宗」で通している。ただ、岩城・色部・黒川各氏や公家に宛てた文書の宛所の上に「謹上」などの文言を付した書状では「藤原政宗」である。「館」と記したり、「御館」と呼ばれることもあった。

義光と政宗の間柄

なお、義光は政宗に対して宛所に「伊達殿」と記し（〈天正十四年〉八月五日、最上義光書状、伊達家文書）、政宗のほうも義光に対して「山形殿」とし（〈天正十七年〉卯月二十六日、伊達政宗書状、政宗君引証記）、「謹上」を付けない打付書《うちつけがき》にしている。

出羽国領主の場合

次に出羽国の領主についても見てみよう。

まず秋田氏の場合は、戦国期以降は湊《みなと》、檜山《ひやま》・下国《しものくに》氏と称し、「屋形」を号していたが、実季《さねすえ》のときに秋田城介《あきたじょうのすけ》をふまえて秋田氏を称し、実季は秋田藤太郎（略して秋田、秋藤、秋藤太）と呼ばれている。

大宝寺（武藤）氏について見てみると、源頼朝の奥羽合戦の後に大泉荘の地頭に補任されたので、鎌倉期には大泉氏とも呼ばれ、南北朝・室町期以降は基本的には大宝寺氏と呼ばれる。一族に砂越氏がいる。大宝寺出羽守、大宝寺大膳大夫を称するが、謹上書などでは源義高・源義興と称した。室町期、寛正三年（一四六二）九月に将軍足利義政《よしまさ》から出羽守に任じられていることは（御内書案、『蔭凉軒日録』寛正四年十月四日条）、大宝寺氏の地位を考えるにあたり重要な点である。大浦（尾浦ともいった。のちには大山）城主なので大浦、「屋形」とも呼ばれていた。「屋形」と呼ばれるのは出羽では他に小野寺氏がいる。

第四　義光の領国支配の確立

一　山形城・町場の変遷

城下町の構造と重要性

まずは、義光の領国支配確立期の最上氏の居城山形城と城下町について見ていこう。

城下町の構造は、領主の権力構造を考えるにあたって重要な要素である。戦国城下町から近世城下町への転換については、戦国城下町が山城《やまじろ》・居館＋家臣団屋敷＋直属商工業者と楽《らく》の属性を有する市町《いちまち》（市場）の二元構造からなっていたのに対して、近世城下町は市町（市場）を内部に吸収して二元的構造を解消していくとされている（堀新『天下統一から鎖国へ　日本中世の歴史7』吉川弘文館、二〇一〇年）。それでは、最上氏の山形城の城下町は、戦国期から近世へ至る過程でどのように変化していったと、とらえられるであろうか（巻末地図参照）。

居館の構造

1　南北朝期・室町期

最上氏は、羽州管領《うしゅうかんれい》・探題《たんだい》として奥羽四御所《ごしょ》の一人として君臨していた。したがってその居館は、室町御所の構造をふまえた守護所《しゅごしょ》規模のものであったことは予想される。築地塀《ついじべい》が回された方二町《ほうにちょう》の構えで、儀礼が行なわれるハレの部分と、日常生活の場であるケの部分に区分される。さらにハレの部分は、公的な身分秩序原理が演出される主殿・広場などの「表《おもて》」の部分と、身分関係をオープンにした宴会や芸能が行なわれる会所・庭園などの「奥《おく》」の部分とに分けられ、ケの場は常御殿《つねごてん》の部分である。南北の位置関係があり、主門・脇門は西に開くような構造であったろう（小島道裕編『史跡で読む日本の歴史七　戦国の時代』吉川弘文館、二〇〇九年）。

鎌倉期までは、寒河江《さがえ》荘では本楯《もとだて》、成生《なりゆう》荘では成生、小田島荘では長瀞本楯《ながとろもとだて》、というように舟運を意識した地点に地頭居館《じとうきょかん》があったと考えられている。

しかし南北朝期に入ると、根小屋式山城《ねごやしきやまじろ》が出現してきて、小田島荘では東部山麓の麓の東根《ひがしね》に移動し、東根城ができる。また寒河江城にみるように、方形館に二重・三重の土塁・堀をめぐらし、防御性を高める方向性もあった。大山荘《おおやまのしょう》では、鎌倉期までは船町・中野付近あたりも有力であろうが、南北朝期以降は現在の山形城跡付近に居館があったということになろうか。

2 戦国期

城郭構造の再考

次に戦国期の山形城について考える。戦国期の御所級の領主が居住する城郭の構造については、浪岡《なみおか》御所《ごしょ》（青森県浪岡町）が参考になろう。浪岡川の断崖に新館《しんだて》・東館《ひがしだて》・猿楽《さるがく》館《だて》・北館《きただて》・内館《うちだて》・西館《にしだて》・検校館《けんぎょうだて》・無名の館などがあり、北館の四周には堀の中に土塁が造られている。このように複数の曲輪《くるわ》が組み合わされた構造で、町場も含まれ、町場の外れには神社があって居館・町場を守護している（浪岡町歴史資料館『浪岡城』一九九〇年）。室町御所の影響も残しながら、次第に京都・守護所とは異なる原理の城郭・町場を形成していったのである。したがって山形城も、これまでいわれてきたように単純な連郭式《れんかくしき》の城郭であったのか、再考しなければならない。

江戸時代の認識

また、江戸時代になって書かれた軍記物『奥羽永慶軍記』「羽州天童合戦ノ事」に、「山形殿ハイカナル思慮有テカ平場ニ城郭ヲハ構ヒ給フソ、心得カタキ事也、平城ハ何ノ用ニカ立ヘキ」と記されているように、近世には戦国期の山形城は平城《ひらじろ》であったととらえられるようになっていたが、豊臣期・慶長期の山形城・城下町のイメージから戦国期の山形城を考えてはいけない。

山形城の空間

戦国期の山形城について以前述べたことがあるが（伊藤清郎「戦国期の山形城」〈入間田宣夫編『東北中世史の研究』下巻、高志書院、二〇〇五年〉）、扇状地の段差を利用して、領主的空間と民衆的空間とを区別し、下部の民衆的空間の中を羽州大道が走る。そして、領主的空間には複数の曲輪が存在し、全体を大土塁と堀が囲む。それらの要素を含むイメージ図を描いてみた（八一頁参照）。

単純に平城であるとはいえないことが理解されよう。扇状地の先端部分に築かれた城郭とその下の町場という中世の景観が浮き彫りになってきた。

山形城と地形図

地形図を見ると、馬見ヶ崎《まみがさき》川扇状地の先端とその下部との間には落差があることがわかる。幹線道路が城の西側、つまり先端の下部を走り、城郭は扇状地の先端の台地に造られて、台城《だいじょう》になるのではないか。台城であれば、堀と土塁によっていくつかの郭に分割されるのが通常である。浪岡城の他にも八戸根城《はちのへねじょう》（八戸市）などいくつもの事例がある。この台地上に最上氏関連の寺社が点在する。光明寺《こうみょうじ》・法祥寺《ほうしょうじ》・龍門寺《りゅうもんじ》・宝幢《ほうどう》寺《じ》・勝因寺《しょういんじ》・正楽寺《しょうらくじ》などは、この台地上に存在したのである。この台地上には後に本丸・二の丸となるところから大きさの異なる宝篋《ほうきょう》印塔《いんとう》が出土しており、領主層の宗教的空間が存在するとともに階層差があることも確認されている（齋藤仁「山形城跡出土の宝篋印塔について」〈『さあべい』二九、二〇一四年〉）。羽州管領・羽州探題として君臨するにあたり、出羽国内から山形に出仕する各領主らの屋敷なども、この台地上に存在したことになろう。

戦国期の城下町

近世には、上山《かみのやま》からくる羽州街道（中世の羽州大道）が上町《うわまち》で東側に右折して五日町・八日町方面に向かい、左折して七日町方面へと北上していくが、本来は上町からそのまま北上して下条方面へ向かったのではなかろうか。そして寒河江街道、笹谷街道・二口《ふたくち》街道からの道と合流し、さらに北上して十文字・天童方面へと向かっていったと考えられる。

城下町はこの街道沿いにあったであろう。奥平氏時代（一六六八～八五年）の城郭図には飯塚口が「本鍛冶町口」と記されていて、この付近には鍛冶師が多く集住していたと考えられる（高橋信敬『最上時代山形城下絵図』誌趣会、一九七四年）。領主の城郭の近くに工人が集住するのは、中世の形態としてふさわしい。出羽三山（羽黒山・月山・湯殿山の総称）への参詣道も、山形城西部から椚沢《くぬぎさわ》・志戸田《しとだ》・山辺《やまのべ》・岡・平塩《ひらしお》・寒河江に出るルートであっ

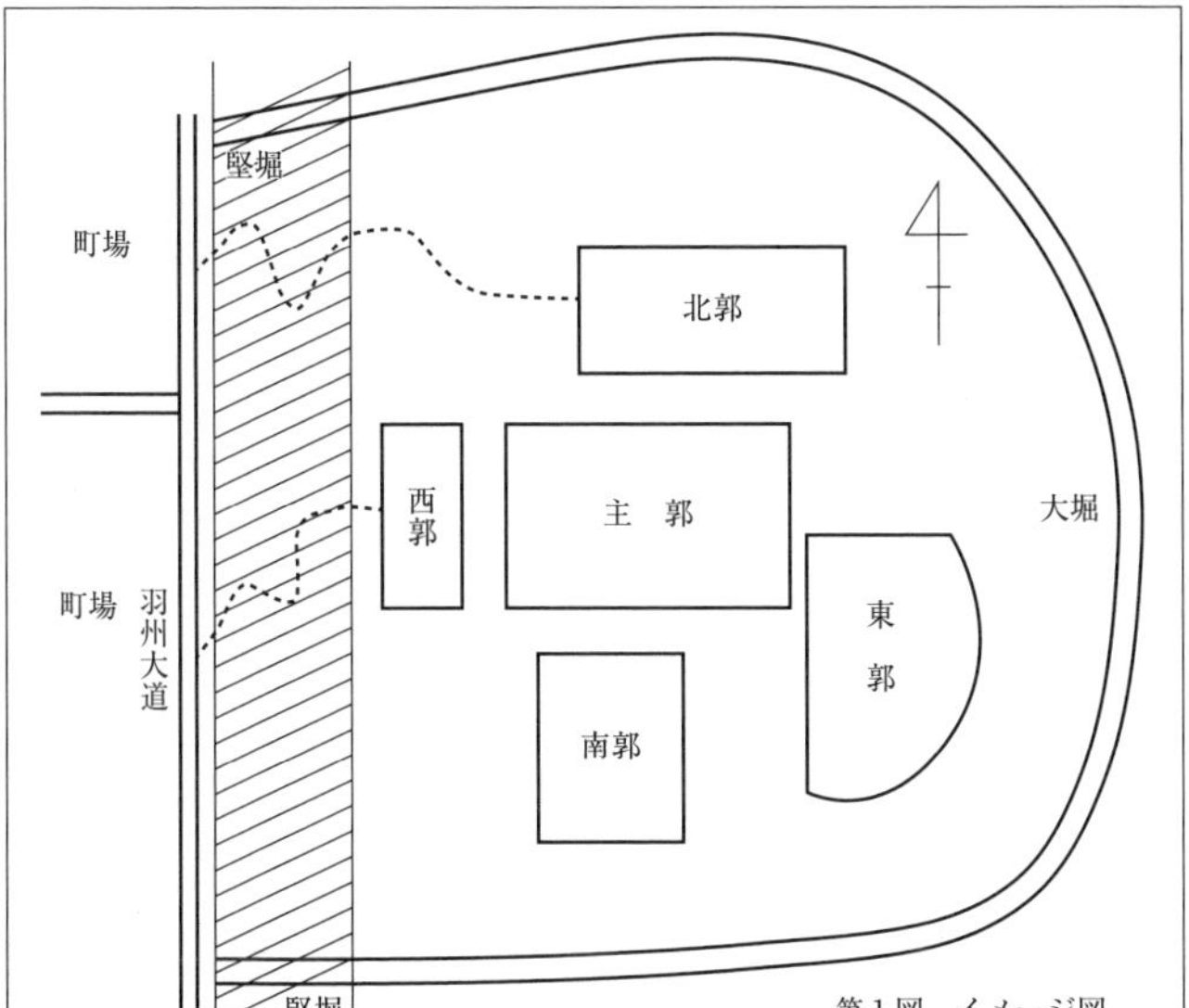

第１図　イメージ図

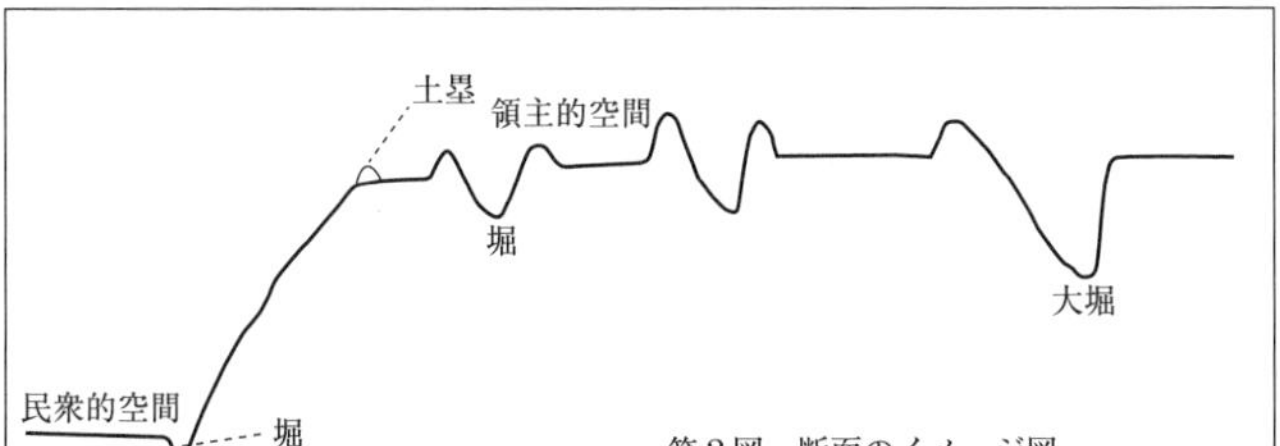

第２図　断面のイメージ図

戦国期山形城イメージ図（著者作成）

たのではないか（長井政太郎『山形県の市の研究』山形県郷土研究会、一九四二年）。

高橋信敬氏は「山形の集落は、扇央よりも扇端に近い湧泉地帯、現在の上町からもとの六十里越《ろくじゅうりごえ》、霊石《れいせき》を経て下条町、宮町に至る弧状の線より西方に発達していたと見ることができる」「当時の扇状地の中央部（扇央）にはまだ畑も少なく原野が広がっていたと思われる」と興味深い指摘をする（前掲『最上時代山形城下絵図』四四・五一・五三頁）。実際、発掘調査によって市内中心部には馬見ヶ崎川の河道跡が何本か見つかっている。また乾燥して高い所にはケヤキ・赤松など、低地・湿地にはハンの木・葦などが繁る自然の状態になっていたのであろう（小形利吉「山形の森（1）（2）」〈『フロラ山形』二七・二八、一九七一・七二年〉）。

戦国期の山形城は、北は馬見ヶ崎川、南は恥《はずかし》川（犬川）・坂巻《さかまき》川に囲まれた扇状地の先端に築かれた台城ということになる。そうすると、羽州大道と小滝《こたき》街道が合流する地点に位置する南館《みなみだて》（最上氏改易後に廃城）は、山形城の南を画する注目する地点にあることになる。

戦国期山形城の特徴

ところで山形城の構造は、最上時代・鳥居氏以降も、二の丸の西虎口《こぐち》が西ではなく南を向いていて、しかも二つ折《お》れの枡形《ますがた》になっている（東・南・北各虎口はいずれも一つ折れの枡形である）。これは、戦国期の山形城においては本来西側が大手になっていて、その構造が、その後にも影響したのではないか（室町期の御所風の構造が反映しているかもしれない）。北の虎口も最上時代には二つ存在するが（枡形）、これも戦国期に北郭が存在していたことと深く関連するのではなかろうか。北門が二つあることについては、寒河江街道や二口《ふたくち》街道（仙台から五十集《いさば》が運ばれてくるため肴町が設置された）が合流するところなので重視したという説明がなされるが、別のとらえ方もあるのではないか。

二　支城・交通・寺社

1　本城―支城体制

最上氏は、領国を飛躍的に拡大した天正十二年（一五八四）以降、領国の境界となる境目《さかいめ》の城を新たに築いたり、それ以前の城郭を増改築したりして、領国支配を強化していった（伊藤清郎『中世の城と祈り』岩田書院、一九九八年）。

まず、本城山形城を中心に（巻末地図参照）、高楯《たかだて》城（上山市）・成沢《なりさわ》城（山形市）・岩波《いわなみ》城

（山形市）・山家《やんべ》城（山形市）・楯山《たてやま》城（山形市）・漆山《うるしやま》城（山形市）・中野城（山形市）・長崎城（中山町）・山辺《やまのべ》城（山辺町）・畑谷《はたや》城（山辺町）・若木《わかぎ》城（山形市）・柏倉《かしわぐら》城（山形市）というように、本城―支城体制ができていく。

さらに、左沢楯山《あてらざわたてやま》城（大江町）・白岩城（寒河江市）・東根《ひがしね》城（東根市）・楯岡城（村山市）・延沢城（尾花沢市）・小国城（最上町）・志茂《しも》の手《て》館（最上町）・鮭延《さけのべ》城（真室川町）・金山《かねやま》城（金山町）・清水城（大蔵村）など、境目の城が築かれ、最上領国全体を支配するための本城―支城体制ができていく。この本城―支城体制ができあがるのは、内陸部を手中に治めた天正十二年以降のことと考えられる。

支城の意図

それらの城館は、山形城の支城として地域の支配にあたるとともに、羽州大道・狐《きつね》越《ごえ》・小滝《こたき》・六十里越《ろくじゅうりごえ》・寒河江・二口・笹谷・米沢各道といったルートを押さえる役割をも担っている。さらにその周囲には小規模な楯（城郭のこと）や物見が配備されており、本城―支城ネットワークによる山形防衛の意図がうかがえる。

こうした領国支配を形成していくなかで、義光は各領主の領地を超えて、最上領国全体にわたる交通輸送網を山形城を中核にしてつくりあげていったと考えられる。

2　米沢・笹谷・二口・六十里越各街道と城郭

街道と城郭

次に、最上・村山両地域を中心に、道と城郭の関係を見ていく。

この地域には羽州大道（②）が走り、有屋《ありや》峠を越えて出羽北部の湯沢・横手方面とつながり、置賜《おきたま》地域とは米沢街道（㉒）・小滝街道（⑳）・狐越街道（⑰）でつながり、仙台方面とは笹谷街道（⑲）・二口街道（⑱）・関山街道（⑭）でつながり、庄内南部へは寒河江街道（⑯）・六十里越街道（⑬）が走り、陸奥大崎方面とは母袋《もたい》街道（鍋越峠越⑨）、軽井《かるい》沢《ざわ》街道（⑩）、最上小国街道（⑧）で結ばれ、荘内北部とは清川街道（板敷《いたじき》峠越⑦）・与蔵峠《よぞうとうげ》越《ごえ》街道（⑤）・青沢《あおさわ》峠越街道（④）でつながっている。

なお、以下の城郭についての記述は、山形県教育委員会『山形県中世城館遺跡調査報告書』第一集・二集・三集（一九九五〜九七年）を参照している。

米沢街道と高楯城

米沢街道（㉒）は、山形と米沢を結ぶ道であり、戦国期には伊達氏の境目の城として中山城（上山市）が築かれ（『中山城跡調査報告書　中世の城郭　中山城』二〇〇三年）、これに対して、最上氏が伊達領との境目の城として標高三五六メートルの虚空蔵山《こくぞうさん》に築いたのが、高楯《たかだて》城（上山市）である。天正十六年（一五八八）の最上・伊達両氏の抗争の中で、両城は大きな役割を

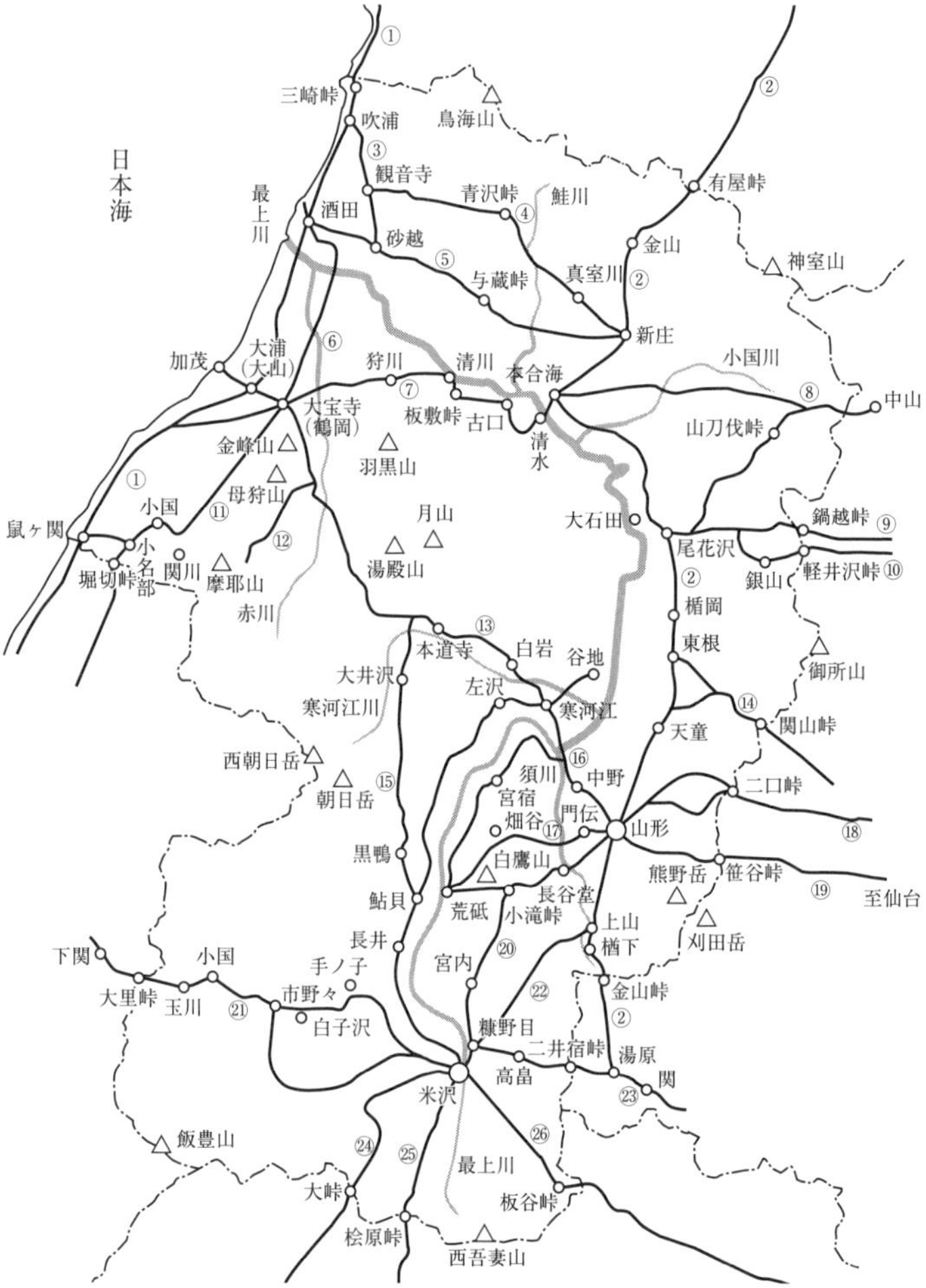

南出羽地域の街道概略図

①浜街道　②羽州大道　③（特に名称が無い．現在国道345号線）　④青沢峠越街道　⑤与蔵峠越街道　⑥酒田街道　⑦清川街道（板敷峠越）　⑧最上小国街道　⑨母袋街道（鍋越峠越）　⑩軽井沢街道　⑪小国街道　⑫大鳥街道　⑬六十里越街道　⑭関山街道　⑮大井沢街道　⑯寒河江街道　⑰狐越街道　⑱二口街道　⑲笹谷街道　⑳小滝街道　㉑越後（十三峠）街道　㉒米沢街道　㉓二井宿街道　㉔八谷街道（米沢街道）　㉕会津街道（桧原街道）　㉖板谷街道

果たしているし、後述する慶長五年（一六〇〇）の〝北の関ヶ原〟合戦で激戦となった長谷《はせ》堂城《どうじょう》の戦いでは、最上・上杉両軍のせめぎ合いも展開されることになる。最上の家臣志村光安《しむらあきやす》と、上杉家臣上泉主水《かみいずみもんど》の名で知られる会津一刀流の祖泰綱との攻防戦も、この上山の高楯城で行なわれた可能性は高い。

『最上義光分限帳』『最上家中分限帳』では「一、高弐万千石　上山兵部太夫」とあるが、『最上源五郎様御時代御家中幷寺社方在町分限帳』では「一、弐万七千石　上野山上野（山脱カ）兵部」とあり、義光の五男の兵部大夫光広（義直）が城将となっている。

笹谷街道と大平山楯・行沢楯

笹谷街道⑲は、出羽国最上郡と陸奥国府多賀城とを結ぶ官道として、古代から重視されていた。この街道沿いでは、馬見ヶ崎川（旧名は白川）をはさんで大平山《おおひらやま》楯と行沢《なめざわ》楯が存在するが、どちらも山頂に小郭を造成しただけの施設であり、楯というよりは、見張り場的施設にすぎない。

二口街道と二本堂楯

二口街道⑱も、同じく奥羽山脈を越えて山形と仙台を結ぶ道である。山形城下から平石水《ひらいしみず》（山形市）・高沢（同）を経て清水峠を越える道筋と、山寺（山形市）から馬形《うまがた》（同）を経て山伏峠を越える道筋があり、合流して二口から野尻（仙台市）・馬場（同）・愛子《あやし》（同）を経て仙台へ至る道である。

二本堂楯《にほんどう》は、高瀬地区の二本堂地内に所在する標高三四三メートルの猪鼻山《いのはやま》に築かれた山城である（比高約一八〇メートル）。天正十六年（一五八八）、最上氏と伊達氏との軍事的緊張が高まり、四月二十八日、秋保《あきう》付近で最上の兵一〇一人が討ちとられ、二一級の首実検が行なわれた（『貞山公治家記録』）。峠を挟んで伊達領と対峙する二口街道沿いの二本堂楯は、最上氏の境目の城として重要な位置を占めている。

山家城

この二口街道と羽州街道北側からの攻撃に備えるにふさわしいのは、山家城《やんべ》である。主郭・東郭・西郭からなる山城であるが、膝下《しっか》には入宿・下宿・浦宿・川原宿・表宿という地名が残り、宿町を含む総構えの宿城で、重要な支城の一つである。

六十里越街道

次に、六十里越街道⑬は、山形と鶴岡を最短で結ぶ街道である。船町（山形市）・長崎（中山町）・寒河江（寒河江市）・白岩（同）・海味《かいしゅう》（西川町）・本道寺（同）・砂子関《すなごぜき》（同）・志津《しづ》（同）を経て大岫峠《おおぬき・おおぐき》を越え、田麦俣《たむぎまた》（鶴岡市）・大網《おおあみ》（同）を通って十王峠《じゅうおう》を越え、松根《まつね》（鶴岡市）を経て赤川《あかがわ》を渡って岡七軒町《おかしちけん》で鶴岡に入る。この道は出羽三山参詣の道でもあり、街道に沿って岩根沢口・本道寺口・七五三掛口《しめかけ》・大網口・大井沢口などの登拝口がある。

白岩城

白岩城（寒河江市）は、六十里越街道を見下ろす断崖の上に稲荷山楯《いなりやま》を中核に、陣屋楯

（小学校の敷地）・物見台・八幡楯・上楯山楯・新《しん》楯・留場《とめば》楯が取り囲み、真ん中を道が走り（以前は水堀も平行していた）、東側は実沢《さねざわ》川で防御する構造になっている。北側（田代方面）からの攻撃を防御するために築かれた留場楯の下には、道路を挟んで的場という地名がある。稲荷山楯の東麓には、大手と考えられる大門の内側に上屋敷・直《じき》屋敷・伯労《ばくろう》屋敷があり、この屋敷の下には「土居の下」という地名が残る。実沢川の対岸にある新町楯（陣ヶ峰楯）は白岩城の出城的性格をもつ（大場雅之「寒河江白岩新町楯跡について」〈前掲『最上氏と出羽の歴史』〉）。

　断崖の下には六十里越街道が通り、東側から新町・中町・上町・裏町があり、小城下町を形成している。新町と裏町には折れがあり、防御性も高い。麓には三日月不動尊堂が祀られ、天正五年（一五七七）の棟札には「大御本願大江八郎四郎広隆　大工木口源左衛門守茂」の名が記されている（『心の教育』ぬくもりの里しらいわ編『白岩ふるさと歴史探訪』二〇〇八年）。町場から城郭内に入る坂虎口《さかこぐち》が四本造られている。

境目の城

　前述したように、天正十二年（一五八四）に寒河江大江氏が滅亡した以降は、義光の弟（または甥）の松根《まつね》備前守光広の領知となり、最上氏の手が入ったものと考えられ、白岩城は庄内大宝寺氏に対する防備となる境目の城という性格が強化されていったものであろう。

3　最上川舟運と城郭

最上川舟運と左沢楯山城

最上川舟運との関連で注目されるのが、左沢楯山《あてらざわたてやま》城（大江町）である。左沢楯山城は、標高二二二メートルの左沢楯山八幡座《はちまんざ》を中核に東西一・七キロ、南北〇・八キロにわたる大規模な中世の山城である。南は最上川・前田川、東・北は桧木《ひのき》沢で区切られ、西は蛍水《けいすい》公園にのびる渓谷と、天神越《てんじんごえ》道・弁財天越《べんざいてんごえ》道に通じる堀切《ほりきり》で画されている。最上川からの比高差は一一〇メートル、最上川の河岸と町場、さらに元屋敷付近に存在したと考えられる居館と山城とが一体となっている。

最上川は、ここで大きく東へ向きを変えている。この城は増築の変遷がたどることができ、千畳敷（南北朝期）→鉄砲場《てっぽうば》・八幡平《はちまんたいら》（室町期）→八幡座・寺屋敷（戦国期）→裏山《うらやま》（近世初期）という時代を経て、築城・拡大されていったものと想定している。千畳敷の斜面東側には竪土塁・竪堀《たてぼり》四本、八幡平南斜面に数本の竪堀が築かれ、最上川方面に向かって威嚇する構図になり、「表の顔」となっている。また、千畳敷と鉄砲場との間には堀底《ほりそこ》道があり、平野山方面→桧木沢→蛇沢《へびさわ》→堀底道→南斜面→元屋敷（居館地区）へと至る通路となっている。左沢楯山城は、真ん中を蛇沢が通り郭群から構成されている点

舟運と築城

から、白岩城と類似する構造となっている。

最上川舟運との関連で築城された城郭として、名木沢《なぎさわ》城（尾花沢市）・清水城（大蔵村）・砂越《さごし》城（酒田市）などがあげられるが、左沢楯山城は、舟運と河岸《かし》を押さえる城郭として、

楯山公園から見た最上川（西村山郡大江町左沢）
最上川を見下ろす楯山公園には，中世においては左沢楯山城があった．

大江一族の左沢氏によって南北朝期に築かれ、天正十二年（一五八四）以降は最上氏の境目の城として位置づけられていた。

『最上義光分限帳』には「一、左沢　高弐千三百石　長尾右衛門」とあり、『最上家中分限帳』にも「一、弐千三百石　左沢城　長尾右衛門」とあって、長尾氏が領知しているが、白岩との比較でも石高が少ないので、残るところは直轄地になっていたのであろうか。

最上氏の北方進出の拠点であり、河岸を押さえて庄内方面へ進出する拠点にもなっ

ていたのが清水城（大蔵村）である。文明八年（一四七六）に、泉出《いで》（成沢）兼義の子満久が白《しら》須賀《すか》元楯を築き、その後、比良《ひら》の台地に清水城を築き、移ったとされている。なお兼義は、最上氏二代直家の子である。

清水城は、最上川に張り出す舌状台地《ぜつじょうだいち》を、外堀（水堀）・土塁、内堀（空堀）・土塁で断ち切り、二の丸・本丸をつくり、北側と東側には多数の腰郭群をつくっている。二の丸外堀の南側には、二日町・上町・下町・山形下屋敷という地名が残されており、町場が形成されていた。周辺地域には、清水城を中心に清水氏家臣が構える一二の城郭が配置され、強固な防御態勢が形成されていた。永禄年間（一五五八～七〇）には土佐林禅棟ら庄内勢によって侵攻され、一時支配下におかれた時もあったが（〈永禄九年〉四月八日、土佐林禅棟書状、市川湊家文書。〈永禄十二年〉閏五月七日、土佐林禅棟書状、山吉文書）、この段階には最上領国の重要な境目の城であった。

『最上義光分限帳』『最上家中分限帳』には「一、高弐万七千三百石　清水大蔵大輔」とあり、『最上源五郎様御時代御家中幷寺社方在町分限帳』では「一、三万石　清水清水大蔵之丞」とある。

4　最上小国道・羽州大道有屋峠越道と城郭

最上小国道と志茂の手館

最上小国道（⑧）沿いに位置する重要な境目の城が、志茂《しも》の手《て》館（最上町）である。

二つの曲輪がL字型の堀切で画され、東の曲輪の外にもう一本の狭い堀がL字型に掘られている。高楯城（上山市）と同じく、大堀が造営され、大きな特長となっている。西の曲輪には畝状竪堀《うねじょうたてぼり》群が切られ、特色を示している。この小盆地は、天正十六年（一五八八）の大崎氏内紛に際し、伊達氏が介入したことにより、大崎氏と友好関係にあった最上氏も、軍事的対応に迫られた地域の一つである（松岡進『戦国期城館群の景観』校倉書房、二〇〇二年）。小国城と合わせて重要な拠点的城郭であった。小国城については、『最上義光分限帳』『最上家中分限帳』には「一、小国　高八千石　小国日向」とあり、『最上源五郎様御時代御家中幷寺社方在町分限帳』には「一、八千五百石　小国日向守」とある。

羽州大道有屋峠越道

次に、羽州大道（②）有屋《ありや》峠越道は、古代には多賀城から山形へ出て、北上して雄勝《おがち》城（払田柵《ほったのさく》）を経て秋田城へ至るルートで、山道駅路《さんどうえきろ》と呼ばれた官道であった。金山（金山町）・有屋（同）から有屋峠を越えて役内《やくない》（雄勝町）に出る。有屋は、信仰の山である神《か》室山《むろさん》や竜馬山《りゅうばさん》への登拝口でもある。しかし慶長年間（一五九六〜一六一五）、雄勝峠が整備されて羽州街道の本道となり、有屋峠道は脇道となる。

この地域は、仙北の小野寺氏、庄内の大宝寺氏、山形の最上氏らの争奪の場となっていたが、天正九年に最上氏に属した。有力国人であった鮭延《さけのべ》（真室）城主（真室川町）の鮭延秀綱が最上義光に臣従すると、鮭延氏の家臣である庭月《にわづき》城主庭月氏・平岡館主平岡氏・差首鍋《さすなべ》館主水田氏らも最上氏に属従した。また、最上氏の家臣丹《たん》氏は、天正年間（一五七三〜九二）に金山の楯山に金山城を築いた。

金山城の大手は西斜面の道で、内町《うちまち》に出る。内町・三日町・七日町・十日町の地名が残り、城下町が形成されていた。防御的には金山城よりも、その南一キロにある愛宕山楯の方が高いといえる。金山城を中心に境目の城の機能がつくられていたのであろうか。最上氏と小野寺氏は何度か有屋峠付近で対峙し、そのつど金山城主丹氏が出陣している。金山城・鮭延（真室）城は、北の小野寺氏と、西の庄内最上川以北（青沢峠越道・与蔵峠越道）に対する防衛および進出拠点となっていた。

『最上義光分限帳』『最上家中分限帳』には「一、鮭延　高壱万千五百石　鮭延越前」とあり、『最上源五郎様御時代御家中幷寺社方在町分限帳』には「一、壱万三千石　真室　鮭延越前」と出てくる。

5　寺社の修造・寄進

寺社の重要性

中世の寺社は、公家・武家と並んで国家を支える重要な構成要素であり、王法《おうほう》と仏法《ぶっぽう》は車の両輪であった（伊藤清郎『中世日本の国家と寺社』高志書院、二〇〇〇年）。したがって領主は、大きな勢力を有する寺社に対して、手厚い保護と同時に統制も加えた。では、最上氏の領国内ではどうであったろうか。

立石寺日枝神社（山形市山寺）

修理造営

寺社の修理造営については、天文三年（一五三四）、義光の父の義守が立石寺《りっしゃくじ》日枝神社を再建した棟札《むなふだ》は残っているが（立石寺日枝神社棟札。山形殿・中野殿・東根《ひがしね》殿・高擶《たかだま》殿四人の連名）、天正十八年（一五九〇）までに義光が修造した明確な史料は残されていない。

寄進

次に、寄進について見てみると、義光は天正九年（一五八一）に、神主八郎に山辺南分のうち二〇〇〇束（二五〇刈）を宛行っている（天正九年八月五日、最上義光宛行状、専称寺文書）。軸装《じくそう》されたこの文書には覚え書きが付されていて、神主八郎は六椹《むつくぬぎ》八幡宮《はちまんぐう》の神主神保氏である。神社に対する知行宛行いである。天正十四年（一五八六）には、立石寺に法華堂常灯《じょうとう》油田《ゆでん》として、重澄《しげずみ》郷内畠二貫八五〇文の地を寄進している。この時、「高楡小僧丸　義光」と連署している意味については既述した（本書五六頁、天正十四年正月一日、最上義光寄進状、立石寺文書）。

立石寺・愛宕神社（天童市）・若松寺《じゃくしょうじ》（同）などへ、義光が寺社創建・修理造営を積極的に行なったことは、寺伝などによって充分に想定できる。

第五　奥羽仕置と「公家成大名」最上氏

一　天正末年頃の南奥羽

1　秀吉の関東・奥羽惣無事

信長の死と北条・徳川同盟

天正十年（一五八二）六月二日の本能寺の変によって織田信長が横死すると、状況は一変する。北条氏は上野国《こうずけのくに》から滝川一益《かずます》を追い出し、旧武田分国のうちの信濃・甲斐の奪取に乗り出す。ところが徳川家康の反撃があって、結局和睦をし、天正十一年八月、家康の次女督姫《とくひめ》が小田原の北条氏直《うじなお》に嫁ぎ北条・徳川同盟が成立するものの、北条と反北条連合の対立が再燃し、北条・徳川同盟に対する反北条連合の羽柴（のち豊臣）秀吉との連携による対立が生まれていく（市村高男『東国の戦国合戦』吉川弘文館、二〇〇九年）。

抗争再燃

南奥では、佐竹・蘆名《あしな》・白河・岩城《いわき》・石川各氏らの連合と、それに対立する伊達・田村両氏が融和する状況にあったが、信長の死去によって一変し、抗争が再燃する。

秀吉の惣無事

　信長が討たれると、秀吉は備中からいち早く帰って光秀を討ち（いわゆる「中国大返し」）、あっという間に実権を掌握してしまう。関東に対する秀吉の惣無事《そうぶじ》は、天正十一年（一五八三）十一月十五日の家康書状（持田文書）をもって北条氏政《うじまさ》に伝えられている（天正十四年説もある）。

　秀吉は天正十二年（一五八四）に小牧《こまき》・長久手《ながくて》の戦《たたかい》で徳川家康と和睦すると、翌十三年十月には島津義久《しまづよしひさ》に停戦命令を出した。天正十三年七月に関白に補任《ぶにん》され、九月には、秀吉は豊臣の姓を賜り、天正十四年十二月には太政大臣となる。さらに秀吉は天正十五年五月に島津氏を降して九州仕置《しおき》を行ない、六月に博多でバテレン追放令を発して帰洛する。

秀吉への使者

　この九州仕置の実現によって関東・奥羽への惣無事が本格的になっていく。

まず、奥羽では、伊達輝宗《てるむね》が天正十二年八月、遠藤基信《もとのぶ》を使者として秀吉に馬を贈り、天正十三年七月二日に大坂城で献上した。これに対し秀吉は、明智光秀・柴田勝家らを討ち、根来雑賀《ねごろさいか》一揆をも討ったことなどを記した自身の武威を誇示する内容の答書を書き、金山宗洗《かなやまそうせん》を使者に立てた。同じ内容の書状が、金山宗洗によって奥羽諸家に届けられたようである（『貞山公治家記録』）。

天正十四年六月、上杉景勝《かげかつ》は大坂城に出仕し、臣礼をとった。徳川家康も十月、大坂城で豊臣秀吉に謁見して従属する姿勢をとった。同年十二月三日付の秀吉直書で関東・奥羽に惣無事を命じており、以降秀吉は、家康を中心に、上杉景勝を脇役にして関東・奥羽の惣無事を推進していく（小和田哲男『秀吉の天下統一戦争』吉川弘文館、二〇〇六年）。

小田原攻めの決定

しかし、佐竹氏ら反北条連合と北条氏との対立は深まり、天正十五年正月には小田原城の大普請が開始され、臨戦体制が強化されていった。天正十六年八月に北条氏規《うじのり》（氏直の弟）が聚楽第《じゅらくだい》で秀吉に謁見し、臣従して関東惣無事が実現したかに見えたが、翌十七年末に上野国沼田領をめぐって秀吉が行なった領土境目確定に対して、北条氏側からの違反が生じ、同年十一月に小田原攻めが決定された。

伊達への包囲網

一方、南奥羽では、伊達氏が蘆名氏家臣であった会津桧原《ひばら》城の穴沢氏を攻撃し、それを機に最上氏と相馬・蘆名・岩城氏らが関係を深め、さらに白河・石川・二階堂各氏らと合従連衡《がっしょうれんこう》し、また北進してきた佐竹氏も連合した。こうして天正十三年六月頃には、伊達氏を取り囲む、最上・蘆名・二階堂・石川・白河・佐竹・岩城・相馬・大崎各氏の包囲網が成立していた（近年は包囲網が存在しなかったという説も出されている）。

このうち、天正十四年（一五八六）七月、佐竹・蘆名と伊達との抗争が、相馬義胤《よしたね》らの仲介によって「奥口総和」と呼ばれる和平を実現している（前掲、市村高男『東国の戦国合戦』）。

関係の悪化

最上氏と伊達氏の間では、最上義光と庄内大宝寺《だいほうじ》氏との抗争を、天正十四年十一月に伊達政宗が仲介して和平させたのにもかかわらず、翌十五年に入ると和議は破れ、十月には、東禅寺筑前守（前森蔵人）が反乱を起こしたのに呼応して義光が庄内を攻撃し、庄内勢を破って大宝寺義興《よしおき》を山形へ連行し、ついには自殺に追い込んだことや（後述）、さらには最上領との伊達領北境の鮎貝宗信《あゆかいむねのぶ》が義光に通じて政宗に叛したことなどから、関係が悪化していた。

大崎家の内紛

天正十六年に入ると、大崎家の内紛いわゆる「大崎合戦」に、義光は義兄にあたる（正妻の兄）大崎義隆《おおさきよしたか》を応援した。政宗は大崎家臣氏家吉継《うじいえよしつぐ》を助けて出兵した。同年二月、政宗家臣の留守政景《るすまさかげ》（政宗の叔父。黒川晴氏《くろかわはるうじ》の娘を妻としていた）は大崎氏の中新田《なかにいだ》城を攻めたが、大敗し敗走した。大崎氏より正妻と養子を迎えており、大崎方についた黒川晴氏は、伊達勢が籠城した志田郡新沼城を包囲し、娘婿の留守政景に和睦を斡旋、城から伊達軍五〇〇〇人を撤兵させるのと引き替えに、政宗の重臣の泉田重光《いずみだしげみつ》・深谷月鑑斎を人質に出させた（『貞山公治家記録』）。この時期は義光が優位に立っていた。

徳川家康が義光に宛てた天正十六年三月九日・十七日、四月六日、五月三日の書状では、庄内領有を認める秀吉朱印状に添状という形で、境目・伊達との和平を勧めている（内閣文庫所蔵「古文書（記録御用所本）」所収文書）。同年六・七月、郡山（福島県郡山市）をめぐって伊達氏は、佐竹・蘆名連合軍と互角に戦い、相馬・白河各氏の調停で七月に和睦が実現していた。

保春院の奮闘

最上領と伊達領のあいだでは小競り合いが続いていたが、保春院《ほしゅんいん》（政宗生母であり、最上義光の妹、義姫、お東ともいう）が最上・伊達両軍の間に輿《こし》を乗り入れて八〇日間滞在し、両者の戦闘を止めるなどの奮闘によって、六月二十八日に和睦が実現する（七月十八日、小介川氏宛最上義光書状、秋田藩家蔵文書）。七月に最上と伊達との間に正式に講和が成立して、人質となっていた泉氏らが米沢に帰着した。

なお、保春院が伊達・最上の境の中山峠（上山市）に輿を据えて、両者に和睦を促した際、その使者として山形に来た女房の若狭に義光が託した（天正十六年）文月（七月）八日付の保春院宛の義光書状の中に、

くろ（黒）川の御事を、このほういん（宝印）ニ、ひとつ（一つ）ニあそはし候事は、いかゝニおほしめし候は、別の牛王ニ成とも、かゝせ御申候て、はやはや（早々）と指越され候へく候

とある。周知のように、起請文《きしょうもん》は牛王宝印《ごおうほういん》が押された護符を利用するということをふまえた記述である。続いて天正十七年（一五八九）と考えられる三月一日付、お東様（保春院）へ宛てた義光書状の中にも、「たゝし五度十度の神名血判も、ちゝニ成り申し候浮世にて候あいだ、偽も又しかられ申さず候」とある（以上、伊達家文書）。天正十七年に入っても、大崎合戦の後始末が問題になっているなかでの書状である。地域間権力にみられる「憑《たの》」みの関係をうかがうことができる（遠藤ゆり子「執事の機能からみた戦国期地域権力—奥州大崎氏における執事氏家氏の事例をめぐって—」〈『史苑』六二—一、二〇〇一年〉）。

金山宗洗の来着

この天正十六年の閏五月初めころ、金山宗洗が山形に来着した。閏五月十一日付、義光家臣の中山光直が由利の潟保《かたほ》氏に宛てた書状に、秀吉の命を受けた宗洗が、出羽探題職に任じられた義光に「国中之諸士」が「山形之下知」に従っているかどうか、惣無事の実現の状況などを視察に来たと述べている（潟保文書）。ここに秀吉が義光を通じて出羽国の惣無事を実現しようとしている意志を読みとれると同時に、義光は小野寺領内争乱、いわゆる「仙北干戈」を調停することに積極的に乗り出すなど（〈天正十六年〉八月十三日、最上義光黒印状写、秋田藩家蔵文書）、秀吉の方策を利用して自らの影響力を高め、出羽国内領主の上に立とうとする意志が見える。さて、宗洗は米沢の政宗のところにも立ち寄り、同年九月二十五日に京都へ向けて出立している（『貞山公治家記録』）。宗洗の下向は、伊達氏と最上・大崎・相馬・岩城・蘆名・佐竹連合との和平を見届けるためのものだったのであろう。

同年十二月十二日付の伊達政宗宛の富田一白《いっぱく》（知信、秀吉家臣）書状には、秀吉の下知に従って伊達と最上・佐竹間との和談を受け入れるとともに、「明春者、早々御出京待候」と、政宗が上洛して臣従することを要求している（伊達家文書）。翌天正十七年、宗洗はこの書状を持参して、三度目の奥羽への下向をしている（〈天正十七年〉正月二十七日、政宗宛富田一白書状、伊達家文書）。富田一白は、秀吉に対する義光の奏者も務めている（〈天正十七年〉正月二十八日、富田書状、伊達家文書）。

摺上原の合戦

ところがこの天正十七年、再び伊達氏と佐竹・蘆名氏連合との抗争が生じ、六月五日には磐梯山の麓の摺上原《すりあげはら》で激戦が展開され、伊達勢が勝利した。蘆名義広は常陸の実家佐竹に逃げ帰り、ここに蘆名家は滅んだ。政宗は会津黒川《くろかわ》城（蒲生氏郷《がもううじさと》が入部した際に若松城と改称）に入部し、蘆名領を奪取する。さらに七月、政宗は白河氏と同盟を確認し、十月には須賀川城を攻めて二階堂氏を滅ぼし、十一月に石川氏と和睦し、岩城氏とも和睦した。このように伊達氏は急激に領知を拡大し、広大な領土を手に入れた。

しかし、摺上原の合戦は惣無事違反であり、秀吉は伊達政宗に厳しく対処することになる（『米沢市史』第一巻）。

2　最上氏と庄内大宝寺《だいほうじ》氏

対立の激化

先に若干ふれたが、最上氏と庄内大宝寺氏との間でも大きな摩擦が生じていた。天正十一年（一五八三）に義光が大宝寺義氏を切腹に追い込んだのち、大宝寺家を継いだのは義氏の弟義興《よしおき》であった。義興は上杉景勝《うえすぎかげかつ》・本庄繁長《ほんじょうしげなが》ら越後の勢力に傾斜していき、両者の対立は激化していく。

大宝寺氏との激突

義光と結んだ東禅寺《とうぜんじ》筑前守《ちくぜんのかみ》（前森蔵人）義長は、天正十四年に兵を挙げ、いったんは伊達氏の仲介で停戦したものの、義興が本庄繁長の子千勝丸《せんしょうまる》（のちの義勝《よしかつ》）を養子にむかえると、反越後派の国人の反発をいっそう買うこととなり、翌十五年十月、東禅寺氏は再び挙兵し、義光も六十里越《ろくじゅうりごえ》街道を越えて庄内に侵攻する。大浦（大山）城を落城させると、大宝寺義興を捕縛し、山形へ連行し、自害に追い込んだ（〈天正十五年〉十月二十二日、西野修理亮宛最上義光書状、藤田文書）。義勝《よしかつ》は越後国境の小国《おぐに》城（鶴岡市）まで逃げる。最上勢は庄内を鎮圧し、義光は庄内の支配を東禅寺氏と最上家臣の中山玄蕃《なかやまげんば》に任せた（『山形県史』第一巻)。

最上勢の大敗

ところが天正十六年十月、上杉景勝の支援を受けた本庄繁長・大宝寺義勝が侵攻してきて、最上・庄内軍と十五里《じゅうごり》ケ原《はら》(鶴岡市)で激突する。この合戦で最上勢は大敗し、庄内の国人衆らは最上領に逃げ込んだ。

ここで義光は惣無事違反であると豊臣秀吉に提訴する。この提訴を受けた上杉景勝は、庄内を本庄繁長に鎮定させるとともに、義勝を上洛させ、義勝は天正十七年七月に秀吉から従五位下「大宝寺出羽守豊臣義勝」の称を与えられた。

一方、義光は秀吉に訴え出たものの、上洛無用の指示を受け、外交において苦渋をなめることとなった。天正二年より織田信長を通じて出羽守に補任されていた義光にとって、敵対する大宝寺義勝に出羽守をとって代わられたことは、大きな痛手であったに違いない。

二　奥羽仕置

1　義光の小田原参陣と奥羽仕置

北条氏討伐

天正十七年（一五八九）十一月、豊臣秀吉は北条氏の上野国名胡桃《なぐるみ》城（群馬県みなかみ町）奪取を裁定違反として、北条氏討伐の布告をする。それを受けて天正十八年、戸沢氏・秋田氏・小野寺氏・由利十二氏・岩城氏・相馬氏も小田原に参陣したが、白河・石川・田村各氏、大崎氏・葛西両氏らは伊達氏の勢力に入っていたので参陣しなかった。

伊達政宗毒殺未遂事件

伊達政宗は、母保春院による毒殺未遂事件に巻き込まれたこともあって、会津黒川城を立ったのが五月九日、越後経由での小田原到着は六月五日と大きく参陣が遅れてしまったことにより、会津領の安堵などは期待すべくもなくなってしまった。

出奔の再検討

なお、毒殺未遂事件については、事件が発覚すると保春院は最上に出奔したとされるが、その出奔は文禄三年（一五九四）当時に伊達氏が居城としていた岩出山城からのことであることが判明しており、再検討する必要がある（佐藤憲一「伊達政宗の母義姫の出奔の時について―新出の虎哉和尚の手紙から―」〈『仙台市博物館調査研究報告書』一五、一九九五年〉。高橋明「義姫置毒・小次郎誅殺をいう伊達政宗釈明消息は偽書である」〈『福島史学研究』八九、二〇一一年〉）。

義光参陣の遅れ

義光は、五月十八日に父栄林（義守）が死去したため、政宗よりさらに参陣が遅れ、徳川家康の取次によって秀吉に謁見できたのは六月下旬で、馬五疋・金子一〇〇枚を進上した（〈天正十八年〉七月朔日、政宗宛和久宗是書状、伊達家文書。同年七月四日、浅野長政宛最上義光書状、浅野家文書）。

七月五日、北条氏政・氏直父子は降伏し、七月十三日に秀吉は小田原城に入り、家康に北条旧領に移封することを命じた。そして秀吉は奥羽に向けて出立し、七月二十六日に宇都宮に到着、ここで戸沢・南部・相馬・岩城・佐竹各氏らが領知安堵され、朱印状を与えられる。所領没収になったのは、大崎・葛西・石川・白河・田村各氏らである（〈天正十八年〉八月十二日、秀吉朱印状、浅野家文書）。

最上・伊達の領知安堵

最上・伊達両氏も領知安堵を受けたと考えられるが、領知朱印状は下されていない。これは、両氏には自分仕置権（自己領内の支配や刑罰権〈仕置〉行使の裁量権）を分与されたことと関連すると考えられている（渡辺信夫「天正十八年の奥羽仕置令について」〈『渡辺信夫歴史論集1　近世東北地域史の研究』清文堂出版、二〇〇二年に所収、初出一九八二年〉）。出羽と津軽地域の仕置は、豊臣奉行の大谷吉継《おおたによしつぐ》・木村常陸介重茲《きむらひたちのすけしげこれ》をたすけて、上杉景勝・前田利家らが検地による知行高算出、刀狩、破城《はじょう》などを実施した。この仕置の実施を、自領内においては最上・伊達両氏が秀吉から委任されたことになる。これによって両氏は、領国支配において知行権などを大きく強化していったものと思われる。

庄内仕置

庄内については、秀吉は八月一日「出羽国大宝寺分、同庄内三郡」に関して、上杉景勝に大谷吉継と相談して仕置を行なうよう一任している（秀吉朱印状、上杉家文書）。これは、上杉氏に庄内の領有を認めたと解釈され、大宝寺義勝とその父本庄繁長の庄内支配を排除したことになったのであろう。大宝寺義勝は、天正十八年（一五九〇）十二月か翌年一月に、秀吉から信濃川中島に知行地を給され、京都に寓居させられたという（秋保良「大宝寺義勝の庄内没収と信州への移封について」〈『山形県地域史研究』三四、二〇〇九年〉）。

奥羽仕置

秀吉は八月九日には会津黒川城に入り、豊臣秀次《ひでつぐ》・宇喜多秀家《うきたひでいえ》らに奥羽の検地を命じるとともに、小田原陣不参の奥羽諸大名の所領没収を行ない、義光と伊達政宗に妻子の上洛を命じ、「百姓以下に至るまで、相届けざるについては、一郷も二郷も、悉《ことごと》くなで切り仕《つかまつ》るべく候」といういわゆる「撫切令《なでぎりれい》」を出した。同日（八月九日）、義光は妻子を同道し、会津に参陣している（〈天正十八年〉八月十日、政宗宛和久宗是書状、伊達家文書）。

豊臣方軍勢は、進軍の道筋の城に上方《かみがた》の在番衆《ざいばんしゅう》を入れながら検地を行ない、秋田方面まで北進した。義光は、八月に秀吉仕置軍が仙北《せんぼく》地域に入ると、先鋒を命じられた。米沢では、仕置軍がやってくることを聞きつけた町人・百姓らは山中に避難し、女性らは高畠に逃げたりして、大混乱に陥っている（〈天正十八年〉八月二十二日、政宗宛徳永寿昌書状、伊達家文書）。実際に、検地・刀狩・破城などが実施された地域は、大混乱したであろう。しかも国人・百姓に合点がいくように申し聞かせ、反対する者がいれば撫切にし、たとえ亡所となっても断行しろと強硬姿勢を示している。

在地に勢力を有していた土豪層は、刀狩で武具・武器を没収され、所領没収された地域では、旧主との関係が断ち切られ、動揺が広がったことは想像に難くない。秀吉の仕置軍が進駐して一ヵ月ほどたった九・十月に、陸奥の和賀《わが》・稗貫《ひえぬき》・葛西・大崎、出羽の仙北、そして庄内では一揆が起こった（〈天正十八年〉十月十八日、前田利家書状写、温故足徴所収文書。〈同年〉極月二十九日、政宗宛徳山則秀書状、伊達家文書など）。

地域の混乱

一　揆

奥羽仕置で改易になった大崎氏・葛西氏の一揆勢は、天正十八年十月、木村吉清《よしきよ》・清久《きよひさ》父子を取り囲み、佐沼《さぬま》城に籠城させた。これを救出に向かった伊達政宗と蒲生氏郷《がもううじさと》との間には亀裂が生じ、一揆と通じているという疑いをかけられた政宗は、天正十九年正月に米沢から上洛して釈明したが、翌二月に、政宗は旧葛西・大崎領を与えられる代わりに、会津近辺五郡（田村郡・塩松・信夫郡・小野保・小手保）を取り上げられることとなった。米沢に帰着してすぐの六月、政宗は葛西・大崎一揆再討伐のために出陣する。

政宗の国替え

あらたに天正十八年（一五九〇）冬に起きた北奥の九戸《くのへ》政実《まさざね》の乱と、すでに蜂起している一揆の鎮圧のために、秀吉は、豊臣秀次を主将にして、蒲生氏郷・佐竹義宣・宇都宮国綱・上杉景勝・徳川家康・大谷吉継・石田三成・浅野《あさの》長吉《ながよし》（長政）らを派遣した。一揆勢の抵抗は、天正十九年六月から七月にかけての佐沼城の戦いで終わり、一揆は撫切にされた。

一揆討伐後、伊達政宗は先の五郡に加えて長井郡・刈田郡・伊達郡などの本領を奪われ、旧葛西・大崎領のみを与えられた。この国替えは実質的に減封となり、政宗にとっては不満の残るものとなった。居城も米沢城から大崎氏家臣の氏家吉継がいた岩手沢《いわてさわ》（岩出山）に移され、同年九月に入城する。米沢には、蒲生氏郷が入部してくる。

庄内の一揆

一方、庄内は上杉景勝に仕置が一任されていたので、他の秀吉仕置軍に対する一揆とは異なり、上杉氏の仕置に対する一揆である。上杉氏は、庄内各地の城に家臣を配置するとともに、川北の観音寺《かんのんじ》城の来次《きすぎ》氏を越後に移すなど、知行替え・知行割や検地による刈高の増加などを行なったが、そのような苛政に対する一揆であった。

一揆は庄内全域に及び、大浦《おおら》（大山）城も一揆勢に包囲されるなど、上杉勢は劣勢に追い込まれたが、仙北地域で仕置を実施していた上杉景勝が、鳥海山の麓を突破して庄内に入って大浦城を救って勢力を挽回し、天正十九年五月には、執政の直江兼続《なおえかねつぐ》が乗り込み、和議を条件に一揆を鎮めた。しかし、豊臣政権の奉行らが一揆勢の根絶を要求してきたこともあり、極刑や追放など、強圧の姿勢を示した。

直江兼続の執政

文禄三年（一五九四）の『定納員数目録』によると、酒田（東禅寺）城に甘粕《あまかす》備後守、大浦（大山）城に山内式部丞、大宝寺城に長尾右門、小国城に佐藤勘助・登城新兵衛が置かれた。彼らはいずれも直江兼続の直臣であり、兼続の庄内支配はこれら城将と代官を通じて行なわれた。「九百八十九石　大宝寺出羽守」「千五百石　大宝寺隠居分」も見える。この後慶長三年（一五九八）正月、上杉景勝が春日山《かすがやま》城から会津に移封となった際には、酒田城に志田《しだ》修理亮義秀、大浦城に下《しも》次右衛門吉忠・松本伊賀守助義、大宝寺城に木戸玄斎範秀が配置されていた。いずれも直江兼続の直臣たちである（矢田俊文・福原圭一・片桐昭彦編『上杉氏分限帳』高志書院、二〇〇八年）。

仇敵領内への進出機会

先にもふれたが、義光は、天正十八年（一五九〇）八月に秀吉仕置軍が仙北地域に入ると、先鋒を命じられ、これは仇敵の小野寺領に進出する機会となった。大森《おおもり》城に上杉軍、横手城に大谷軍、湯沢城に最上軍が入り、湯沢には最上家臣の鮭延愛綱《さけのべちかつな》・寒河江《さがえ》光俊が在番した。

仕置の実施をめぐって在地の抵抗などの混乱があり、天正十九年閏正月二十三日付、伊達政宗が津軽に在陣している前田利家に宛てた書状では、政宗が前田氏に使者を派遣したものの、最上と仙北の境を通ることができず、戻らざるをえなかったと述べている（前田育徳会所蔵文書）。

最上氏と小野寺氏の対立

混乱の要因の一つに、最上氏と小野寺氏の長年にわたる対立があげられる。同年二月八日付の鮭延愛綱が上杉家臣色部《いろべ》氏に宛てた書状には、義光が仙北三郡のうち上浦《かみうら》一郡（江戸期の雄勝郡・平鹿郡の二郡にあたる）を秀吉朱印状によって拝領したと伝えるが、色部長《なが》真《ざね》は主君上杉景勝から連絡もないし、先日の大谷吉継書状では以前の通り、上浦郡は小野寺氏に安堵されていると述べ、確実な情報を得ていないので対応できないと返事を書いている（〈天正十九年〉二月八日、鮭延愛綱書状、色部文書。二月十三日、色部長真書状案、色部文書）。

しかしながら、天正十九年正月に、秀吉によって小野寺孫十郎義道が上浦郡三分の二にあたる三万一六〇〇石を与えられた（秀吉朱印状写、神戸小野寺氏文書）。残る三分の一の処遇については、蔵入地に設定されたとする説もあるが、むしろ三分の一の一万石余が義光に与えられた可能性は高い（仙北郡最上方引渡覚写、古案記録草案）。仕置に乗じて義光は、小野寺氏領上浦郡の一部を奪い取り、秀吉によって安堵されたのである。

義光、京都へ

さて、天正十八年八月に会津黒川城で秀吉から上洛を命じられていた義光は、天正十九年の正月は京都で迎え（〈天正十八年〉十二月二十六日、孝蔵主消息、伊達家文書）、従四位下、侍従《じじゅう》に補任された。奥羽仕置における活躍に対する御恩ということであろう。

この時点での義光が宿泊した屋敷は定かではないが、その後、最上氏の屋敷は内裏《だいり》と聚楽第《じゅらくだい》（天正十五年に完成、文禄四年の秀次事件後に解体）を結ぶ中立売通《なかだちうりとおり》に造られた（小野末三「推考　最上義光の聚楽屋敷」〈『山形県地域史研究』三四、二〇〇九年〉）。伊達政宗の屋敷に隣接する場所である。むろん伏見城下にも屋敷があり、現在の伏見区桃山最上町がその名残とされる。以後、京都における義光の活動はこれらの屋敷を中心に行なわれることになる。

2　朝鮮出兵

唐入り

秀吉が「唐入《から》り」に言及したのは天正十三年（一五八五）九月、一柳直末《ひとつやなぎなおすえ》に宛てた書状の中だとされる（〈天正十三年〉九月三日、秀吉朱印状、伊予一柳文書、三溪園所蔵）。天正十八年末には「唐入り」のための拠点として肥前名護屋《ひぜんなごや》が決まり、十九年に入って本格的な普請が始まった。領土拡張戦争に突入し始めたのであった。「唐入り」は、天正十九年（一五九一）十一月に聚楽第において朝鮮使節に引見したあたりからさらに具体化していく。

名護屋城築城

名護屋城の築城は、諸大名による割普請《わりぶしん》によってわずか数ヵ月で完成したといわれ、秀吉の御座所は本丸・二の丸・三の丸・山里丸などから成り、一六〇余もの大名が動員され、『肥前名護屋城諸侯陣跡之図』（名護屋城博物館所蔵）などによって、現在一三〇余の陣跡が確認されている（中野等『文禄・慶長の役』吉川弘文館、二〇〇八年）。また各陣は、「肥前名護屋城図屏風」（名護屋城博物館所蔵）を見ると石垣と塀で囲まれ、板葺きの屋敷、漆喰《しっくい》塗りの櫓《やぐら》などが配されていた。秀吉の御座所と各大名の陣所を合わせると、実に壮大な城郭となる。

奥羽の大名では、上杉景勝・その家臣直江兼続・秋田実季《さねすえ》・津軽為信《ためのぶ》・南部信直・伊達政宗・相馬義胤《そうまよしたね》などの陣屋の場所が判明しているが、残念ながら最上義光の陣屋跡はわかっていない（『肥前名護屋城と「天下人」秀吉の城』佐賀県立名護屋城博物館、二〇一三年）。

仮途入明から朝鮮退治へ

秀吉は朝鮮国王への返書で「征明嚮導《せいみんきょうどう》」、つまり「明を征服するにあたって先導役を務めること」を朝鮮に求めた。しかし、あいだに入った対馬《つしま》の宗《そう》氏は「征明嚮導」を

「仮途入明《かとにゅうみん》」、つまり「明を攻めるにあたって道を貸すこと」にすり替えて懇請した。天正二十年（文禄元、一五九二）正月、小西行長《こにしゆきなが》と宗義智《そうよしとも》を朝鮮に派遣して交渉にあたらせたが、朝鮮側が拒否したため、同年四月、小西行長と肥前の諸将らが渡海を開始し、戦端が開かれた。ここにいたって秀吉の戦略は、「仮途入明」から「朝鮮退治」に変わった。

京都へ出発

さて義光は、天正二十年正月早々、山形から京都に向けて出発した。岩出山の伊達政宗、岩手の南部信直、会津の蒲生氏郷らも同時期に進発した。最上の陣には白岩（松根）備前守も加わっていた（『はとう（初穂）物之覚』、広谷常治所蔵文書）。

義光の誤算

義光が三月二十八日付で家臣蔵増大膳亮《くらぞうだいぜんのすけ》宛に出した書状によると、兵五〇〇を率いて三月十七日に京都を発ち、同二十八日に堺湊から名護屋に向けて船出した。普請や火の用心などを注意するとともに、留守居として山形城に残した惣領義康《よしやす》にも助言などをしてくれるよう頼んでいる。しかも「何様秋中者下向可及面論候」とあって、この秋には帰国していろいろな話もできるだろうと、短期に出兵問題は片付くと考えていたようである（立石寺《りっしゃくじ》文書）。義光の認識は甘いといえるが、動員された他の大名も同じような認識だったのであろうか。

進展しない講和

天正二十年六月、小西行長・黒田長政《くろだながまさ》が平壌《ピョンヤン》を占領し、快進撃したが、やがて朝鮮民衆のゲリラ的反抗が始まり、日本水軍は、李舜臣《りしゅんしん》率いる朝鮮水軍に敗れて制海権を奪われ、しかも七月には明からの救援軍が朝鮮に入った。あいつぐ撤退と兵糧不足に悩まされた日本軍には厭戦《えんせん》気分が漂い、講和へと進み、双方から和平条件が提案されるものの、文禄《ぶんろく》二年（一五九三）八月に拾《ひろい》（秀頼）の誕生や文禄四年の秀次事件などがあってなかなか進展しなかった（『秀吉と文禄・慶長の役』佐賀県立名護屋城博物館、二〇〇七年）。

渡海しなかった義光

ところでこの間、上杉景勝・伊達政宗は渡海しているが、義光は渡海せずに肥前名護屋城に留め置かれている。名護屋在陣の義光も、（文禄二年）五月十八日付で山形の伊良《いら》子《こ》信濃守に宛てた書状には、朝鮮の戦況や渡海の可能性はないことなどを伝え、堀普請の際には上の方から水を流して下の方から掘り進めること、火の用心が肝心であることなどを指示した後に、生きて帰って「いのち《（命）》のうちニ、いま一《（今一度）》ともかみのつち《（最上の土）》をふみ《（踏）》申たく候、みつ《（水）》を一はい《（一杯）》のみ《（飲）》たく候」と本音を吐露している（伊達家文書）。戦況が厳しくなるなかで、望郷心が強くなっていることを示す記述がなされている。

3　秀次事件と義光の娘駒姫

秀次事件

日本で明国からの和平交渉使節受け入れが進められるなか、秀次事件が起こる。秀次事件とは、秀吉実子の拾（秀頼）の誕生から二年、豊臣秀次の問題行動や謀反の疑いによって、秀吉が文禄四年（一五九五）七月に、養子秀次の関白と左大臣の官職を剝奪し、高野山に追放して七月十五日に自刃させ、同年八月二日に秀次の子女・妻女三〇人余を市中引き回しの上、京都三条河原で斬首した事件のことである。

嫌疑

このとき秀次と親しかった大名たちも秀次と共謀して謀反を企んだとの嫌疑をかけられた。最上義光・伊達政宗らも謀反の嫌疑をかけられて、聚楽第に謹慎を命じられ、尋問を受けた。すでに同年七月二十日付で前田利家・上杉景勝ら二八名は「御ひろい様」（秀頼）に対して忠誠を誓う起請文《きしょうもん》を書いていた。そのなかに「羽柴出羽侍従」最上義光も名を連ねていたが（上杉景勝等二八名連署起請文、大阪城天守閣所蔵）、それでも疑いは晴れず、厳しい処置を受けているのである。

駒姫の最期

義光の娘の駒姫《こまひめ》は、秀次のたっての所望によって京に上ってわずか一ヵ月ばかりであり、義光は徳川家康らを通じて八方手を尽くし助命嘆願したが、結局斬首された。京都瑞泉寺《ずいせんじ》には、駒姫（聚楽第ではおいまの前《まえ》と呼ばれていた）辞世歌懐紙《かいし》が伝えられている（辞世の現代語訳は片桐繁雄『最上義光の風景』参照）。

於伊万の前　十五歳

秀次一族の墓所〈上〉と駒姫の墓石〈右〉（京都・瑞泉寺）

瑞泉寺の墓石は，秀次の墓を正面にして両側に一族妻子と殉死した家臣ら合わせて49名の墓が並ぶ．右側の石塔列の奥から８番目が最上義光の娘駒姫の石塔で，法名「諦雲院殿誓聴大姉」と刻まれている（なお『最上源代々過去帖』は「諦雲院誓聴日東大姉」，『最上家譜』は「妙法院華萼蓮心大姉」とする）．

専称寺にある駒姫の墓石（山形市緑町）

専称寺は駒姫の菩提を弔うために天童高擶から移したといわれている．

最上義光夫人画像

（専称寺所蔵・山形市教育委員会提供）

大崎御前を描いたものと思われる．

罪なき身を世の曇りにさへられて共に冥土に赴くは五常のつみもはらひなんと思ひて
罪をきる弥陀の剣にかかる身の
なにか五つのさわりあるべき

（罪なき私の身も、世の中のよこしまな動きに邪魔されているが、みんなともに冥土にいったならば五つの徳目に背いた罪もなくなるだろうと思って

罪を切る阿弥陀如来の剣にかかる我が身、どうして成仏できない五つの差し障りなどあるでしょうか、きっと極楽浄土にいけることでしょう）

処刑は十一番目だったという（『京都三条瑞泉寺縁起』）。山形市内某寺には、駒姫着用と伝えられる高雅な衣裳の切れ端が保存されている。処刑は正午から申の刻（午後四時）まで続き、亡骸《なきがら》は一つの穴に投げ込まれ、塚を築き、塚の上には「悪逆塚」と彫り込まれた石が乗せられたという。法名は、諦雲院殿誓聴大姉（『最上源代々過去帖』は諦雲院誓聴日東大姉、『最上家譜』は妙法院華蕚蓮心大姉とする）という。

大崎御前の死

駒姫斬首より一一日後の八月十三日、義光の嫡男義康《よしやす》、次男家親《いえちか》とが連名で大沼大《おおぬまだい》行院《ぎょういん》（朝日町）に立願している（最上義康・家親連署願文、大行院文書）。彼らは駒姫と同母の兄弟であった。この文書は偽文書とされているが、「今度親父義光身命於無患者」と記さ

れ、秀次事件との関連で閉門蟄居となっている父義光と最上家の安泰を祈る兄弟の祈る姿が見えて、史実を知る関連者が後に作製したものであろうか。不幸は続き、駒姫死後の一四日目にあたる八月十六日に義光の妻（駒姫母）が急死した（『最上源代々過去帖』）。駒姫母の大崎御前《おおさきごぜん》は、娘の処刑のときには、義光とともに聚楽第に監禁されていたという。大崎御前の死は、娘の跡を追った可能性は高い。このときの一連の仕打ちが、慶長五年（一六〇〇）の関ヶ原の戦いで、義光が東軍徳川方に味方する伏線となったとする指摘も多い。

三　「公家成大名」最上氏と花押の変化

豊臣政権下の序列

豊臣秀吉は「武家摂関家」太閤として武家身分の頂点に立ち、その下に「清華成《せいがなり》」と「公家成《くげなり》」（公家社会でいう羽林家《うりんけ》に相当、侍従任官）、そして「諸大夫成《しょだいふなり》」という序列を形成し、「清華成」「公家成」大名には豊臣姓・羽柴苗字を、「諸大夫成」大名には豊臣姓を与え、豊臣「公儀」を創り出した。武家清華家は公卿に列せられ、最初は織田信雄《のぶかつ》・足利義昭・徳川家康・宇喜多秀家らであったが、出家・改易によって、最終的には徳川・宇喜多・毛利・上杉・前田・小早川らの六家となり、小早川氏を除けばのちの五大老《ごたいろう》と一致する。「清華成」大名は三位以上の者であり、従五位下・侍従が中心の「公家成」大名とは格差があった（矢部健太郎『豊臣政権の支配秩序と朝廷』吉川弘文館、二〇一一年。堀新『織豊期王権論』校倉書房、二〇一一年）。

最上義光は天正十九年（一五九一）、羽柴侍従・従四位下を与えられた。ライバルである伊達政宗は奥州探題職を継ぐとともに、天正十九年に侍従兼越前守に叙任され、羽柴姓を許され、文禄二年に従四位下、慶長二年（一五九七）には右近衛権少将《ごんのしょうしょう》に叙任されている。

このように最上・伊達両氏は「公家成」大名に位置づけられ、羽柴の苗字を与えられている。これは周辺の他の大名・領主には付与されていない（奥羽仕置以後に奥羽に入り込んできた上杉氏・蒲生氏は除く）。秀次事件が起きている最中の文禄四年（一五九五）七月二十日付で、在京する侍従以上の大名二八名で「御ひろい様へ対し奉り」忠誠を誓う血判起請文を書いているが（前述）、その中に「羽柴出羽侍従」が見える。その上に少将・宰相・中納言らが見え、豊臣政権における義光の序列は「清華成」大名の下の「公家成」大名に位置づけられていた。豊臣政権下における各大名・領主の位置づけは明確である。

豊臣期には、伊達氏は会津領を没収され、故地米沢から岩手沢（岩出山）の地に移されてしまうが、「公家成」大名として、伊達氏と最上氏は肩を並べている。

なお、豊臣期武家社会において義光は、基本的には、「山形出羽守義光」と自称し、他称されるが、「羽柴出羽侍従義光」という自称も見える。しかし他称として、「最上」や「最上出羽守殿」、「最上侍従殿」と称されることもあった。

花押の変化

また、先にも述べたが、花押の方も天正十八年（一五九〇）までは（ただし、天正十二年から同十七年までは使用例が見当たらない）羽州探題の最上氏として足利様の花押を使用していたが、天正十九年以降は豊臣大名として出羽守を意味する「出羽」および「出」を形象化した花押を使用していく。

四　義光の領国支配の変化

1　山形城

新たな山形城

統一政権が誕生し、一応の平和が訪れた時期に、新しい山形城が築かれていく。山形の東部に向かって城内も町場も拡大し、街道も東側に計画的に走らせていく。つまり扇状地の先端部分から中央に向かって開発が進められ、城郭の拡大と街道の取り付け、町割と職能《しょくのう》集団の集住がなされていくのが近世の景観であろう。ただし寺社で城郭と町場を守護する発想は、中世も近世も共通している。

新たな城下町

　城下町が山形城の東側に造られていくのは、豊臣期以降のことではないか。文禄年間（一五九二〜九六）の築城は、街道や町場を台地の下から上に移すなど戦国期とは異なるプランで造られる大転換であったことになる。（天正二十年）三月二十八日、蔵増《くらぞう》宛最上義光書状（立石寺文書）、（文禄二年）五月十八日、伊良子《いらこ》氏宛最上義光書状（伊達家文書）に見るように、義光は築城に関する細かい指示を（堀の掘り方、火の用心など）、豊臣秀吉の朝鮮出兵の拠点であった肥前名護屋から国元に与えているのも、その重大さを認識していたからであろう。しかも、この築城は一年余かかっても終わらなかった。

三の丸の有無

　現在香澄町に霊石《れいせき》（夜泣石）が存在し、碑石には文禄五年（一五九六）の銘があることから（霊石板碑銘）、豊臣期にはまだ三の丸は造築されてはいないのではなかろうか。豊臣期の築城プランは、江戸期の最上義光期のものに直結する縄張ではなく、後に見る三の丸構想はなかった。山形城の規模は、本丸と二の丸を併せた規模ぐらいか。二の丸のカーブは、戦国期の曲輪を利用したものであろう（あるいは外大堀かもしれない）。道路を計画的に折り曲げて造成している。西側にあった町場を東側に移転させるなかで、戦国期的二重構造を克服したと考えられる。鍛冶町を南から北へ移転させたことも関連する。

2 交通制度の整備

酒田船の航行

『願正御坊縁起』(天童市高擶、願行寺所蔵、元禄元年成立)によると、天正十二年(一五八四)の天童合戦勝利後に、最上義光は酒田船の航行を図るために、他国より石工を雇い、最上川の岩石を「三四夏キラセ」(三、四年間渇水期の夏に工事をして)、大石田《おおいしだ》(大石田町)と中野・船町(山形市)を船往還のために「村立《むらだて》」した。さらに土生田《とちうだ》(村山市)を「割出」し、今宿村東山(大石田町)の岩石を切らせて大石田村への通路をつくっている。酒田から川船が上下できるようになったのは、義光の功績であると記している(『山形県史』一〈原始・古代・中世篇〉)。

過所

また、大坂の末吉《すえよし》家が、豊臣秀吉の過所《かしょ》をもらって奥羽まで商販売権を伸ばし、伊達・最上領内において過所を与えられている。過所は、関所を通過するための許可書、関銭免除の文書である。天正十五年二月二十五日、伊達政宗過所では、「新宿通、湯原通」に対して「代物百貫文」の通過を認めている。また、天正十六年二月十一日付、秀吉が末吉平次郎に「諸国往還《しょこくおうかん》」の自由を認めたのを受けて、同年七月二十五日、義光が過所を出して、末吉平次郎に「出羽国中荷物諸関往還」の自由を保障している（以上、東末吉文書）。

慶長五年（一六〇〇）四月、最上義光伝馬印証状（大行院文書）で、「下原通大沼迄」「伝馬二匹、徒歩二人」と記されていて、大沼浮島稲荷《おおぬまうきしまいなり》神社別当大行院《だいぎょういん》（朝日町）に宛てて山形から西へ、飯塚・古館《ふるだて》・下原、大蕨《おおわらび》・大谷《おおや》・大沼と、白鷹《しらたか》丘陵を横断する道沿いに伝馬を付与されたことになる。中央に捺された四角い黒印の印文は「山紀櫪」で、「山」は山形、「紀」は道、「櫪」は馬小屋の意で、伝馬手形にふさわしいとされるが、宛所が欠けるなど検討の余地がある文書でもある。ただし、「道・筋」は領国内の主要道を意味し、「下原通」は往還道として古くから利用されていたようで、このような伝馬手形が存在してもおかしくはない。さらに慶長十二年になるが、四月十六日付の本城満茂《みつしげ》伝馬黒印状写（秋田藩家蔵文書）は、小砂川村（象潟町）において伝馬・宿送りの印判状を所持しない者に人夫・伝馬を貸してはならないと命じたものである。ここから浜街道（北国街道）を利用した山形城と由利とを連絡する伝馬制の存在を見て取れる（『本荘市史』通史編一）。これも慶長十四年になるが、九月二十一日付で川南代官原美濃守が浜街道の宿駅浜中村肝煎《きもいり》に対して、伝馬の宿送りが近頃混乱しているが、原が発給する判物を持たない者にはどのような理由があろうとも応じてはならないこと、もし伝馬の継送りをした場合には宿全体も罰すると命じている（慶長十四年九月二十一日、原美濃守判物、郷政録。『立川町史』上巻）。これは浜中村に限ったものではなく、川南つまり本城山形城と大宝寺城（鶴ヶ岡城）を結ぶ宿駅全体を対象としたものと考えられる。

流通・経済の活発化

このように義光は、領国内で商人の往来の自由を保障し、流通を活発にさせる方針を打ち出し、本城山形城下町を中核にして領国経済の発展を促す政策を行なっていたことがわかる。

3　最上三十三観音霊場の成立と領国支配

成立と領国支配

最上三十三観音霊場の成立時期は、最上氏の領国の拡大と深く関係している。成立に関する研究史を見てみると、天童市山元に所在する若松寺《じゃくしょうじ》観音堂（一三〇頁地図、①）巡《じゅん》礼札《れいふだ》の存在から大永《だいえい》六年（一五二六）以前とする説、それとほぼ同じく最上頼宗《よりむね》の娘光姫が初めに辿った霊場が基本となって、大永五年に成立したという説がある。両者は、大永六年には成立しているという点では同じと見てよい。光姫と最上三十三観音の関わりについては、美しい光姫をめぐって二人の男が争い命を落としたため、それを悲しんだ姫

最上三十三観音霊場一番札所となる若松寺観音堂
（天童市山元）

ムカサリ絵馬や永禄６年（1563）に郷目右京進貞繁が寄進した神馬図絵馬がある．

が乳母とともに尼となって観音巡礼の旅に出た、という伝説がある。

次に、現在の札所《ふだしょ》の順番が定着したのは江戸時代中期で、最上川の流れに沿うように三十三霊場が点在しているという説がある。

一方で『山形県史』第二巻では、最上三十三観音札所の定着は、早くとも義光が領国を統一した天正年間末か、十七世紀初頭であるとする。『山形市史』上巻でも最上氏の領国経営上、「一面、社寺を保護することによって諜報活動や、万一の場合の軍事拠点とすることも考えたに相違なく、そのために観音信仰を基盤として要所を選んで、最上三十三所を設定したのではなかろうか」（八四五頁）と指摘する。大友義助氏も、「最近の調査で、これ（最上三十三観音霊場）が確実に藩政前期にさかのぼることが明らかになってきた（傍注筆者）」と指摘している（大友義助「最上三十三観音順礼の新史料『最上順礼記』について」〈『最上地域史』七、一九八四年〉）。これは、巡礼記としては最も古い木版本として刊行された元禄二年（一六八九）の『羽刕最上順礼記』が発見されたことによる。

勢力の反映

従来の説をふまえて成立時期について考えたい。現村山・最上地域にバランスよく存在しているのは、ある一時期に、統一的に設定されたからであろう。一方、庄内三十三観音や置賜《おきたま》三十三観音はかなりばらつく。大きな力が働かなかったからであろう。

バランス良くといっても、現在の行政区域で、山形市に九、上山市に二、山辺町に一、中山町に一、計一三もある。これは最上氏の勢力が反映しているのであろう。また尾花沢市に六、大石田町に四、計一〇となる。これは、延沢氏の勢力が反映しているのであろう。最上町の二（番外を入れると三）については、細川小国氏・蔵増小国氏の勢力が反映しているととらえられよう。

政治性を持つ札所

天正十二年（一五八四）の寒河江《さがえ》大江氏および白鳥《しろとり》氏との合戦や、天童合戦で敵対した領主がいた地域では、札所は寒河江に二、西川に一、河北に一、天童に一、東根《ひがしね》に一、村山に一、となる。しかし、天童氏は大永年間（一五二一〜二八）には最上宗家に敵対していたわけではないので、最上三十三所に初めから入っていたと考えてもよかろう。

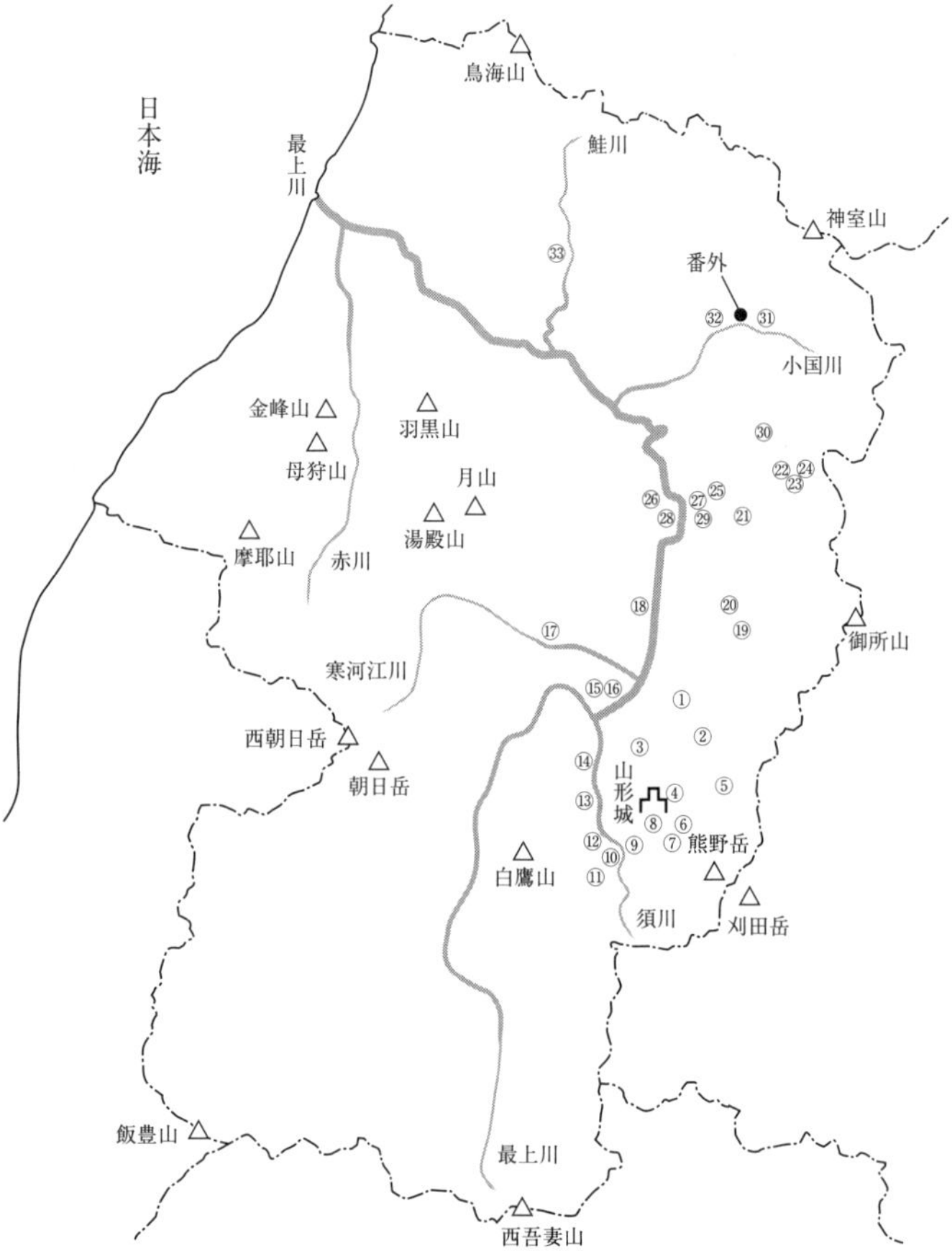

最上三十三観音霊場図

（　）は現在の宗派　①若松観音（天台宗）　②山寺千手院観音（天台宗）　③千手堂観音（天台宗）　④円応寺観音（真言宗）　⑤唐松観音（曹洞宗）　⑥平清水観音（曹洞宗）　⑦岩波観音（天台宗）　⑧六椹観音（天台宗）　⑨松尾山観音（天台宗）　⑩上の山湯上観音（真言宗）　⑪高松観音（真言宗）　⑫長谷堂観音（真言宗）　⑬三河観音（曹洞宗）　⑭岡村観音（真言宗）　⑮落裳観音（曹洞宗）　⑯長岡観音（真言宗）　⑰長登観音（真言宗）　⑱岩木観音（天台宗）　⑲黒鳥観音（真言宗）　⑳小松沢観音（真言宗）　㉑五十沢観音（浄土真宗）　㉒延沢観音（曹洞宗）　㉓六沢観音（曹洞宗）　㉔上の畑観音（曹洞宗）　㉕尾花沢観音（天台宗）　㉖川前観音　㉗深堀観音（天台宗）　㉘塩の沢観音（曹洞宗）　㉙大石田観音（時宗）　㉚丹生村観音（天台宗）　㉛富沢観音（天台宗）　㉜太郎田観音（天台宗）　㉝庭月観音（天台宗）　●番外　世照(向町)観音（曹洞宗）

ただ新たに三十三所をつくるときに、若松寺を一番札所にしたのは、南の一一番高松（⑪、上山市）と北の三三番庭月（㉝、鮭川村）の中間地点として選んだという考えもあるが、距離的にみて中間点にはならない。むしろ、旧天童氏の勢力内にくさびを入れたともとれる。成立には、政治性がこめられているようである。

成立時期

最終的な成立は、「最上三十三観音霊場」というように、「最上」を冠っていることから考えて、最上氏の統治時代である。領国の統治範囲が深く関連すると思われる。慶長五年（一六〇〇）の〝北の関ヶ原〟合戦で勝利して五十七万石の領知となって以降では、最上・村山・庄内・由利地域全体にわたる観音霊場を形成させていくのではなかろうか。最上・村山両地域に限定されていることから想定すると、最上氏の領国の範囲が最上・村山地域に中心的に限定されている段階、つまり慶長五年以前に成立したということになるのではないか。しかも天下人豊臣秀吉による奥羽仕置が終了し、豊臣大名として一応の安定をみた段階、天正十八年（一五九〇）から慶長五年以前のあいだに、最上三十三観音は設定されたと考えるのが最も妥当ではなかろうか。最上氏改易後は、山形・上山・天童・新庄四藩の他に、天領・飛び地が入り乱れるため、この段階になって成立したとは考えられない（以上、伊藤清郎「最上氏と最上三十三観音霊場」〈『村山民俗』二一、二〇〇七年〉、および「最上三十三観音巡礼と岩木観音」〈『河北の歴史と文化』五、二〇〇九年〉）。

4　領国経営と霊場

経営と霊場

このように三十三観音霊場の設定は、最上氏の領国経営と密接に関連する。第一に水上交通（最上川の舟運との関わり）、第二に陸上交通との関係、第三に城下町・在郷町《ざいごうまち》との関連である。いずれも領国内の流通・交通路支配と深く関連する。義光は宿駅を設置して、伝馬制度を整えていった。参詣者の往還が繁くなれば道も一層整備され、宿駅も繁栄することになろう。舟運も整備されていく要因となろう。

参詣者

ところで、参詣者はどこから来ているのであろうか。観音堂の落書や納札《おさめふだ》から、「出羽国住人」「天童住人」「山形住人」「天童やんべ（山家）大工」、天正年間（一五七三～九二）には「上山」「はんかう村（半郷村）」が記され、岩波村・中野住人などの名が記されている。

一方、他国から参詣に来ている例としては、大永六年（一五二六）には「出羽州最上郡三十三度順礼宇多郡住人慶玉」、慶長十四年（一六〇九）の落書には「ひたち（常陸）住人」らが山寺参詣の折りに九番札所の松尾観音堂に参詣に寄ったことが記され、納札の中には慶長十六年（一六一一）に伊賀国住人らの名が見える。一番の若松には西国三十三所巡礼が無事終了したことを記念して収めた巡礼札が存在している。これらの史料から、最上三十三所には領内はもちろん、他国からも参詣に来ていることがわかる。また、領内の住人が西国三十三観音霊場へ、日数をかけて順礼の旅に出かけていることもわかる。

以上見てきたように、秀吉による天下統一がなされ、出羽国にも世の静謐《せいひつ》が実現した段階で、義光が領国内の観音霊場を統一的に掌握していった結果として、最上三十三観音霊場が成立した。義光による領国支配と密接な関連をもって成立したのであり、領国内の宗教統治の一環ととらえることができる。しかし民衆の信仰は、領主の統制にもかかわらず、最上氏が改易され、大名が次々に交代していっても変わることなく連続した。近代以降には死霊を結婚させる「ムカサリ絵馬」が新たに札所に奉納され、若松観音堂に見るように、平成に入ってからも一層奉納が増加するという現象を生み出している。領国統治の一環としてつくられた最上三十三観音霊場は、その政治性を払拭《ふっしょく》して、現代の人びとの祈りの場として生き続けている。

第六　〝北の関ヶ原〟合戦

一　天下の情勢と直江状

1　朝鮮からの撤退と秀吉死去後の情勢

朝鮮への再出兵

文禄五年（慶長元、一五九六）九月、秀吉は大坂城で明《みん》使節と引見したが、朝鮮におけるすべての城砦《じょうさい》の破却と軍勢の撤退を求めてきたので、秀吉は激怒し、朝鮮への再出兵を決める。そして慶長二年（一五九七）二月、再出兵の陣立が諸大名に出された。五月から七月にかけて日本勢が渡海していき、全羅道《チョルラド》に侵攻が行なわれた。残虐な行為を行ない、敵の首級の代わりに死者の鼻をそぎ、それを塩漬けにして秀吉の元へ送るなどした（耳塚）。蔚山《ウルサン》城に籠城した加藤清正は、落城寸前のところまで追い込まれるなど厳しい状況になっていった。

秀吉の死

翌慶長三年（一五九八）三月、秀吉は醍醐《だいご》の花見をしたものの、八月には死去した。六十二歳であった。秀吉の死は秘密にされて和平交渉が行なわれたが成立せず、十一月には日本軍が朝鮮から撤退して朝鮮への出兵は終わった。

家康の台頭

豊臣秀吉が死去すると、五大老《ごたいろう》である徳川家康・前田利家・毛利輝元《てるもと》・上杉景勝《かげかつ》・宇《う》喜多秀家《きたひでいえ》と、五奉行《ごぶぎょう》の石田三成・前田玄以《げんい》・浅野長政・増田長盛《ましたながもり》・長束正家《なつかまさいえ》らによる集団体制で政務を行なった。しかし慶長四年閏三月三日に、豊臣秀頼に従って大坂城に移っていた利家が死去した。同月四日、石田三成は対立関係にあった加藤清正らの襲撃を逃れるために、伏見の家康を頼り、さらに近江佐和山《さわやま》城へと逃れ、蟄居《ちつきょ》する。これで家康は豊臣政権の筆頭の地位に立った。

同年九月、秀頼のいる大坂に向かった家康は、同月二十七日に、秀吉正室であった高《こう》台院《だいいん》が京都に去った後の大坂城西の丸に入り込み、その立場を誇示した。家康は、父利家の後を継いだ五大老の一人前田利長《まえだとしなが》と姻戚関係をもつ細川忠興《ほそかわただおき》に、謀反の嫌疑をかけて利長の母芳春院《ほうしゅんいん》（利家の正室おまつの方）を人質として江戸城に取り、両氏を屈服させた。また家康は、伊達・福島・蜂須賀《はちすか》各氏らと婚姻を結ぼうと画策して秀吉の法度《はっと》を破るなど、その力をいっそう誇示するようになる。

上杉景勝の反発

これに反発したのが上杉景勝である。景勝は慶長三年正月、越後春日山城から会津若松城に転封となり、一二〇万石の大大名となっていたが、慶長四年八月上旬、領国経営のために伏見で家康に謁見した後、九月上旬には会津に帰着した（『上杉家御年譜』三）。十月、景勝は安田能元《やすだよしもと》に諸境の防備を命じ、続いて慶長五年二月には、安田能元・岩井信能《いわいのぶよし》・大石元綱《おおいしもとつな》らに仙道筋《せんどうすじ》の城普請を命じ、さらに直江兼続《なおえかねつぐ》に神指《こうざし》城（福島県会津若松市）の築城を命じ、三月には謙信の二十三回忌法要を営み、家臣たちの結束を促した。

家康の画策

しかし家康の画策によって、津川城代（新潟県東蒲原郡阿賀町）の藤田信吉《ふじたのぶよし》・大森城代（福島県福島市）の栗田刑部《くりたぎょうぶ》国時らが離反した。家康は四月、景勝に上洛を促すため、直江兼続に相国寺塔頭《たっちゅう》豊光寺の西笑承兌《さいしょうじょうたい》の八ヵ状にわたる書状を遣わして忠告したが（四月一日、西笑承兌書状写、上杉家文書）、これに対し兼続は、四月十四日付で一五ヵ状におよぶ返事を出す。これを直江状《なおえじょう》と呼んでいる（上杉家文書）。

直江状

書状の内容は、起請文《きしょうもん》を数通書き誓詞を出していること、謀反の否定、武器・武具の収集は田舎武士の習いであること、普請は領国経営のためであること、上洛拒否などを明言している。家康への追従の意図はまったく見られない。

この直江状について、用語・敬語・文章の拙劣さ・歴史の事実との関連から、偽書説

（宮本義己「直江状」〈花ヶ前盛明監修『直江兼続の新研究』宮帯出版社、二〇〇九年〉）と、偽書否定説（笠谷和比古『関ヶ原合戦』講談社、二〇〇八年。渡辺三省『直江兼続とその時代』野島出版、一九八〇年）がある。いずれにせよ、徳川家康が不快感を抱くようなやりとりがあったことは事実であろう。上杉景勝と家康との対決は、もう避けがたいこととなった。

なお、直江状は、江戸時代には「往来物《おうらいもの》」として活用され流布《るふ》していく。上杉家家臣内でも書写されており、これは家臣にとっての「心の拠り所」がこの直江状であったため、書写された可能性が高い。

2 会津攻め

会津攻め開始

慶長五年（一六〇〇）六月六日、徳川家康はついに諸将の部署を決定し、上杉領に白河口（福島県白河市付近）・下野《しもつけ》口（栃木県日光市付近）・仙道《せんどう》口（福島県中通り付近）・信夫《しのぶ》口（福島県福島市付近）・最上口（山形・置賜付近）・津川口（新潟県東蒲原郡阿賀町付近）の六口から攻め入ることになった（以下、一四〇頁地図参照）。

最上口については、徳川家康は七月七日付で奥羽の諸将に、最上義光の指示に従い上杉領に攻め入ることを命じる（徳川家康條書写、内閣文庫所蔵「古文書（記録御用所本）」所収文書）。

南部・秋田・横手（小野寺）・戸沢・六郷・本堂氏らは最上口へ向かい、赤尾津《あかおつ》（小介川）・仁賀保《にかほ》など由利勢は、庄内口（酒田付近）へ出陣した。

決意と祈願

最上口の総大将となった義光には、相当の決意が求められたであろう。山形の誓願寺上人に湯殿山への四八日間山籠と一〇八人の代参を行なって徳川方勝利を祈願させている（〈慶長五年〉七月五日、下美作書状。〈慶長六年〉六月二日、下美作書状、誓願寺文書）。また、最上氏の祈願寺宝幢寺《ほうどうじ》住職宥雄に、慈恩寺弥勒菩薩へ勝利祈願をさせている（慶長五年九月二十一日、最上義光願文、工藤文書）。家臣とて同じであったろう。延沢《のべさわ》城主延沢能登守満延の嫡男康満（光昌）が、六沢《ろくさわ》観音堂（尾花沢市）と延沢八幡神社（同）に勝利祈願を行なっている。慶長六年と七年には、それが成就したので絵馬《えま》を奉納した。主従ともに堅い決意で決戦に臨んだのである。

上杉側の動き

一方の上杉側は、白河皮籠原《かわごはら》付近を決戦場として想定するとともに、景勝本陣を勢至《せいし》堂《どう》峠（道谷坂陣跡、須賀川市）、南会津には鶴ヶ渕防塁《つるがふちぼうるい》（山王峠を南に越えた日光市上三依）を築き、田島の鴫山《しぎさん》城には大国実頼《おおくにさねより》（直江兼続の弟）が入り、東には家康方として佐竹義宣《よしのぶ》が赤館《あかだて》城（棚倉町）と南郷に陣を築く（高橋明「奥羽越の関ヶ原支戦」〈『直江兼続と関ヶ原─慶長五年の真相をさぐる─』福島県文化振興事業団、二〇一一年〉）。上杉の最後の砦は向羽黒山城《むかいはぐろやましろ》（会津美里町）であり、ここを突破されると居城の若松城は目前となる。

小山評定

家康は七月二十一日に江戸をたち、二十四日に小山《おやま》（栃木県小山市）に着陣した。ここで石田三成・大谷吉継《よしつぐ》らが挙兵したとの報が入り、家康は二十五日、いわゆる小山評定《おやまひょうじょう》を行ない、各方面へ画策を行なう。家康は八月四日にやっと小山を発ち、江戸へ向かうが、八月十九日付で、家康は奥羽の諸将に出陣の労をねぎらい、帰陣を命じる（横手殿・六郷殿・南部殿宛の八月十九日徳川家康書状三通、神戸小野寺氏文書、高橋末吉氏文書、宝翰類聚）。

南部・戸沢・本堂各氏らは、八月十三・十八・十九各日付で最上義光に宛てて起請文を書き（貞享書上、東照宮御事蹟別録）、義光は八月二十日に戸沢氏へ血判起請文《けつぱんきしょうもん》を書いた（慶長五年八月二十日、最上義光血判起請文、戸沢文書）。これは、孤立した最上氏が状況を挽回するために行なった策であろう。

上杉側の選択

上杉氏の方は、白河口で徳川軍を迎え撃つ体勢を整えていた。家康の動員に応じて赤館城まで出陣していた佐竹氏と同盟を固め、さらには佐竹氏と姻戚関係をもつ岩城氏、相馬氏とも連携を強めていたと考えられる。この同盟・連携をふまえて上杉氏は、関東（江戸城）への攻撃を計画していた（八月五日、岩井信義宛直江兼続書状写、上杉景勝書状写、歴代古案。八月二十五日、長束・増田・石田・前田・毛利・宇喜多宛上杉景勝書状、真田家文書）。にもかかわらず、

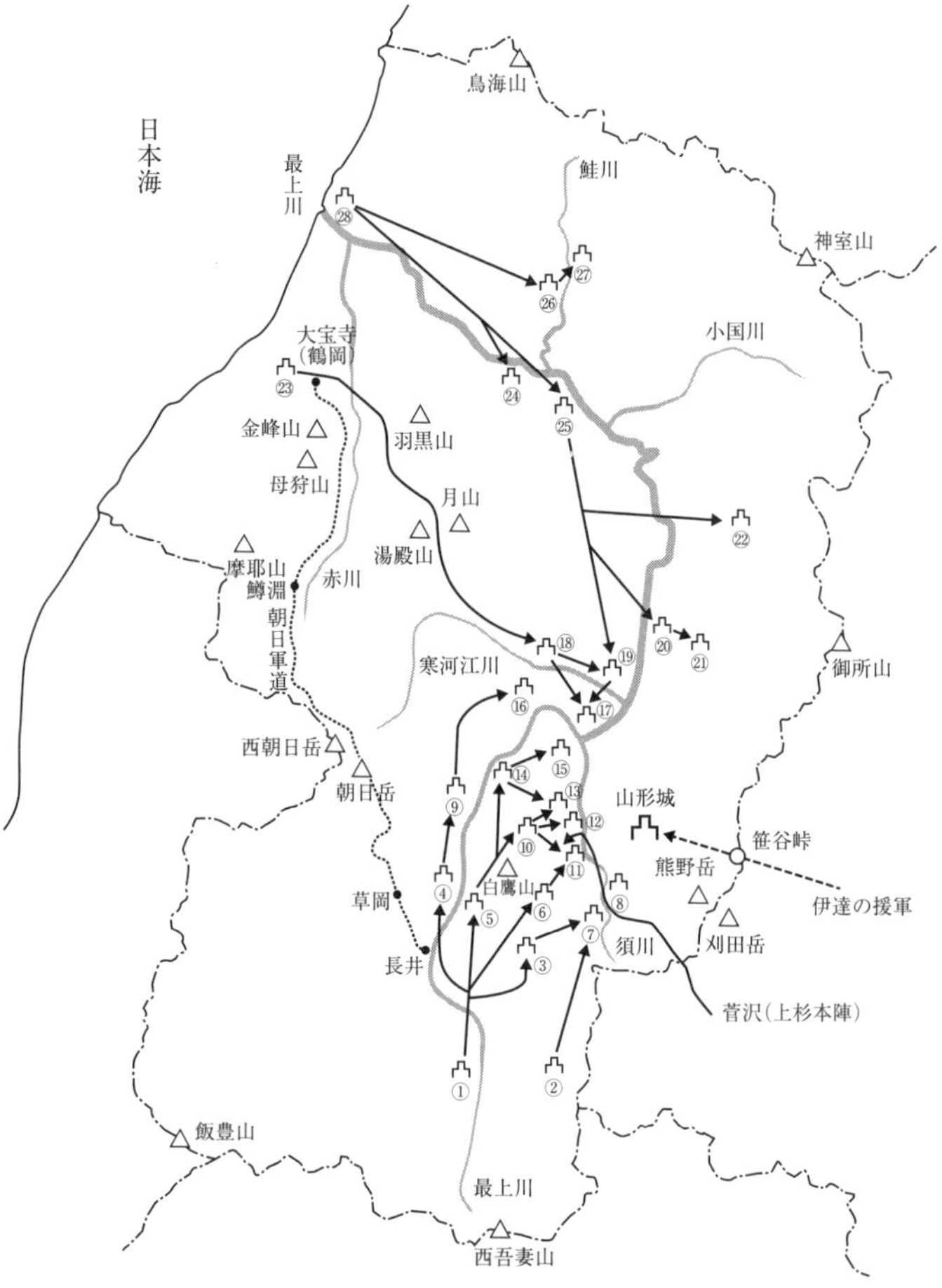

長谷堂合戦略図

①米沢城　②高畠城　③中山城　④鮎貝城　⑤荒砥城　⑥狸森城　⑦上山（高楯）城　⑧成沢城　⑨八ツ沼城　⑩畑谷城　⑪長谷堂城　⑫若木城　⑬山辺城　⑭鳥屋ケ森城　⑮長崎城　⑯左沢楯山城　⑰寒河江城　⑱白岩城　⑲谷地城　⑳長瀞城　㉑東根城　㉒延沢城　㉓大浦（尾浦）城（→大山城）　㉔古口城　㉕清水城　㉖庭月城　㉗鮭延（真室）城　㉘東禅寺城（→亀ヶ崎城→酒田城）

伊藤清郎「〝北の関ヶ原〟慶長五年の出羽合戦」（『定本　直江兼続』）と「長谷堂城跡公園散策マップ」を参考に作成．

上杉軍が徳川家康を追撃せず、背後の義光との決戦を選択し、最上口を攻撃した理由はどこにあったのか。いずれにしても「義」の問題などではなかろう。

第一は上杉領の一体化である（誉田慶恩説）。朝日《あさひ》軍道《ぐんどう》を造成して分離する庄内と置賜の連絡路をつくっている。そうすると上杉側は、現在の村山郡西部を確保することで目的の大半は達成したことになり、最上川沿いに攻めてくる理由が見あたらなくなるのである。

第二は家康派の解体・抑え込みである（阿部哲人説）。東西軍の対峙の状況変化のなかで、いずれ関東攻撃の判断・決断をしなくてはならない、そのためには最上・伊達連合軍攻撃を優先し、関東攻撃の前に背後から突かれる憂いをなくしておく必要があった。

引き金

いずれにせよ、直接の引き金となったのは、義光が秋田氏と連携して庄内の酒田（東禅寺）城を攻撃する構えを見せたことであった。

3　畑谷合戦

直江兼続はすでに慶長五年（一六〇〇）八月十二日付の書状で、南部・仙北衆が帰陣しはじめて「最上無正躰取乱《しょうたいなくとりみだし》候」とし、小野寺・由利の諸将も上杉方についたことを報じている（岩井信義宛直江兼続書状、鈴木文書）。

義光の書状

さらに上杉氏に臣従する内容の義光書状も残っている。それは八月十八日付の直江山城守兼続宛最上義光書状で（『上杉家御年譜』三）、上杉景勝を「御主同前拝仕申事《おんしゅどうぜんにはいしつかまつりもうすこと》」とあって主人と同様に接したりしたと記したり、「惣領修理大夫證人として差し上げ、その外家中證人は二重三重も御差図の次第に差上申べく候」とあって家督義康《よしやす》を人質に差し出すなどと記している。ただ、この書状が最上氏にとって屈辱的な内容であること、さらにこの段階では「山形出羽守義光」とあるべきところを「最上出羽守義光」と記している点などから、偽文書説が強い。

しかし、義光が追い込まれている状況から、戦略的にこの内容に近い書状を出すこともあった可能性はあるし、「最上出羽守義光」も、上杉家御年譜編纂の際に書きかえた可能性（あるいは後に義光が言い訳をするために意図的に最上出羽守義光と記した可能性もある）も考えられるので、検討を要するところである。

上杉勢進軍

上杉勢は、徳川家康の西上によって白河口が安全であることを確認した上で、慶長五年（一六〇〇）九月八日と九日に分けて、直江兼続を総大将とする約二万の大軍をもって、米沢から長井・白鷹《しらたか》・五百川《いもがわ》、そして畑谷《はたや》へと進軍する。上杉勢には、畑谷城（以下、前掲一四〇頁地図と番号を参照、⑩）へと向かう主力軍（中越《なかご》え道）、そこから分かれて八ツ沼城⑨・鳥屋《とや》ケ森《がもり》城⑭へと向かう軍勢、小滝道を進む軍勢、米沢道を進んで上山高楯《かみのやまたかだて》城⑦に向かう軍勢があった。さらに庄内からは、鶴岡の下《しも》氏の軍勢が六十里越《ろくじゅうりごえ》道を進み、酒田の志駄《しだ》（田）氏の軍勢が最上川沿いに進軍していった（伊藤清郎「〝北の関ヶ原〟慶長五年の出羽合戦—その真相—」〈花ケ前盛明・横山昭男監修『定本　直江兼続』郷土出版、二〇一〇年〉）。志駄氏が拠る亀ヶ崎城㉘に関して、発掘によって大量の荷札・木簡が出土し、そこには「慶長五年七月三日」「志駄修理亮」「なまり玉弐千入」「なまり玉千」等が記され、亀ヶ崎城に「なまり玉」（鉄砲玉）などの武器弾薬を集め、合戦の準備を着々としていたことが考古学的にも裏付けられている（『山形県埋蔵文化財センター調査報告書』一八〇、二〇〇九年）。

長井・白鷹の道

進軍の際に主力の直江軍は、なぜ西よりの長井・白鷹の道を選んだのであろうか。それは、すでに七月二十五日の時点で、伊達勢によって白石《しろいし》城（宮城県白石市）が落とされており、直江軍が東よりの米沢道を進んだ場合には、白石側にある七ケ宿から二井宿《にいじゅく》（新宿）峠を越えてくる伊達勢により、直江軍の横腹あるいは背後をつかれるという心配があったからと考えられる。実際、伊達政宗は九月二十五日、湯の原城（宮城県刈田郡七ケ宿町）を攻め落とし、二井宿まで侵攻して郷村を焼き討ちしている〈慶長五年〉九月二十

六日、留守政景宛伊達政宗書状、留守文書）。

最上氏の重要な拠点・境目の城である谷地《やち》⑲・畑谷⑩・簗沢《やなざわ》（山辺町）・八ツ沼⑨・鳥屋ケ森⑭・白岩⑱・寒河江⑰・山野辺（山辺、⑬）・若木《わかぎ》⑫・長崎⑮・

畑谷城が築かれた館山（東村山郡山辺町）

館山山頂（畑谷城主郭）

延沢（㉒）各城は、上杉軍により次々に落とされていった。畑谷合戦については、米沢を進発した直江軍が九月十一日に畑谷に集結して、十二日から畑谷城を攻撃し始め、江《え》口五兵衛光清《ぐちごひょうえあききよ》が五〇〇人の城兵をもって籠城するものの、十三日、落城した（九月十八日、上泉泰綱条書、旧山形県史所収文書。九月十九日、秋山氏宛直江兼続書状、雑纂諸家文書所収文書）。

これら一連の戦況を考えるにあたって参考となるものに、合戦終結後、義光が秋田実《さね》季《すえ》と岩城臣竹貫《たけぬき》氏へ出した書状がある（〈慶長五年〉十月八日、秋田実季宛最上義光書状、秋田家文書。〈慶長五年〉十月十三日、竹貫三河守宛最上義光書状写、会津四家合考所収文書）。そこには、「秀吉の城破却令によって境目の城を破却したところに上杉勢の攻撃を受けてしまい、かつ城主が山形に詰めていたため、各城には百姓しか居なくて次々落とされていった」とある。

最上氏側の戦略

つまり最上氏側の戦術としては、南部・仙北衆らが帰陣して孤立した義光は、境目の城や支城を放棄し、本城山形城周辺に兵力を集中した。むろん、破城のため境目の城を破壊したことも関連していたのであろう。最上側は、八ッ沼・鳥屋ケ森・白岩・谷地・寒河江・延沢・簗沢・山野辺・長崎・若木各城を捨てて、長谷堂（⑪）・谷柏《やがしわ》（山形市谷柏）・上山高楯（⑦）各城と立谷川《たちや》・須川の内側を防御するラインを設定した。さらにそれより内側には、中野（山形市中野）・漆山（山形市漆山）・青柳（山形市青柳）・山家《やんべ》（山形市山

長　松　寺

畑谷城主であった江口光清の墓（長松寺内）

家町）・飯田（山形市飯田）・岩波（山形市岩波）・成沢⑧各城、そして本城である山形城がある。上杉方は、白岩に志田氏、谷地に下《しも》氏、畑谷に色部《いろべ》衆、鳥屋ケ森に中条《なかじょう》氏を配置している。

そのなかで畑谷城については破却する城の対象にはなっておらず、籠城作戦で山形からの後詰《ごづめ》（援軍）を待ち、上杉軍と戦う計画だったのであろう。だが、山形からの援軍は間に合わなかった。この時、周辺の村々は焼かれた（〈慶長五年〉九月十九日、秋山伊賀宛直江兼続書状写、雑纂諸家文書所収文書）。戦国期の合戦では、村を焼くのが常套《じょうとう》手段であった。

山形城下の混乱

ところで『奥羽永慶軍記』「長谷堂合戦　付鮭登働くの事」は、

山形の町人等は、「会津勢もはや上の山、長谷堂を攻め破り、山形に乱入す。」といふもあれば、「いやとよ、明明日押し寄る。」など取々にいふ程こそあれ。手に手に財宝を持ち運び、売物をかつぎつれて、或は東根《ひがしね》の幽谷、山寺の深山に忍ぶもあり、或は老人の手を引き腰を押し、女童《めわらわ》を肩にかけ、引列《ひきならび》々々、山々の奥を求めて逃げ行ば、軍兵ども弥々《いよいよ》惘《あき》れ果たる風情なり。

と、山形城下の人びとが右往左往している様子を描いている。軍記物なので、信憑性については慎重にならざるをえないが、上杉の大軍が各方面から攻め寄せてきて、各城が落ち、銃声や鬨《かちどき》の声などが聞こえてくるような状況になって、城下の人びとが動揺し、不安になるのは当然のことであったろう。

民衆の危機管理

しかしながら、農民や村が自衛のために築いた、村の楯・百姓の楯の存在も知られている。丹生《にゅう》川の河岸段丘に築かれた村を取り囲むように土塁・堀がめぐらされた二藤《にとう》袋《ぶくろ》楯（尾花沢市）、月布《つきぬの》川に沿った丘陵に残された顔好《こうよし》城・十八才城などの小規模な楯跡（大江町）などがその好例である。雑兵《ぞうひょう》として戦場にかり出され、戦う術を熟知している農民たちはそれほどひ弱ではない。しかも長谷堂城の場合は、町場を二重に取り囲む堀がめぐらされ総構《そうかま》えの構造になっている。左沢楯山《あてらざわたてやま》城（⑯、大江町）の場合は、寺屋敷《てらやしき》と呼ばれる郭の下に町場の人たちが逃げ込むと考えられる大規模な曲輪《くるわ》が用意されていた。この〝北の関ヶ原〟合戦で、敵の首級をとる最上領内村人の活躍が指摘されている（遠藤ゆり子「慶長五年の最上氏にみる大名の合力と村町―大名家の有縁性と無縁性―」〈藤木久志・蔵持重裕編『荘園と村を歩くⅡ』校倉書房、二〇〇四年〉）。このように領主のみならず、民衆も危機管理をしっかり実行しており、そこからたくましい姿も見ることができるのである。

4　長谷堂合戦開始

長谷堂に迫る直江軍

畑谷城（⑩）を攻め落とした直江軍は山を下り、九月十四日には菅沢《すげさわ》（山形市）に陣を取り、志村《しむら》伊《い》豆守《ずのかみ》光安《あきやす》らが立て籠もる長谷堂城（⑪）と対峙することになる。この動きを見て義光は嫡男義康《よしやす》を使者に立てて、伊達政宗に援軍を要請する〈慶長五年〉九月十五日、留守政景宛伊達政宗書状、留守文書）。一方、兼続は、長谷堂城への総攻撃の時機をみていた（伊藤清郎「最上氏領国と城郭—『天地人』と関連して—」〈『山形県地域史研究』三五、二〇一〇年〉）。

軍記物では、直江軍の一部が攻めてきたのに対しては志村軍から鉄砲を撃ちかけて撃退した話、大風《おおかぜ》左衛門《さえもん》・横尾勘解由《よこおかげゆ》らが春日左衛門尉《かすがさえもんのじょう》の陣を夜討ちした話、直江勢八〇〇〇に対して四〇数騎で奮戦した鮭延越前守秀綱《さけのべえちぜんのかみひでつな》の武勇伝と鮭延越前守を救うために討ち死にした鳥海勘兵衛《とりうみかんべえ》と自害した妻の話、里見民部少輔《さとみみんぶしょうゆう》ら五〇〇騎が守備する上《かみの》

長谷堂城跡遠景（山形市長谷堂）
城山の中腹に最上三十三観音十二番札所の長谷堂観音がある.

長谷堂城主郭近くに建つ稲荷神社
枡形虎口があり，その北方に直江兼続の本陣跡が望める.

長谷堂城主郭跡
東方に山形城が遠望できる.

山城《やま》を上杉方の稲村造酒丞《いなむらみきのじょう》・椎野弥七郎《しいのやしちろう》・上泉主水正泰綱《かみいずみもんどのしょうやすつな》らが攻撃したものの逆に討ち取られた話、などが書き連ねられているものの、史実はよくわからない。

上山口の合戦

ただ、上山高楯城⑦をめぐる上山口の合戦については、前掲の（慶長五年）十月八日付の秋田実季宛の義光書状に「十九日に中山より上山へ動きを申し候ところに、その砌《みぎり》は、上山へ人数一人も籠め置かず候ところ、地の者ばかりにて五百騎にて動き候所へ押しかけ、敵三百余討ち取り候」とあるので、事実のようである。長谷堂城では、西側、つまり直江勢本体が陣を張った菅沢側には、一一段の帯曲輪《おびくるわ》が築かれていて、寄せてくる直江軍に鉄砲で応戦できる防衛態勢をつくっていたことは確認できる。

兼続の判断

ところで、このとき直江兼続は、上杉討伐を中止して関ヶ原へと向かった徳川家康の動向を、どのように把握していたのであろうか。これについては、九月二十一日に兼続が安田《やすだ》上総介能元《よしもと》に宛てた書状の解釈をめぐる問題がある（九月二十一日、直江兼続書状写、秋田藩家蔵文書）。書状には、

只今白川より申来《もうしきた》り候ハ、上方《かみがた》散々ニまかり成り候よし、相聞え申候、左様ニ候へハ、関東口ハ心安《こころやす》くまかり成り候条、但馬守（大国実頼）米沢へさし越され、自然政宗白石おもてか、米沢辺へ相働き候時分いつかたへ成る共、懸け助け候様ニ仰せ上げられ

> 尤《もっと》もに候、当表《おもて》の儀、随分申し付け候条見合い候て、御直馬《じきば》の御左右申上候儀もこれあるべく候、内々つぶさに御用意専一に候、大切の儀ニ候条、うらかたなとも御させ候て、内々御心持ち候へく候

とある。ここでは、「白川からの連絡によると、上方方面の戦いはかなり混乱している様子である。それならば関東方面は、大きな合戦はなさそうで安心である。そこで、下野口にいる但馬守を米沢口に差し回し、伊達政宗が白石か米沢あたりに攻撃を仕掛けてきた場合には、援軍として差し向けるように進言してほしい。米沢口については、場合によっては、上杉景勝が直接出陣することもあるので、内々その準備をしておいてほしい」と言っているが、上方・大坂方が大敗した情報とは単純にとらえられない。

第一の解釈は、岐阜城の攻防をはじめ、大坂方（石田方）と徳川方との間でいくつかの合戦が行なわれ、そこで大坂方が敗北したものの、徳川軍は西上し続けているので、関東口から上杉側のほうへ侵攻される心配はなく安心である、というとらえ方ができる。第二の解釈として、上方で徳川軍が散々に負けているので、関東口は安心であるというとらえ方もできよう。

いずれにせよ、徳川軍による関東口・白河口からの攻撃はないという判断は共通であ

山形城総攻撃へ

（右隻）

る。そこで後半の決断につながっていく。

直江兼続は、下野口（日光）の鴫山城にいた弟の大国実頼を米沢へ移動させ、景勝が「御直馬」、つまり直接米沢・最上口へ出馬することもあるので、準備万端整えておけ、という指令を出したのである。景勝が会津から最上口へ出陣してくるということは、上杉軍による山形城総攻撃を敢行することを意味している。

最上側もこの上杉方の動きをいち早く入手していた。義光や伊達政宗の母・保春院（お東）の文面からも、このときの緊迫感が漂っている（〈慶長五年〉九月二十二日、留守政景宛最上義光書状、九月二十三日、留守政景宛保春院書状三通、留守文書）。

また、政宗にも情報が入っており、政宗は最上氏の援軍として山形へ出陣させていた留守《るす》政景《まさかげ》に、二本松に在陣していた上杉勢の過半が最上口に移動したこと、

（左隻）

六曲一双「長谷堂合戦図屛風」（個人蔵・湯沢市教育委員会提供）

戸部《とべ》正直《まさなお》一憨斎《いつかんさい》によって描かれたとされているが，近年，それを否定する説も出されている．

長谷堂合戦図屛風に描かれた最上義光と直江兼続（部分）

左隻中央に，最上義光と直江兼続らが対峙する情況が描かれており，母衣（朱色）を身につけ鉄の指揮棒をふるい猛追するのが義光（画面右），鉄砲隊に守られているのが直江兼続である．

同じく二本松にあった五〇〇丁の鉄砲のうち三〇〇丁を最上口に移したことを伝えている（九月二十五日、留守政景宛伊達政宗書状、留守文書）。

保春院の活躍

この合戦のなかで、伊達氏へ援軍を要請し続けた義光の妹の保春院の活躍は注目される。彼女の懇願のすえ、最上陣大将には留守政景がすわり、笹谷峠を越えて小白川《こじらかわ》付近（山形市の東部）に在陣し、政宗からの指令で最上軍との合流はしなかったものの、最上軍を支援し、上杉軍を牽制している。女性の働きが合戦の雌雄を決定づけるほどの力強さとなっている。

5 上杉軍の撤退

上杉軍撤退

上杉軍が山形城総攻撃を敢行する前、九月二十九日、上杉方に大坂方・西軍が関ヶ原の合戦で大敗したという連絡が入った（『上杉家御年譜』三）。直江兼続は三十日、即時撤退の準備を整え、十月一日には全軍が撤退を開始する。殿《しんがり》は、直江兼続と水原親憲《すいばらちかのり》・溝《みぞ》口左馬介《ぐちさまのすけ》・前田慶次《まえだけいじ》らであった。

一方、伊達方には九月三十日亥《い》の刻《こく》（夜十時）に家康からの注進が届く。そこから、伊達家臣や最上氏に早馬《はやうま》が飛び、徳川方勝利が伝達される（留守政景宛伊達政宗書状、留守文書）。

最上勢の追撃

十月一日、最上勢は上杉軍の追撃を始め、白岩・寒河江・左沢《あてらざわ》から「敵の者どもを悉《ことごと》くうち候て、十人二十人ツツ験《しるし》(首)どもを持ち来り候」という戦果を上げている(留守政景宛最上義光書状、留守文書)。追撃は、その日の明け方からかなり経ってからと考えられる。政宗は「午《うま》刻より酉下刻《とりげこく》迄合戦候て」といっているので(十月三日、桑折天了斎宗長宛伊達政宗書状、天理図書館所蔵伊達家文書)、十二時から十九時頃まで戦闘が続いたことになろう。

追撃の手は厳しいものであった。義光は、騎馬武者四〇〇騎余、雑兵七〇〇〜八〇〇人ほど、その他都合三〇〇〇人余を討ち取ったという。「長谷堂合戦図屛風」(個人蔵)に描かれているように、直江兼続は、要所要所に鉄砲隊を据えて攻めてくる最上軍に被害を与え、前田慶次は奮迅の活躍をして最上軍を蹴散らしたといわれてはいる。だが、最上の厳しい追撃を何とかかわし、白鷹・長井・米沢へ逃れたともいえる。この時、上杉勢の鉄砲が義光の兜《かぶと》(三十八間総覆輪筋兜《さんじゅうはちけんそうふくりんすじかぶと》。口絵参照)に命中して、兜の前面がへこみ、そのときの玉疵が現在も残されている。また、義光が指揮用に使用した鉄製鉄棒(二一四頁)も残されている(ともに最上義光歴史館所蔵)。

伊達政宗の不満

政宗は、前掲十月三日桑折宗長《こおりむねなが》に宛てた書状で、「首数八十余当手に取り候、最上衆弱く候て、大利を得ずの由候、昨朝様々候て、敵退散の由候、最上衆よハく候て、皆討果さず、無念千万に候」と書き、伊達側は八十余の首を取ったのに、最上衆は弱くて大利を得ることなく、昨日の朝に敵は退散し、最上衆が弱くて敵を皆討ち果たせずに、大変無念だと述べている。相手が家臣の桑折氏だから、政宗は本心を述べたのであろう。「弱い」には、最上衆が弱体であるというのとともに、作戦がまずいという意味合いも含まれているようである。後述するように、軍師《ぐんし》の堀喜吽《ほりきうん》が鉄砲で撃たれて落馬したり、大将義光も鉄砲で兜を撃たれたりしているところからも、後詰《ごづめ》を留守政景に命じた政宗にしてみると、「最上衆は弱い」と見えたのであろう。

激戦だった撤退戦

ただ、上杉・直江兼続方にとって、この撤退戦は非常に激戦であったにちがいない。兼続は十月三日、荒砥城《あらと》⑤に逃げ込み、四日にやっと米沢に帰陣した〈〈慶長五年〉十月四日、助二郎宛直江兼続書状、本間真子氏所蔵文書〉。しかし、谷地城《やち》⑲にいた下《しも》氏には全軍撤退の連絡が届かずに、最上勢に包囲され、籠城して抗戦したものの〈前掲、十月朔日、最上義光書状〉、ついには降伏して軍門に下り、最上勢による同年の鶴岡攻めと翌年春の酒田攻めの先頭に立たされることとなる。

このような状況を考えると、上杉方が山形総攻撃の体制をつくっているさなかに、突然「大坂方大敗」の連絡が入り、動揺するなかで、撤退の連絡が上杉全軍に徹底できなかったとも考えられる。志駄《しだ》氏も酒田へ六十里越道を帰ることができずに、いったん長井に出て、いわゆる朝日軍道《あさひぐんどう》を越えて庄内酒田へ帰陣したといわれている。

徳川家康の会津攻めと連結して起きた、この長谷堂合戦については、上杉にとってみれば、最上・伊達連合軍を叩いておいて背後の憂いをなくし、佐竹氏らと連携して関東攻めを実行する一連の軍事行動であったことになる。上杉景勝・直江兼続の果敢な決断と実行といえよう。

上杉方の降伏・厳罰

だが、同時に起きていた関ヶ原の合戦で西軍・大坂方は大敗した。上杉方は慶長五年（一六〇〇）十月二十日、会津にて家中協議を行ない、降伏・謝罪を決定して、本庄越前守《ほんじょうえちぜんのかみ》繁長《しげなが》を上洛させる。慶長六年七月一日、上杉景勝は上洛の途につき、二十四日、伏見の邸宅に入る。二十六日には大坂で家康に対面し、八月十六日には大坂城西の丸にて、家康より会津一二〇万石から長井・信夫・伊達の三〇万石に減封することを厳命された（『上杉家御年譜』三）。家康は上杉領の請け取りにあたって、陸奥・出羽・越後の諸大名を五番に分けて二万七〇〇〇人近くの軍勢を動員している（慶長六年八月二十四日、徳川家康朱印状、『最上家伝覚書』）。この時、義光の長男修理大夫義康《よしやす》は、四番として六五〇〇人を引き連れて参加している。

上杉氏と結んだ横手の小野寺氏は、改易されて津和野《つわの》（島根県）にお預けとなる。慶長七年には、常陸の佐竹氏が秋田に転封、岩城氏も川中島を経て後に由利に転封、秋田氏・戸沢氏・本堂氏・六郷氏らは常陸へ転封となっていく。

一方、最上氏の方は、慶長五年十月に庄内の大浦《おおら》（大山）城を攻め落とすとともに、上杉方として谷地城に立て籠もるも、最上方に下った下《しも》次右衛門を、庄内に出陣させた（〈慶長五年〉十月十五日、留守政景宛義光書状、留守文書）。十月二十四日付で徳川家康が義光に「来春者早々景勝成敗可申付候」と命じてきたので（徳川家康書状、内閣文庫所蔵「古文書（記録御用所本）」所収文書）、十二月十七日には志村伊豆守へ、酒田（東禅寺）城㉘を攻撃するため鉄砲・槍などの武器を準備するよう命じている（志村伊豆守宛安部兵庫助書状写、雞肋編所収文書）。翌慶長六年春に酒田城を総攻撃し（〈慶長六年〉卯月二十一日、今井宗薫宛伊達政宗書状、観心寺文書）、城を守る志田（駄）氏は四月に降伏して会津に帰ったとされる。この時、義光が眼病を患っていたせいか、長男の義康が下氏や西馬音内《にしもない》氏に軍功の賞を与えている（後述）。慶長六年十一月に義光は江戸城で家康から正式に庄内を拝領し、同年閏十一月に三男清水大蔵大夫義親に志村伊豆守光安を添えて軍勢を下し、庄内を請け取った（〈慶長六年〉閏十一月十九日、小幡播磨守昌高宛最上義光書状、小幡良氏所蔵文書）。この〝北の関ヶ原〟合戦の功績によって、最上氏は五七万石の、伊達氏も六二万石の大大名になった。

大きな転換点

慶長五年の会津攻めと長谷堂合戦の結果、豊臣秀吉が奥羽支配のために据え置いた大名・領主の配置をがらっと変え、徳川の支配方針に従って新たな大名・領主の配置に変えていった。このようにこの合戦は奥羽の歴史にとって大きな転換点となったのであり、戦の舞台も奥羽のみならず関東・北陸にまでに広がっている。本書で〝北の関ヶ原〟と呼称し、重視している理由は、冒頭でも述べたように、ここにある。

二　軍師と仲人

1　軍　師

陣僧・軍師

中世の合戦が呪術戦争といっても過言ではないことは、つとに指摘されている（小和田哲男『呪術と占星の戦国史』新潮選書、一九九八年）。合戦の日時、合戦の開始時間、戦闘方法、方角、吉凶《きっきょう》、野営《やえい》や首実検《くびじっけん》における作法《さほう》など、ほとんどが占いや呪術によって決められた。それを行なうのが陣僧《じんそう》・軍師《ぐんし》などであった。彼らは軍学・密教・修験・陰陽《おんみよう》道《どう》・占星術・道教などに精通していなければならなかった。最上氏の軍師として知られるのは、山名一吽軒《やまないちうんけん》とその弟子といわれる堀喜吽《ほりきうん》の二人である（小関幸悦「合戦と呪術・信仰」〈前掲『最上氏と出羽の歴史』〉）。

山名一吽軒

まず山名一吽軒について、『羽源記』「山名一吽軒行録幷菊池敵討之事」に「山名陸奥守の舎弟、同上総介八代の裔孫なり」「同国彦山の客侶となる」「尼子家に仕えて鉄砲の師範たり」「禅家に入て諸山の明師に参歴す」「同姓喜吽斎という者あり、則ち一吽が徒弟なり」「頼朝堂にて君臣の契約をなし給ひける」と見え、同「一吽勧両主起兵事」に「尋常軍法の噺《はなし》のみ多かりけり」とある。同「諸士城普請評定、山名一吽軒諫言事」には、家臣たちが天守をはじめ山形城の普請を進言したが、結局その話は立ち消えになったという。この背後には、一吽軒の中国の故事を引用した諫言があったといわれる。『上杉家御年譜』二には、一吽軒について「今般軍士（師）随一と相聞ゆ」と記され、『羽源記』の記事は信憑性が高いように見える。このように他の戦国大名・近世大名にも、名声が聞こえた軍師であった。

堀喜吽

続いて堀喜吽について、『最上義光分限帳』に「一　高千石　堀喜吽」と記され、『最上家中分限帳』にも「一　同（千石）　堀喜吽」とある。『羽陽軍記』「会津勢敗軍之事」には「筑紫より臼杵喜吽斎迚《とて》、近年山形ニ来たり」「喜叶（吽）斎面目なくや思ひけん、剛臆之程只今御目ニかけんとて、進ミ出んとする所をあへなく鉄砲ニ討レ失《うせ》ニけり」とある。『羽源記』「直江山城守敗軍幷山名喜吽斎討死之事」に「ここに今判官といはれし山名喜吽斎は、義光の御伽衆《おとぎしゅう》にて」とある。このように堀喜吽は、義光の御伽衆の一人として千石の知行を与えられ、実際の合戦にも出撃している。慶長五年（一六〇〇）の長谷堂合戦を描いた「長谷堂合戦図屏風」には、「今判官筑紫喜叶斉」が鉄砲に打たれて、長刀を持ったまま落馬する様子が描かれている（『最上義光歴史館収蔵品図録』一九九一年）。

戸部正直一憨斎

「長谷堂合戦図屏風」を描いたのは、戸部正直一憨斎《とべまさなおいっかんさい》である（近年、作者戸部説を否定する説も出されている。宮島新一「長谷堂合戦図屏風について―軍記と屏風―」〈『歴史館だより』一六、二〇〇九年〉）。戸部正直は正保《しょうほう》二年（一六四五）出羽雄勝《おがち》郡に生まれ、若い頃より諸国を遊歴し、特に奥羽二ヵ国の興廃を訪ね、資料を収集して『奥羽永慶軍記』を著述している。「長谷堂合戦図屏風」には、両軍の大将最上義光と直江兼続の他四十数名の武将らが描かれていて、「喜叶（吽）斉」はその一人である。よく知られた軍師であったことになる。

行蔵院

戦国大名のそばには、軍師に、陣僧・遊女・傀儡子《くぐつし》などの呪術者もいたようであるが、最上氏についてはよくわからない。ただ山形の行蔵院《ぎょうぞういん》（修験）については、陣僧としての記事が見える。

首実検の逸話

『羽陽軍記』「首実検之事」には、長谷堂合戦後における首実検の様子が描かれている。上山を守備していた里見兄弟は、攻めてきた上杉勢の上泉主水正泰綱《かみいずみもんどのしょうやすつな》の首を取ったが、「今朝まで主水正の首がしおれず、黒目もみえず、口を開き時々目を開き、動くように見える」ので義光に報告したところ、義光は、

> 実験（検）次第様々有り、大将の首ヲハ対面と云《いう》、盃杯指事あり、其外《そのほか》ヲ実験と云トモ、天眼《てんがん》と云ハ眼玉天をみる様なり、眼玉左をミルハ左眼、此二ツハ味方不吉也、眼玉地ヲ見る地眼、右ヲ見るハ右眼、是ハ味方吉事也、眼中ニ付ハ、和平之首と云、舌を出し口をあきたるヲ遺恨《いこん》の首と云、煮させ見るへし

といったので、里見兄弟は大釜で煮てみたところ、首はしおれることもなく、時々目を開き動くように見えたので、雑人《ぞうにん》たちは皆立ち騒ぎ逃げてしまった。そこで義光は、陣僧の行蔵院に命じて檀上に首を据え、七日間護摩を修法させたところ、七日目ににっこり笑い、目をふさぎしおれた。それで「柴の観音堂」の下に深く埋めたと記されている。

首実検の意義

大将の首とそれ以外の首、眼の方向によって天眼・左眼・右眼・地眼・眼中、和平の

首・遺恨の首等とよばれ、区別されていたことが知られる。特に遺恨の首の場合は、大釜で煮ることもなされた。それでも死者の遺恨が治まらないようなときには、修験者による柴燈護摩《さいとうごま》が焚かれたのである。首実検の作法については、種々あったが（笹間良彦『時代考証　日本合戦図典』雄山閣出版、一九九七年）、怨恨にたちうちできるのは、呪術しかなかったのである。中世人が怨霊《おんりょう》に対しておびえることは周知のことであるが、それが近世初頭の人びとにも続いていることがわかる。

2　仲人

また、使者・仲人《ちゅうにん》（仲介者）として、宗教者がよく利用されることは周知のことではある。使者の事例としては、大永四年（一五二四）十一月二十三日付の北条氏綱《うじつな》書状、同五年五月十八日付の北条氏綱書状（上杉家文書）にみる北条氏綱と長尾為景《ためかげ》との間の連絡・伝達者である「出羽山伏」は、羽黒山伏と重なってこよう（伊藤清郎『霊山と信仰の世界』吉川弘文館、一九九七年）。有能であったのであろう。最上氏では、使者として直臣の他に、前述の行蔵院（坊）が使われている。

元亀元年（一五七〇）、大宝寺《だいほうじ》武藤氏に反旗を翻した土佐林《とさばやし》氏が、羽黒山三旬長吏《さんじゅんちょうり》を通じて武藤義氏に謝罪を申し出て、許されている（〈元亀元年〉霜月十七日、鮎川氏宛武藤義氏書状写、秋田藩家蔵文書）。戦国期庄内地方における仲人的存在（紛争調停者）となっている羽黒山に、領主層はその調停を期待しているのである。

また戦国期の領主たちは、仲裁者として出世間者《しゅっせけんじゃ》に期待し、利用している。天正十六年（一五八八）と考えられる一月二十五日付の最上義光書状では、伊達氏との対陣が越年したことをふまえ、由利衆中と大浦の大宝寺氏との取りなしを大勧進《だいかんじん》に依頼している（佐藤勝雄氏所蔵文書）。この大勧進は羽黒山の大勧進であろう。

天正十六年と考えられる二月十六日付の最上義光書状写では、伊達と大崎氏の関係が緊張している際に、庭月《にわつき》氏に仙北の小野寺氏と庄内の大宝寺氏に警戒を強めるように命じている。その時の使者は行蔵院（坊）であった（楓軒文書纂所収文書）。迅速な動きをする山伏を利用したのである。行蔵院（坊）は、近世には修験寺院の触頭《ふれがしら》となっている。ただ、伊達政宗の使者・飛脚については、下級武士・商人的武士・夫丸《ぶまる》・中間《ちゅうげん》などが選ばれているという指摘もある（高橋健一「戦国争乱期の使者と飛脚」〈小林清治編『中世南奥の地域権力と社会』岩田書院、二〇〇一年〉）。

第七　近世大名最上義光

一　江戸期における義光の呼称と近隣領主たちの呼称

双壁としての矜持

江戸期に入ると、最上氏と伊達氏は、その呼称からも出羽と陸奥両国の国主として双壁をなすという矜持《きょうじ》をうかがうことができる。少しくわしく見ていこう。

最上義光は「山形　義光」と呼ばれたり、寛永十年（一六三三）に至っても「山形出羽守」と呼ばれている例も見られるが、通常は「最上出羽守」と呼ばれている。慶長十四年（一六〇九）九月一日の本田正信外三名連署書状（秋田藩家蔵文書）には「最上出羽守殿」とあり、最上氏と呼ばれていた。この時期、義光は少将《しょうしょう》に叙任されたようである。

重要な呼称

具体的には、はじめは「出羽守」「出羽」「山出羽（山形出羽守の略）」「山出」や、「出羽侍従」と称していたが、慶長五年（一六〇〇）十月頃から「山形」を入れないで、「出羽守義光」と称する事例が出てくる。

慶長十七年（一六一二）には「最上侍従」も見える。慶長十六年以降になると、「少将出羽守義光」「出羽少将」「少将出羽守」と称するようになり、「出羽守」にかなり固執している。慶長十八年二月吉日の出羽三山神社青銅製狛犬名には「守義光」も見える。後述するように、慶長八年に山形に下向した光明寺住職・連歌宗匠の一華堂乗阿から「大守」と呼ばれている。信長から与えられたとされる「出羽国主出羽守」の呼称は、かつての羽州管領《うしゅうかんれい》・羽州探題《たんだい》を継嗣する義光としては、極めて重要な呼称であったのである。

なお、願文《がんもん》・棟札《むなふだ》・寄進状《きしんじょう》では、「源義光」「出羽守源義光」「出羽守義光」「源朝臣出羽守義光」「出羽守源朝臣義光」という表現もあるが、「最上出羽守義光」という表現も出てくる。

一方、義光の息子の義康《よしやす》は、はじめ「山修（山形修理大夫義康）」と称していたが、慶長六年（一六〇一）には「最上修理大夫《しゅりだいふ》」と呼ばれ（慶長六年八月二十四日、徳川家康朱印状写、内閣文庫所蔵「古文書（記録御用所本）」所収文書）、最上氏の伝統的呼称を名乗り、父義光の出羽守と区別されている。

呼称定着の意味

つまり義光は、江戸期に入っても自ら「山形出羽守」を称し、また呼ばれてもいたが、その他に「少将出羽守義光」「出羽少将」とも称していた。慶長五年（一六〇〇）末以降は、山形を入れずに「出羽守」だけを称し、「最上出羽守」とも呼ばれるようになり、それが定着していく。慶長六年以降に表立って「最上殿」を称するのは、五七万石の江戸期大大名になり、山形藩山形氏ではなく、広大な藩領域に適合した「最上氏」と名乗るのがふさわしかったのである。

伊達氏の場合

では、伊達氏はどうだろうか。政宗は江戸時代に入っても、「羽柴越前守政宗」「羽少将政宗」を名乗っている。これはまだ豊臣的政治序列が生きていることを示している。慶長八年（一六〇三）二月の宣旨《せんじ》をもって、徳川家康は征夷大将軍に任命されたものの、豊臣公儀が存続するなかで、「羽柴」姓は生きているのである。

しかし、慶長十三年（一六〇八）に家康から松平姓をもらい、陸奥守に補任されると、「松平陸奥守政宗」と称していく。豊臣的序列から徳川的序列への転換ととらえられよう。豊臣政権とは異なり、江戸幕府は旧姓松平を授姓したが、諸大名の本姓にはふれなかったとされる。これはその事例といえる。

伊達政宗は慶長二十年（元和元）閏六月に正四位下、参議（宰相《さいしょう》）に叙任され、同年七月六日書状では「仙台宰相政宗」と称すが、七月十六日書状では「松平陸奥守政宗」と記し（近衛家文書など）、十二月十六日の書状写では「松平宰相政宗」と記す。披露状も含めて、「宰相」「陸奥守」の両方を使用している。

寛永三年（一六二六）には従三位、権中納言に叙任された。寛永五年には、「仙台中納言《ちゅうなごん》政宗」を称するが、同時に「松平陸奥守政宗」とも称している。一方、支倉常長《はせくらつねなが》ら遣欧使節を派遣した際に、セビリア市宛に出した慶長十八年の書状では、「伊達陸奥守政宗」と記している。

このように伊達氏の場合は、鎌倉期から伊達氏で通し、室町的、豊臣的、徳川的序列の下で得た官職名を付しているのが特色で、なかでも陸奥守の呼称は奥州王としての矜恃から誇示する呼称であったととらえられ、注目されよう。

次に出羽国の領主についてもふれておく。

小野寺氏の場合

小野寺氏の場合は、輝道のときは小野寺孫四郎、小野寺遠江守である。義道のときは小野寺孫十郎、小野寺遠江守（略して小野寺）であり、横手城主なので「横手（殿）」と呼ばれることもあり、「屋形」を号していた（遠藤巌「京都御扶持衆小野寺氏」〈『日本歴史』四八五、一九八八年〉）。慶長五年の〝北の関ヶ原〟合戦で会津上杉方、大坂方についたため、石見《いわみ》津和野《つわの》亀井家に預かりとなったが、仙北遠江守義道と名乗り、かつて横手城主であったことを主張していることも注目される。

仙北衆の場合

仙北衆《せんぼく》（戸沢氏・六郷氏・本堂氏）のうち戸沢《とざわ》氏は、戸沢九郎、戸沢九郎五郎と呼ばれている。本堂《ほんどう》氏は、本堂伊勢守、本堂源七郎、本堂伊勢守道親《みちちか》と呼ばれている。また六郷《ろくごう》氏は、六郷弾正、六郷兵庫（頭）と呼ばれている。江戸期に入ると、戸沢氏は戸沢右京。六郷氏は六郷兵庫（頭）。本堂氏は本堂伊勢守、本堂源七郎。まとめて仙北衆と呼ばれることもあった（〈慶長五年〉八月十二日、直江兼続書状、鈴木文書）。

仙北衆（戸沢氏・六郷氏・本堂氏）のように、小規模領主たちを衆とまとめて表現している事例としては、由利衆・由利之衆・由利中、庄内衆、砂越《さごし》衆などがある。一方、大名の家臣団も衆と呼ぶ。会津衆、伊（達）衆、横手衆、最上衆、秋田衆、大宝寺《だいほうじ》衆などがそれである。

由利衆の場合

続いて由利衆について見てみると、由利地域は、上・中・下に区分されており、由利十二頭といわれていた。彼らはまとめて由利衆・由利中と呼ばれることが多いが、個別には、岩屋（岩谷）氏、仁賀保《にかほ》（仁賀部）氏、赤宇曽《あかうそ》・赤津・赤尾津《あかおつ》・小介川《こすけがわ》氏、滝沢氏、内《うていち》（打）越《（のち、うちこし）》氏、と呼ばれていた（『本荘市史』通史編Ⅰ）。

このように江戸期に入ると、最上氏が「最上出羽守」「出羽侍従」「出羽少将」と呼称し、伊達氏が「松平陸奥守」を呼称していることから、最上氏が五七万石の大大名として、六二万石の「松平陸奥守政宗」と双璧をなすという矜持が見られるのである。奥羽両国において、両者は飛び抜けた存在であった。ただ、奥羽の外様で松平姓をもつのは伊達氏だけなので、この点では最上氏と差があった。

義光は山形城主なので「山形殿」と呼ばれるが、戦国期・豊臣期・江戸期を通じて「最上」とも呼ばれ、「最上氏」「最上殿」の呼称は定着していたが、羽州探題家を象徴する「右京大夫」の呼称もさることながら、戦国末期から「出羽守」を呼称するようになったことは、出羽国主としての立場を誇示することにつながった。

そうしたなかで、山形藩最上氏は、どのような治世を行なっていたのかを次に見ていく。

二　義光と山形城・城下町

大大名としての山形城

慶長五年（一六〇〇）の〝北の関ヶ原〟合戦で東軍・徳川方について勝利を得た最上義光は、五七万石の大大名となり、それにふさわしい山形城の建設が行なわれていく（横山昭男『山形藩』現代書館、二〇〇七年）。最上家親《いえちか》・家信《いえのぶ》期の完成に向けて築造している時期といえる。

山形城下の諸本絵図

城下絵図に関しては、これまで「最上時代城下町絵図」（藤原守春本）が最も古いとされてきた。近年では市村幸夫氏、野口一雄氏らの精力的調査によって、「藤原守春写之」本（以下、守春本、後掲二四九頁）系の絵図が見つかっている。最上義光歴史館の特別展開催の際に確認された諸本、宝幢寺《ほうどうじ》本Ⅰ・Ⅱ（弘化二年、嘉永七年）、山形北高本Ⅱ、大場本Ⅰ、福島治助本、齋野五兵衛本、黒子本Ⅰなどである（最上義光歴史館編刊『図録　山形県城郭古絵図展』一九九〇年）。その他に、最上氏時代の山形城下が形成されていく過程が判明すると考えられる伊藤家本・秋元本・致道博物館《ちどうはくぶつかん》本、さらに伊達氏側から見たと思われる亘理《わたり》家本が発見されている（市村幸夫「新出史料の山形城下絵図について」〈『歴史館だより』一四、二〇〇七年〉など一連の山形城研究）。

諸本絵図の評価

これらの諸本絵図を、考慮に値しない偽本としてとらえる説（武田喜八郎「藤原守春本と新出の『山形城内絵図』の問題点について」〈『山形市文化振興財団事業団紀要』一四、二〇一三年〉）、慶長・元和期以前の豊臣期あるいは過渡期のものとする説（横山昭男「近世都市山形の成立と最上義光」〈『最上義光を考える小論集』放送大学山形学習センター、二〇一三年〉）、諸本をふまえて考古学的成果も入れつつ山形城の近世的城郭への変遷を解明しようとする説（齋藤仁「発掘された義光時代の山形城」〈前掲『最上義光を考える小論集』〉などがある。

守春本

最上氏時代の山形城下絵図の写本のうち、最も古く祖本に近いとされるのは、「山形藩藤原守春《ふじわらもりはる》写之」と落款印章《らっかんいんしょう》のある、県立図書館所蔵本（守春本）である。元和八年（一六三）、最上氏が改易された際に、鳥居氏との事務引継のために使用された絵図を、後に藤原守春が筆写したと考えられている（前掲『図録　山形県城郭古絵図展』）。

秋元本・伊藤家本・致道博物館本・亘理家本といった諸本絵図は、本来の祖本と守春本などとを、両方見ながら作成した可能性が高い。元和六年（一六二〇）に監視のために設置されたという「御横目衆《よこめ》」が記載されているのもうなずけよう。

伊藤家本

伊藤家本は、文化七年（一八一〇）二月（令月）に、旅篭町《はたごまち》後藤氏から菅野与四郎が借り受け、伊藤太兵衛が写して所蔵しているとある（市村幸夫「慶長期の山形城下絵図」〈『山形市文化振興事業団紀要』一二、二〇一〇年〉）。三の丸内のみが描かれている点で、伊藤家・秋元両本はほぼ同じである。

本丸には東西南北四口が描かれている。二の丸には、山辺《やまのべ》・上山《かみのやま》・氏家・里見・鮭《さけ》延《のべ》・中山・布施・日野・神保・和田・飯田・鈴木・斎藤・宮林・「さんせい」などの重臣屋敷と、中館・蔵・馬屋（厩《うまや》）・鷹屋・御横目衆御宿が記されている。虎口は五口（北

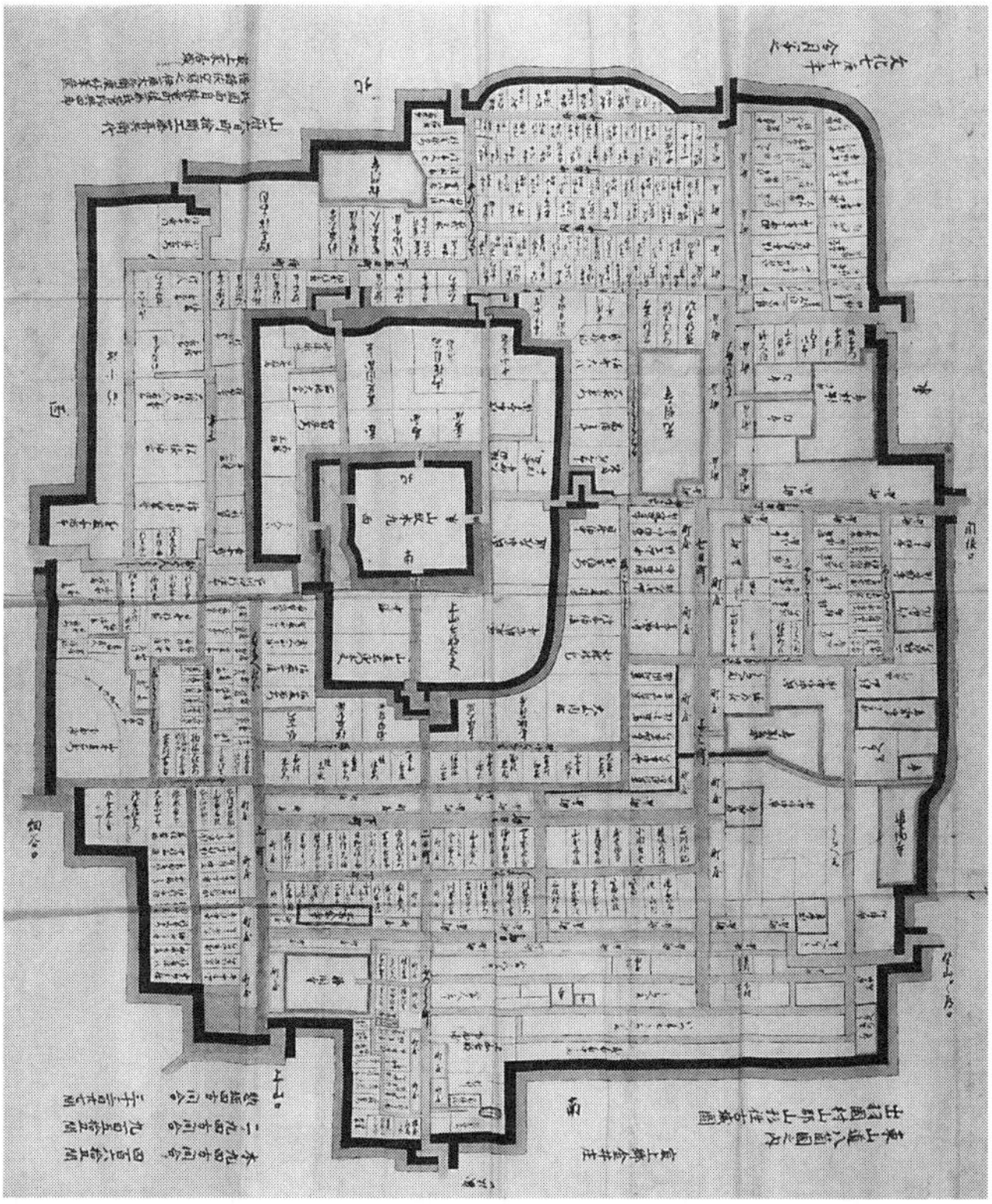

「出羽国村山郡山形往古城図」（伊藤家本，個人蔵，山形県立博物館提供）

は二口）で、西口は南向きとなり二の丸と本丸の間にもう一つ口を設けていて厳重である。いずれも外枡形である。なお、「さんせい」は「仙西」とも記載されるが、「散聖」（世をすてた人）から転じた名称で、引退した人物が居住する場でなかったかとする説が出されている（齋藤仁「最上氏時代山形城絵図に関する一試論―『さんせい』『西仙』と父子間権力構造について―」〈『山形史学研究』四三・四四、二〇一四年〉）。引退者となれば、栄林（義守）ということになろうか。

三の丸内には、よこ町（横町）と宝幢寺の付近に黒い線が引かれ、土塁があったことを示している。上山《かみのやま》口から入ってきた道は、上町《うわまち》・下町・十日町・よこ町・七日町を通って、はたこ町・めっくら小路・上五日町・侍町・たりはたけ中を経て三の丸の虎口《こぐち》から郭外に出ていく。その他、ふつはり町（ふつはり小路）・肴町《さかなまち》・材木小路・あかはね小路・かち小路・三日町・二日町・八日町・下五日町・鷹匠小路《たかじようこうじ》・ゑとり小路・下条・おたん小路・新小路・桜小路などの町名・小路名が見える。

寺院では、光明寺《こうみようじ》・行蔵院《ぎようぞういん》・宝幢寺《ほうどうじ》・来吽坊《らいうんぼう》・勝因寺《しよういんじ》・新山寺《しんざんじ》・法祥寺《ほうしようじ》・龍門《りゆうもん》寺《じ》・来迎寺《らいごうじ》・誓願寺《せいがんじ》・宗福院《そうふくいん》・法花寺《ほつけじ》・観音寺《かんのんじ》・六椹観音《むつくぬぎかんのん》・行人《ぎようにん》・導場寺《どうじようじ》などが見える。「寺・寺」と記載された寺院は、二《に》（仁）王堂《おうどう》・正楽寺《しようらくじ》だとされる。

致道博物館本

亘理家本

三の丸の虎口は一〇口でのちの横町《よこまち》口は描かれずに、関根口・野山への道・畑谷口という名称が記されている。

ところで「最上家御系図」（山形市船町今野家所蔵）に「今之三之郭外ニ大郭有りしと也、南は松原、東小白河、出口北は長町辺ニ大門有之」とあって、三の丸の外に大郭や大門があり、山形城を大きく囲んでいたと記すが、実態は不明である。

致道博物館本は、その表題には「出羽守少将義光公時代　羽陽山形城郭準縄並家中分野」とあり、裏書には「最上義光時代　山形城郭図」とあって、三の丸内のみが描かれている。本丸には東西南北四口があり、二の丸は外枡形からなる五口（北は二口）がある。二の丸内には、重臣屋敷と中館・蔵・馬屋・鷹（屋）と横目衆が描かれている。二の丸の外・三の丸内側には、屋敷がびっしり描かれている。三の丸の虎口は一〇口で、横町口は見えない。秋元本・伊藤家本と同系統と思われる。

伊達氏側から見たと思われる亘理家本は、その裏書に「最上山形之図」とあり、本丸には四口が開かれ、二の丸は五口（北は二口）で、西は秋元本・伊藤家本・致道博物館本と同様に厳重である。この絵図の特長は、三の丸郭外も描かれていて、「白川」（馬見ヶ崎川）と旧河道には「江川」「かわら」と記されている。三の丸は一〇口で、横町口はな

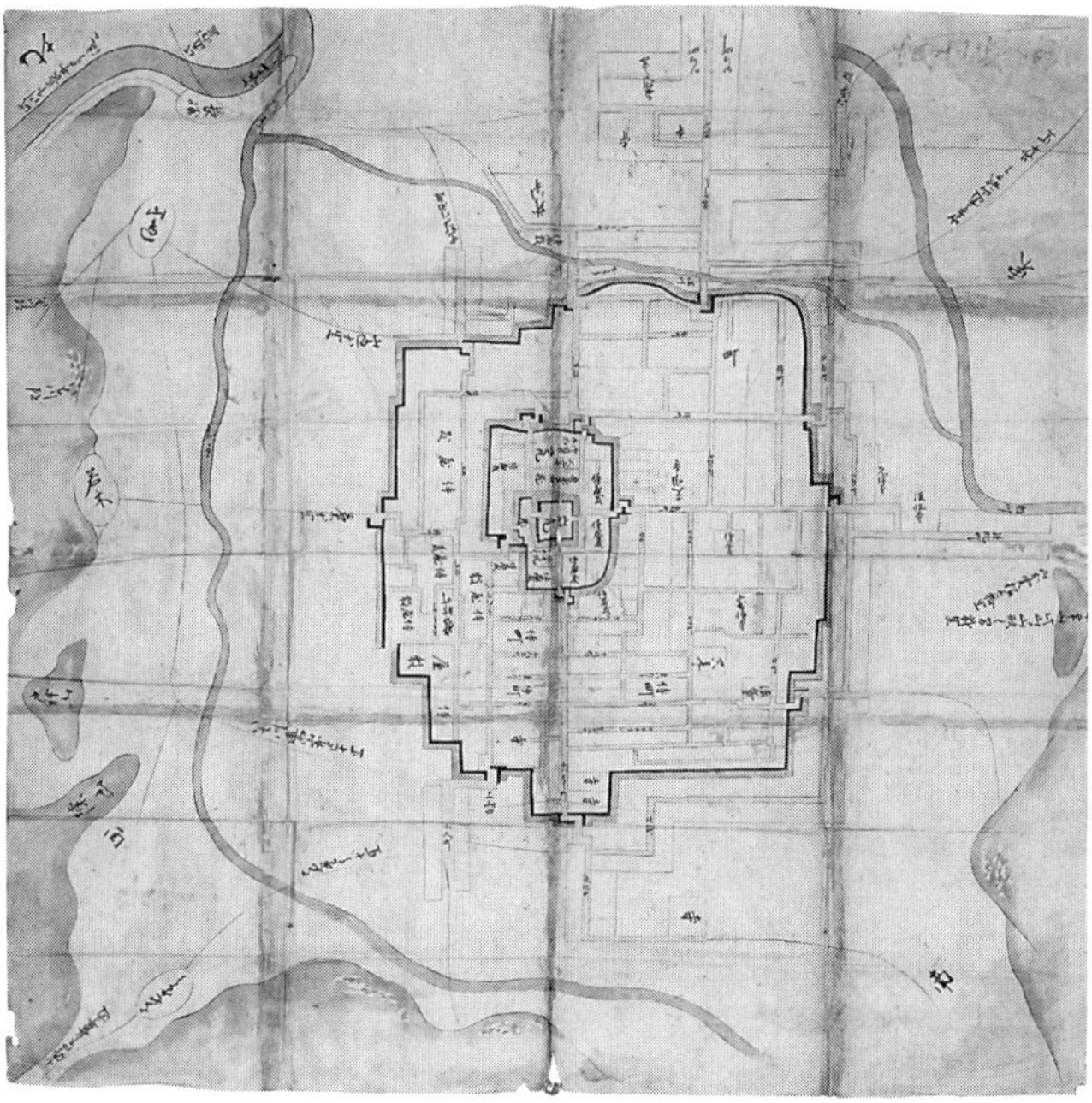

「最上山形之圖」（涌谷亘理家本，宮城県図書館所蔵，山形県立博物館提供）

い。郭外では、北に龍門寺・鉄砲町、両所宮《りようしよぐう》・寺・かち町・宮こうじ・鉄砲町が記され、東には伊賀町・光《こう》禅《ぜん》寺《じ》・法性（祥）寺・鉄砲町が記され、南には鉄砲町、上山口の外に小人《こびと》町が記されている。侍屋敷は見えるが、家臣たちの名前は記されていない。二の丸内には、「さんせい」が見えず、侍屋敷・御目付御宿・蔵・鷹屋・大工屋が見える。二の丸の外・三の丸内側には侍屋敷も見えるが、屋敷割りのない空き地が見える。

三の丸の各口から、「山寺道山形ヨリ弐十里」「山辺十里」「中野口川西通」「若木十里」「いも《（五百）》川通西山本迄十里」「はせたう《（長谷堂）》十里」「小瀧口下長井道」「千歳山此山ト山形之間弐里」「山本関根迄十里」と記され、山形城を中核にして盆地全体を把握し、各地との距離を確認するための絵図作成のようで、仙台伊達家から見た山形城をとらえているようである。秋元本・伊藤家本と同系統の絵図であろう。

三の丸の拡張

この義光期の山形城の特徴として、まず第一に、これらの諸本から三の丸の拡張が浮かび上がってくる。ただし横町口はまだなく、十日町口も「野山への道」と記載され、いまだ郭外に町場が形成されていない。この後に、三の丸内に入ってしまった道や町、寺社を外に出して、守春本に見えるような構造に造り替えていった。つまり本丸・二の丸・三の丸の城内は藩主と家臣たち、寺社が居住し、城外には町人・職人を配置するという、身分分け《みぶんわ》を実行したことになる。戦国期は〝たて〟方向に扇状地の段差を利用して領主と民衆の棲み分けを行なっていたが、近世に入ると土塁と堀を造成して〝よこ〟方向に身分分けをしたことになる。

伊藤家本の書き込みに「惣堀四方間合　三千三百二七間」と記されているところから、

三の丸が総構《そうがま》えだというとらえ方もあるが（齋藤仁「最上時代山形城絵図の再検討」〈前掲『最上氏と出羽の歴史』〉）、東側に拡張していこうとしているときに、それを抑制・限定するような計画はしないであろうし、関ヶ原合戦を経たこの時期、多少の社会不安があったにせよ、町場を囲む総構えをして防御性を特に高める必要性があっただろうか。

配置と拡張

本丸・二の丸と三の丸の配置を見ると、北・西が狭く、東・南が広く、特に南側が非常に広いことがわかる。これは北部を流れる馬見ヶ崎川（元は白川）があるために、北に拡張できなかったためであろう。西については、前述したように戦国期の山形城のありかたに深く関係するものととらえておく。

肴町の移転

第二の特徴としては、二の丸大手門から三の丸へ出た光明寺の門前に肴町があることである。守春本に見る肴町付近に肴町が移転する以前は、この場所で笹谷峠・二口峠を越えて運ばれてきた海鮮類の売買が行なわれていたことになる。また、小橋口と肴町口の間にある小路の名称が、内畠中・中畠中・外畠中とつけられていることは、本来は畠であった場所に屋敷割りが行なわれてこのような地名がついたことになろう。

発掘による発見

近年の発掘によって、この時期の構造の一部がかなり明らかになっている。まず、二〇一二年の発掘では、本丸南西隅の石積みの様子が一部見えた。次に、二〇一三年の発掘で、二の丸東南隅のカーブしたコーナーの一部が見えてきた。この時期の最も大きな特長である構造部分が発見されたのである。この年はちょうど義光没後四〇〇年にあたり、山形市教育委員会担当者の長年の努力が、この発見を生み出したといえる。

天守閣

ところで山形城本丸には天守閣がない。『羽源記』「諸仕城普請評定、山名一咋軒諫言《いちうんけん》之事」に、慶長十五年（一六一〇）のこととして、氏家・鮭延らの家臣が義光に、天守閣の造営をはじめ山形城の造築普請を進言し、義光も心を動かしたときに、軍師一咋軒の諫めによってそれを取りやめたことが記載されている。

近年、庄内藩大工棟梁小林家の文書（鶴岡市郷土資料館所蔵）のなかに、最上氏大工棟梁小沢若狭守光祐が集めたと見られる資料群が含まれていて、山形城天守閣の設計図ではないかと思われる図面も発見されている（高橋拓・吉田歓「庄内藩大工棟梁小林家文書（その八）」〈『米沢史学』二七、二〇一一年〉）。天守閣は五層からなり、最上層の破風《はふ》には最上氏の紋章である菊と桐紋《きりもん》が描かれ、丸瓦《まるがわら》には山形城跡から多く出土する丸瓦と同じ「山」という字が記されている（吉田歓「最上義光の大工頭小澤若狭守と天守閣図面」〈前掲『最上氏と出羽の歴史』〉）。天守閣造営の計画があったのかどうか、検討が要されるところである。

城下町の建設

次に城下町の建設・整備についてである。

最上氏は慶長五年（一六〇〇）以降、山形・大山（大浦）・鶴岡（大宝寺）・酒田（東禅寺・亀ヶ崎）・本城（本荘）において城下町の建設・整備を進める。山形は、『最上源五郎様御時代御家中並寺社方在町分限帳』によると、町数三一町、屋敷家数二三一九軒半（内、一八四一軒半御役屋敷、四七八軒無役屋敷）、町検断《まちけんだん》四一人、人数一万九七九六人（内、一万六〇五五人町人、三六四一人寺社方）、寺数七一ヵ寺、酒屋米高一万二三五八石（酒屋数一一四軒）とあり、城下の範囲を上町《うわまち》から銅（町ヵ）まで四八町一間、小荷駄町から銅丁まで四一町二間半とあって、南北の範囲が約四八町ということになる。

城下絵図の伊藤家本・秋元本には一二の町が記されていたが、この段階で町数は三一になっている。伊藤家本・秋元本の町数は、町数三一にいたる過渡的状況を示しているといえよう。町検断とは町役人で、町政にあたっていたのであろう。無役屋敷とは大工・鍛冶などの職人で、町役を免除されていた者であろう。

一方、亀ヶ崎城の城下町と湊町酒田とが結合し、最上山形藩の外港として酒田を整備して、慶長十九年、亀ヶ崎城主の志村《しむら》伊豆守光安《あきやす》死去後に町奉行を設置した。大町・小路・秋田町・新町・上小路・下小路・越中町などがあり、酒田湊に米市場が開かれ、米買商人によって積み出されていた。上方を含む遠隔地取引も盛んとなっていて、山形藩も「御船」を所有していた。また、藩は沖口銭《おきこうせん》・漁業役・塩役・諸町役などの役銭を徴収するとともに、保護も加えていた。

城下の寺社

また、先の絵図から山形城下の寺社の様子もうかがえる。絵図を見ていくと、三の丸内には、光明寺（初代兼頼建立、時宗）、行蔵院（修験）、宝幢寺（最上氏祈願寺、真言宗）、来吽坊〈院〉、仁王堂（正楽寺）、勝因寺（関東十刹、臨済宗）、常念寺（浄土宗）、新山〈寺〉（真言宗）、法祥寺（四代満家建立、曹洞宗）、龍門寺（六代義秋建立、曹洞宗）、来迎寺（浄土宗）、誓願寺（真言宗）、法花寺（のち浄光寺、日蓮宗）、観音寺、宗福院（天台宗）、六椹観音、行人〈月山寺カ〉、導場寺等が確認できる。東南の隅には「氏家衆の寺地」も見え、重臣氏家一族の菩提寺も配置されている。山形城および城下町が、諸寺社によって守護され、中世からの延長上にある姿が見えてくる。

この時期は、最上時代の近世山形城・城下町が基本的に完成したものの、これ以降も改修の手が入っていく。

三　義光と開発

1　最上氏の知行高と検地

領知高

元和八年（一六二二）八月に最上氏が改易されたときの領知高は、『徳川実記《とくがわじっき》』に「城地五十七万石を収公す」とあるので、幕府は五七万石と把握していたのであろうが、『部分御旧記』（永青文庫所蔵）に「最上知行ハ半納ニ〆六十万石之上御座候」とあるので、表高は六〇万石ほどであったろう。ただ『最上義光分限帳』の家臣知行高・蔵入高・寺社領などを合計すると、七〇万石ほどになるので、総生産高はさらにその上をいったものととらえられる。

知行高の把握

統一政権である豊臣秀吉や徳川家康から、石高表示の領知朱印状は与えられていないようである。慶長十八年（一六一三）十二月、徳川秀忠《ひでただ》が、最上義光の子家親《いえちか》が駿府在府の間、最上氏の役儀を三分の一免除しているので（『徳川実紀』）、指出《さしだし》によって最上氏の知行高を把握していたことはいうまでもなかろう。

それでは最上山形藩内ではどうか。慶長十三年（一六〇八）と十六年に、慈恩寺領内で検地が行なわれているが（『山形県史』資料編一四〈慈恩寺史料〉）、村山・最上地域の検地帳は残されていない。しかし庄内では、慶長十六年の検地帳、由利では慶長十七年の検地帳が残されている。

庄内の川南は大山城主下《しも》対馬守吉忠、庄内川北・由利は亀ヶ崎（酒田）城主志村《しむら》伊豆守光安《あきやす》・進藤但馬・日野備中らが担当し、指出検地が実施されている。記載の仕方は、田地は小字名・等級・束刈高《そくかりだか》・年貢高・名請人《なうけにん》さらに出目《でめ》束刈高・年貢高が記されている。畠地は小字・等級・年貢高・出目高・名請人が記されている。川南の検地では刈高一〇〇刈当たり米高六斗五升であるが、川北では九斗一升となっているし、出目高についても庄内と由利で刈高一〇〇刈当たりの米高が上田・中田・下田・下下田で異なっていて由利の方が高くなっている。

慶長十六・十七年に庄内・由利で一斉に検地が実施されたものの、その一部に違いが見られた。ただ、農民たちの負担が増えたため逃散《ちょうさん》が起こり、山形藩は検地のやり直しを行ない、高を下げて農民の還住《げんじゅう》を図ることとなった。この慶長検地によって、米高年貢制度が田地・畠地両方に導入され、名請人が確定して、年貢負担が明確となったことは注目される。

この慶長の検地をふまえて、義光は一斉に家臣に知行を宛行《あてが》い、寺社に土地を寄進している。その文書の多くが現存している（慶長十七年六月四日、長泉寺宛知行宛行状、長泉寺文書。慶長十七年六月四日、狩川八幡宮《かりかわはちまんぐう》宛寄進状、狩川八幡神社文書など）。

2 家臣団編成

家臣団

『最上義光分限帳《ぶげんちょう》』から最上氏の家臣団編成を見ると、家中《かちゅう》、無役衆、歩行小姓《かちこしょう》、御扶持《ふち》衆、鉄砲衆、槍衆、小人《こびと》衆、大工衆、それに寺社からなり、地方知行《じかたちぎょう》であった。

家中

家中は、旗本・家中・家中増侍から成り、軍役《ぐんやく》を負担する最上軍の主力部隊となっていて、総勢四五七人がいるが、そのうち一万石以上の家臣が一五人（坂氏を入れると一六人）もいた（表は分限帳の諸本を利用しているので、これより多くなっている）。表のうち、①本城（本庄）豊前守、⑤大山内膳正、⑨清水大蔵大輔、⑭楯岡甲斐守、⑱松根備前守、㉖山辺右衛門大夫、㊲上山兵部大夫は義光の子ないしは一族である。一万石未満でも小国《おぐに》・飯田・藤島・畑谷《はたや》・谷地《やち》・高擶《たかだま》・谷柏《やがしわ》・蔵増《くらぞう》・岩波・富並《とみなみ》・八ツ沼《やつぬま》・左沢《あてらざわ》・牛房野・若木・高館などに城将が配置され、領地を治めていた。

無役衆

無役衆は、知行地を与えられてはいるものの軍役が免除され、特別の職種に就いて最上氏に仕えている者で、鷹師・大工頭・鉄砲師、それに名前から推測するに医師・茶坊主たち、さらに「由利豊前宿分」「新関因幡宿分」「志村伊豆宿分」「下治右衛門宿分」が見える。これは由利本荘・藤島・酒田・大山の各城将を務める重臣で、この重臣の山形城下の宿を務める者を、無役にしていたのであろう。

歩行小姓・御扶持衆

歩行小姓は、最上氏に特別任務をもって仕える小身の者をさし、無役衆は組頭級で馬上を許されていたが、歩行小姓は馬上を許されていなかった。馬廻《うままわり》・馬乗《うまのり》・伯楽《はくらく》（馬医）・貝吹《かいふき》・質屋・日記付・鍛冶・銀細工・紺屋《こんや》（染屋）・伊賀衆などがいた。

御扶持衆は、特別の任務で抱えられている小者で、大工衆・壁師・厩・伊賀衆などがいる。

鉄砲衆・槍衆・小人衆

鉄砲衆は、一九隊から成り、「一、六百石　三十挺分　二百石　佐藤助右衛門」などとあるように、三八挺（人）組・三七挺（人）組・三〇挺（人）組・二六挺（人）組・二〇挺（人）組・一六挺（人）組から成っていて、一人二〇石の知行を与えられ、組頭は組総知行の三分の一をしめていた。

槍衆は、一六組から成り、鉄砲衆と同じく組ごとに知行が与えられ、組員は約六石ず

最上義光家臣団と配置（分限帳諸本・『山形県史』第２巻 p.76を参照して作成）

番号	城将名	城・館名（現在の市町村名）	知行高（石）
①	本城（本庄）豊前守満茂	由利（秋田県由利本荘市）	45,000
②	滝沢兵庫守	滝沢（秋田県由利本荘市）	10,000
③	志村伊豆守	酒田（酒田市）	30,000
④	新関因幡守久正	藤島（鶴岡市）	6,500
⑤	大山内膳正	大山（鶴岡市）	27,000
⑥	下対馬守	鶴岡（鶴岡市）	12,000
⑦	鮭延越前守	真室川（真室川町）	11,500
⑧	小国日向守	小国（最上町）	8,000
⑨	清水大蔵大輔義親	清水（大蔵村）	27,300
⑩	牛房野三七	牛房野（尾花沢市）	2,000
⑪	朝比奈隠岐守	大石田（大石田町）	2,000
⑫	延沢（野辺沢）遠江守	延沢（尾花沢市）	20,000
⑬	富並彦市郎	富並（村山市）	3,000
⑭	楯岡甲斐守光直	楯岡（村山市）	16,000
⑮	東根源右衛門（のち里見薩摩守）	東根（東根市）	12,000
⑯	小栗六右衛門	蟹沢（東根市）	1,000
⑰	斎藤伊予守	谷地（河北町）	4,000
⑱	松根備前守光広	白岩（寒河江市）	12,000
⑲	小国摂津守	蔵増（天童市）	3,000
⑳	氏家左近（のち氏家尾張守）	天童（天童市）	17,000
㉑	宮崎内蔵丞	高擶（天童市）	4,000
㉒	寒河江肥前守	寒河江（寒河江市）	27,000
㉓	長尾右衛門	左沢（大江町）	2,300
㉔	里見民部（のち中山玄蕃）	長崎（中山町）	17,000
㉕	和田越中守	※八ツ沼（朝日町）	2,800
㉖	山辺右衛門大夫義忠	山野辺（山辺町）	19,300
㉗	高館遠江	高館（高楯）（山辺町）	2,500
㉘	鈴木備後守	漆山（山形市）	500
㉙	江口五兵衛	畑谷（山辺町）	8,000
㉚	長谷河（川）長右衛門	青柳（山形市）	2,300
㉛	日野将監	岩波（山形市）	3,000
㉜	飯田伊賀守	飯田（山形市）	7,000
㉝	神保隠岐守	若木（山形市）	2,000
㉞	坂紀伊守	長谷堂（山形市）	13,000
㉟	氏家左近（のち安食大和守）	成沢（山形市）	18,000
㊱	谷柏相模守	谷柏（山形市）	4,000
㊲	上山兵部大夫義直	上山（上山市）	21,000

※八ツ沼城は芋川（五百川）城と同じだという指摘があるが特定できていない
※この表の城館すべてが最上氏時代を通じて存在したわけではない

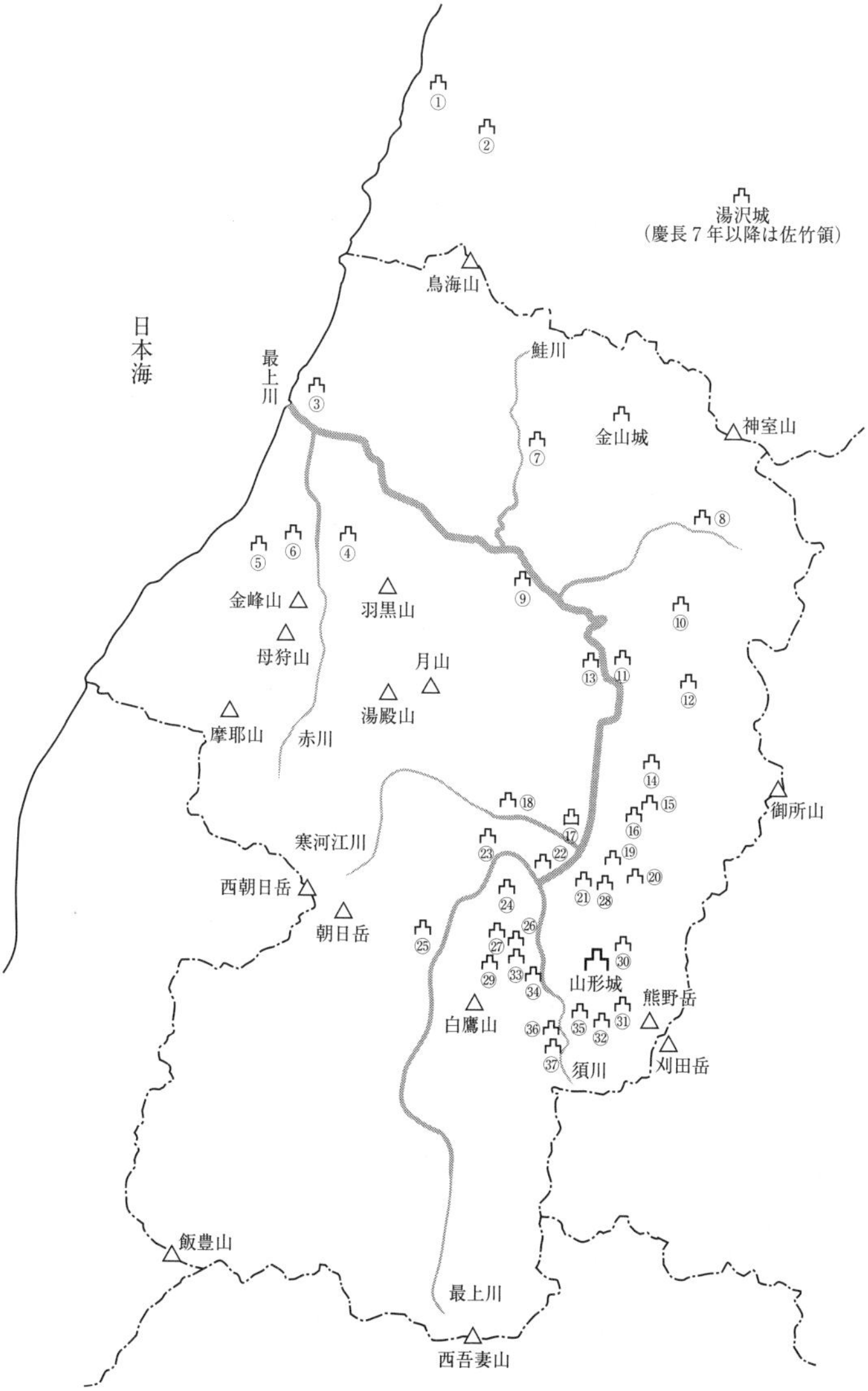

最上義光の家臣団配置図

つ与えられていた。

小人衆は、上町小人七八人・下町小人二六人・御扶持方取小人九五人の三組から成り、一人八石から八石五斗ずつ与えられていた。他に扶持《ふち》給与の鉄砲衆がいて、一〇組で総勢三〇六人がいて、一人当たり三ないし四人扶持であった。

以上、家臣総数は二五四一人であるが、この他に知行を与えられている寺社があった。寺社の総数は一〇九ヵ所、知行高一万二七八六石余で、最上氏初代の斯波《しば》兼頼《かねより》創建の光《こう》明寺《みょうじ》が一七六〇石で、一番石高が多い。

領内城地

さて『最上義光分限帳』には、「領内城地」として二五ヵ所が記載されている。これに、元和八年（一六二二）の最上氏改易時に接収された城館、されなかった城館の分布から、『山形県史』では、庄内では小規模城館を廃城にして鶴ケ岡（鶴岡）・亀ヶ崎（酒田）・大山の各城に収斂して一国一城制に通じる近世的政策が強行されたのに対して、村山・最上地域では中世的城館を温存して各領主たちを家臣に組み入れ、藩領支配の地域的拠点として残存することになった、と指摘する（『山形県史』二〈近世編上〉）。

清水氏の家臣構成

そこで、最上氏の「家中」で、知行高二万七三〇〇石を有する清水氏の家臣構成を、『清水城主大蔵家来分限帳』によって見てみる。清水氏は刈高《かりだか》制をとっていて、四〇苅一石で換算していくと、まず最初に馬上衆四七人で知行高五万五八三〇刈（一三九五石）～一〇〇〇刈（二五石）で、自立性が高い豪族層であろう。次に歩行小姓一〇人は各一〇〇〇刈（二五石）、その次に鉄砲衆一〇七人は千刈衆・七百刈衆・四百刈衆の三階層から成り、二五石～九石弱となる。次に槍衆九六人の総刈高は三万七五〇〇刈で平均で三九〇刈（九・七石）となり、次に鷹匠《たかじょう》一〇人は知行高二〇〇〇刈（五〇石）～五〇刈（一・二五石）、次に町衆一〇人は二四〇〇刈（六〇石）～三八〇刈（九・五石）で、城下や清水河岸で物資調達にあたっていた者であろう。

次の簗衆《やなしゆう》四人は最上川で簗を造って魚を捕っていた者であろうが、各五〇〇刈（一二・五石）の知行を与えられている。次の大工二三人は一〇〇〇刈（二五石）～二〇刈（〇・五石）、坊寺一六人は五〇〇〇刈（一二五石）～二〇〇刈（五石）、次の山形下屋敷衆一〇人は山形城内にあった清水氏下屋敷に務める者で、二五〇〇刈（六二・五石）～五〇〇刈（一二・五石）、最後の小人一八人は雑役に従う者で新庄・角沢《つのざわ》・古口などに分散し家臣統制に使われていたものか、三五〇〇刈（八七・五石）～四〇〇刈（一〇石）の知行を付与されている。このように各城将は、本藩最上氏から独立性の高い知行地支配を行なっていたようである。

自立的支配から統一的支配へ

このなかで山形藩最上氏は、知行替えによって、従来からの家臣と農民との支配従属関係を断ち切って最上氏の支配を強化した。また、新知行地・加増知行地に対して、上から年貢率を決めて、家臣たちの自立的支配をやめさせて統一的支配を実行していった。蔵入高は、『最上義光分限帳』によると、村山五万四七五五石(谷地三万二六〇〇石、溝辺一万石、左沢七八七五石)、庄内五万一七八一石(田川郡四三六一石、櫛引郡三万三五二〇石、川北一万三九〇〇石)計一〇万二〇〇〇石余があり、天正十二年(一五八四)に攻め取った寒河江《さがえ》領と白鳥《しろとり》領、上杉から攻め取った庄内に集中している。

知行宛行の変化

さらに前述した慶長検地によって、家臣の知行宛行も大きく変化していった。従来の本領安堵的知行宛行から、年貢率を定めて知行宛行を行ない、寺社領の年貢率も「半物成」(五〇%)と定率化し、知行制度も確立していった。

3 水田・水運・産業の開発

新田開発

最上義光の治世でまずあげるべきは、庄内の新田開発である。その第一に、青龍寺《しょうりゅうじ》川の開削がある。櫛引《くしびき》村熊出《くまいで》で赤《あか》川の水を疎水して五里余に及ぶ人口河川を造り、流域の水田を灌漑する工事で、工藤掃部が開削したと伝えられているが、山形藩の支援があったのであろう。

　第二に、赤川の右岸を灌漑する因幡堰《いなばぜき》と中川堰《なかがわぜき》である。因幡堰は、新関《にいぜき》因幡守正久が慶長十二年（一六〇七）に着手し、元禄年間（一六八八～一七〇四）に庄内藩によって完成をみたもので、開削者新関因幡守の名にちなんだ堰である。中川堰の方は、元和元年（一六一五）に同じく最上氏の家臣によって着工されたもので、水田三〇〇〇町歩・三〇余ヵ村を潤した。

北楯堰

　第三は北楯堰《きただて》で、狩川《かりかわ》城在番の北館《きただて》（北楯）兵部少輔の子である北館（北楯）大学の普請願いを受けて、義光が決断して慶長十七年三月に、立谷川から取水して新田開発を進めるために難工事に挑んだ。由利・岩屋《いわや》・亀ヶ崎・鶴岡・大山・櫛引蔵入合計一二万三七四七石に対して、人足六一八七人が由利・庄内に割り当てられ、昼夜兼行の大工事が行なわれ、四ヵ月で完成したという。

　義光も慶長十七年五月十八日、北館（北楯）氏の普請労苦をねぎらい（北館大学宛義光書状、北館文書）、大堰完成の祝意を伝えている（六月二十日、北館大学宛義光感状、狩川八幡《かりかわはちまん》神社文書）。これによって数千町歩の田地と数十の新田村ができた。この功績によって北館（北楯）大学利長《としなが》は、本知行三〇〇〇石に加えて三〇〇〇石が与えられた。大学の拠城であった楯山城跡には、現在は北館神社がある（庄内町狩川）。

最上川舟運

次に最上川舟運の整備を見てみる。

酒田と本城である山形を結ぶ流通路となったのが最上川舟運である。最上川は西吾妻《にしあづま》山《やま》を源流として、河口は酒田で日本海に流れ込み、約二四〇キロの長さを誇る。経済・文化の交流の面で流域社会の発展に大きな影響を与えてきた。最上川の舟運は、最初酒田と清水間が開かれ、ついで大石田まで川舟が登るようになったという。清水は、最上氏の一族清水氏が、清水城によって最上地域の支配を担っていた。

三難所の開削

願行寺（天童市）の第七世釈良順が元禄元年（一六八八）に作成した『願正御坊縁起《えんぎ》』によると、義光は他国から石切を雇って新たに川湊として大石田・中野船町の村立てを行ない、土生田《とちうだ》（村山市）を割り出し、そこから今宿村（大石田町）を経て大石田に通じる道を切り、天正九年（一五八一）頃には碁点《ごてん》・隼《はやぶさ》・三ケ瀬《みかのせ》の三難所（村山市）を開削したとあるが、実際は慶長十一年（一六〇六）、船町（山形市）から酒田へ船を下すために、斎藤伊予守が奉行となって三難所を開削した（船町の『阿部三右衛門旧記』）。また、義光は天正十五年（一五八七）二月、酒田の豪商粕屋源次郎に、年貢米を酒田へ下すにあたって、自分の所持船四艘も加え、川舟一〇艘を登らせることを命じている（『粕屋家記録』）。

さらに慶長六年（一六〇一）以降と思われるが、北館大学に対して義光が、大石田から清《きよ》川《かわ》へ船で下るので、亀ヶ崎（酒田）城主志村伊豆守光安・鶴ケ岡城主下次右衛門吉忠らに連絡するよう命じている（七月二日、最上義光書状、本間美術館所蔵文書）。山形から大石田までは羽州街道を行き、大石田から船で清川まで下り、清川から上陸して酒田まで陸行することが多かったという（横山昭男『最上川舟運と山形文化』東北出版局、二〇〇六年）。

清水氏滅亡と舟運の活性化

慶長十九年（一六一四）に清水氏が滅亡すると、清水で船継ぎをする必要がなくなり、酒田船は一気に大石田まで登ることとなり、以後、大石田河岸は最上川舟運の拠点となっていく。また、酒田には山形藩の蔵屋敷が設けられ、京都の商人で最上氏の呉服屋も務めていた島屋五郎右衛門が、蔵屋敷を担うとともに、沖口役銭徴収にもあたっていた（『酒田市史　改訂版』上、一九八七年）。島屋が京都に帰ってしまうと、酒田の町年寄三人が役銭徴収を行なったという。

商人の台頭

その後、元禄七年（一六九四）、米沢藩御用商人の西村久左衛門によって、黒滝《くろたき》（白鷹町）・五百川《いもがわ》峡谷（朝日町）の舟道《ふなみち》が開削され、最上川上流の舟運が開かれると、置賜《おきたま》と村山間の就航が可能となった。元禄末には、大石田河岸の川舟の数と酒田船の数がほぼ同数となった。輸送物資は下り荷物では、幕府代官領の城米、各大名領の廻米《かいまい》のほかに、米・紅花《べにばな》・青苧《あおそ》（イラクサ科の多年草木・カラムシの表皮から採れる繊維）などの商人荷物も多くなり、上り荷物では上方の塩・木綿・繰綿《くりわた》・古手《ふるて》などが増えてくる。ただ、清水は河岸として公認されていたので、新庄藩の外港としての役割を果たすとともに、庄内藩酒井氏の参勤交代のルートとして、御召船《おめしぶね》の発着地でもあって本陣が置かれていた。さらに出羽三山（羽黒山・月山・湯殿山）参詣のコースでもあったので、夏の峯に登拝する道者《どうじゃ》が船を待って賑わっていた。

陸路の整備に関しては、徳川幕府に対する軍役奉仕や、江戸参勤がなされていることから、街道や宿駅整備がなされていったと考えられるが、最上氏時代における状況はよくわからないのが現状である。

産業育成と紅花

産業の育成について、まず紅花から見ていく。天正七年（一五七九）八月二十八日の源（最上）義光願文《がんもん》では、義光が病気平癒を祈って湯殿権現《ゆどのごんげん》に願文を捧げ、斗帳《とちょう》・神馬とともに、紅花一貫二〇〇匁を奉納している（関根源治氏所蔵文書）。また、谷地の真宗門徒が、本願寺へ志納品として「花一きん　彦右衛門　花一きん　新介　同一きん　藤衛門ない」とあるように、紅花一斤ずつを納めている（年月不詳、本願寺教如請取状、安楽寺文書）。すでにこの地域では紅花が生産され、貴重品として扱われていたことがわかる。青苧・漆の生産も行なわれていたであろうが、この時期の実態についてはよくわからない。

金山開発と銀山開発

金山開発については、慶長三年（一五九八）に義光が豊臣秀吉に納めた金山の運上高調《うんじようだか》べによると、義光は一六三枚（一枚は一〇両に相当）八両余、上杉景勝《かげかつ》は庄内分として九七枚八両を納めている（『山形県史』第二巻）。このとき庄内は上杉領直江兼続《なおえかねつぐ》の支配下にあり、金山開発を積極的に行なっていた。最上領内では金山開発の実態はよくわからないが、延沢《のべさわ》銀山については、室町期に発見されて慶長年中に開坑され、延沢城主延沢氏に灰吹《はいふ》き銀が上納されていたという（『野辺沢御銀山大盛記』）。鳥居氏以降に銀山開発は盛んになっていく。

4 寺社政策

寺社の保護と統制

中世でも行なわれていたが、近世でも寺社の保護と統制を実行している。義光は慶長十五年（一六一〇）四月に慈恩寺本堂で、最上中の僧侶を集めて法華《ほけ》経《きよう》千部読経《せんぶどきよう》を行ない、大祈願をしている（寛永十二年四月八日、弥勒尊前堂建立願主覚）。

また、『羽源記』「諸山寺社領寄附之事」の記事によると、慶長十三年（一六〇八）の春に義光が諸侍を召して、これまで神仏の加護によって歴戦の勝利を得てきたことをふまえ、寺社を修理・造営し領地を与えたことによって、寺社堂塔甍《いらか》を並べ、僧侶・神官肩を並べ、寺社領が五万二〇〇〇石となった。これによって数年にわたった合戦で生じた亡魂も、悪念我執の雲が晴れて真如実相の室に至るであろう、と語ったという。

信仰の土台

『山形県史』第二巻ではこの記事を取り上げ、「晩年の義光には、政策としての寺社保護だけではなく、深い諦念《ていねん》からの信仰にもとづく保護も考慮にいれるべきであろう」と指摘している（『山形県史』二、九二〇・九二一頁）。

指摘のとおりと思うが、この信念は晩年になって突然生まれたわけではないであろう。宗教や信仰が生活さらに生産の場にも強い影響を与えている中世社会共通の性格と、さらに出羽三山や立石寺《りっしゃくじ》等の霊場が身近にあって、雪深い山形の人びとの信仰心を一層厚くする中世の出羽・山形という社会がその土台にあったことはいうまでもない。

本末制度と小触頭

近世になって本末《ほんまつ》制度が次第にととのっていくと、藩内の各宗派の中核寺院を通じて、幕命や藩命などを伝達する制度ができていく。その寺院を小触頭《こふれがしら》というが、天台宗では立石寺・柏山寺《はくさんじ》、真言宗では宝幢寺《ほうどうじ》（二五八頁参照）、曹洞宗では法祥寺《ほうしょうじ》・龍門寺《りゅうもんじ》・光禅寺《こうぜんじ》、浄土宗では常念寺《じょうねんじ》、浄土真宗では専称寺《せんしょうじ》、日蓮宗では浄光寺《じょうこうじ》、時宗では光明寺《こうみょうじ》、修験宗では行蔵院《ぎょうぞういん》（坊）などが知られている。

専称寺について見てみると、最上義光は慶長三年(一五九八)に、領内の浄土真宗の寺院が専称寺を通さずに直接本願寺から本尊・名号などを申し受けることの禁止、専称寺から門徒中へ命じたことに対して違背してはならないこと、などを定めている(慶長三年八月二日、最上義光掟書、専称寺文書)。

浄土真宗専称寺

慶長四年(一五九九)に後陽成《ごようぜい》天皇の宸筆《しんぴつ》・勅額《ちょくがく》を下され、出羽における浄土宗の触頭になっている義光山《ぎこうさん》常念寺に関して、義光は慶長四年八月二十七日、常念寺の旦那衆が同寺を捨てて新地の来迎寺《らいごうじ》へ移ろうとすることを厳しく制している(最上義光書状、常念寺文書)。これなどは触頭制の実例となろう。

浄土宗常念寺

一方、義光は領内の寺社へ制札《せいさつ》を出している。文禄三年(一五九四)五月には、光明寺総門前に三ヵ条の制札を立てさせて、「寺中狼藉禁断」「殺生人不入」「山林竹木不伐採」などを命じている(最上義光制札写、光明寺所蔵)。文禄四年十一月十八日にも、鳥海月山両所宮に三ヵ条の制札を下付し、「社内殺生禁断」「下馬」開門前の入場禁止を命じている(文禄四年乙未月十八日、最上義光制札、鳥海月山両所神社所蔵)。一般的なものではあるが、統制の一端を示しているといえよう。

制札

『最上義光分限帳』によると、「寺社領」は「百九ケ所」で、一万二七八六石五斗五升

寺社領

六合である。また『最上記』によると、元和八年（一六二二）の最上氏改易の際には、寺社総高は一万九一四二石八斗八升九合である（表参照）。地域ごとの寺社知行高では、村山地域が圧倒的に多く、最上氏の拠点である村山地域の寺社を厚く保護していることがわ

知行高100石以上の寺社

寺社名	寺社領高
慈恩寺	2,889石
光明寺	1,760
宝幢寺	1,370
羽黒領	1,336石0斗9升4合
立石寺	1,300
成就院	560
柏山寺	300
天神別当	280
来吽坊	260
行蔵院	250
法光院	240
八幡神主八郎	200
法性寺	200
鳥海領蕨岡杉浦別当	179石0斗4升4合
田川椙尾山領	170石5斗2升
大日山領	153石3斗1升2合
両所領	142石9斗4升
鶴岡長泉寺	142石5斗7升4合
湯川常安寺	138石8斗4升
井岡村観音領	127石8斗9升2合
金峯領	126石1斗3升4合
八幡領	110石4斗6升8合

『山形県史』第2巻 p. 921の表129に修正を加えた.

地域別寺社知行高（元和8年）

地域	寺社数	高
村山	117寺　62社　山伏22坊	13,923石1斗5升
最上	16寺　2社	642石
庄内	23寺　21社	4,595石7斗3升9合

『山形県史』第2巻 p. 921から作成.

かる。

時宗光明寺

光明寺は遍照《へんじょう》山と称し、最上初代の斯波兼頼《しばかねより》が時宗に帰依《きえ》して其阿《ごあ》と号し、永和元年（一三七五）に山形城内に建立した寺院であるが、義光は文禄三年（一五九四）正月、同寺住持に在家を安堵し、七月には「一遍上人絵巻」十巻を寄進している（文禄三年正月二十八日、最上義光書状。一遍上人絵巻奥書、光明寺文書）。

義光山常念寺の扁額（山形市三日町）

禅門への帰依

しかし、最上一族は時宗のみに帰依《きえ》していたわけではない。戦国期には、多くは禅宗に帰依していた。特に曹洞宗《そうとうしゅう》大本山総持寺《そうじじ》の直末《じきまつ》で大徹派（大徹宗令《だいてつそうれい》）の拠点でもある大石田黒滝（大石田町）の向川寺《こうせんじ》との関係が深く、同寺の住職を迎えて禅寺を建立している。四代満家は法祥寺（山形市）・禅会寺《ぜんえいじ》（東根市長瀞）、六代義秋は龍門寺（山形市）、義光は慶長寺《けいちょうじ》（のちに光《こう》禅寺《ぜんじ》となる、山形市）をそれぞれ創建している。

藩全域にわたる寄進

寺社への寄進行為は枚挙にいとまがないので省略するとして、修理・造営だけを列挙しておく。慈恩

慈恩寺本堂（寒河江市大字慈恩寺）

慈恩寺三重塔

寺三重塔（慶長十三年）、鶴岡金峰山《きんぼうざん》本社（慶長十年）、金峰山釈迦堂（慶長十三年）、羽黒山本社（慶長十一年）、羽黒山五重塔（慶長十三年）、荒沢寺御影堂（慶長十四年）、荒沢北ノ院釈迦堂（慶長十四年）、鶴岡の日枝神社（慶長十六年）などをあげることができる（各寺社棟札）。義光による寄進・安堵・修理造営行為は、当然のことではあるが、藩内全域にわたっている。

また、義光の兄弟である義久（光直）は、慶長十三年十月に、義光の寿命長遠・文武久興を願って、立石寺《りつしやくじ》根本中堂に鰐口《わにぐち》を寄進している（同鰐口銘）。

第八　文人としての義光と心象の世界

一　文化的素養

1　連歌・和歌・茶の湯・能狂言

出羽の戦国大名・近世大名として領国経営を進めるためには、中央政界の動向や全国的流通経済を見通し、かつ、それらの中核的人物と接触して深い関係を結び、情報を入手することが求められた。その一環として、義光は伝統文化に親しみ、京畿《けいき》の文化活動にも参加していた。

連歌

特に連歌《れんが》の席に連なり、義光が一座した連歌は現在三十余巻を数え、当時の大名諸侯の中では、細川幽斎《ほそかわゆうさい》（藤孝）を例外とすれば、数においても質においても最高レベルの連歌作家といえる。一座した人びとには、師の里村紹巴《さとむらじょうは》をはじめ、日野輝資《ひのてるすけ》・飛鳥井《あすかい》雅庸《まさつね》・勧修寺光豊《かじゅうじみつとよ》・久我敦通《こがあつみち》・聖護院道澄《しょうごいんどうちょう》・木食応其《もくじきおうご》・小西行長・黒田官兵衛孝高《よしたか》（如水）・山中長俊《やまなかながとし》・前田玄以《まえだげんい》・灰屋承由《はいやじょうゆう》（紹由）など、公家・武家・僧侶・豪商など多彩にして豪華なメンバーである（最上義光歴史館『最上義光連歌集』第一・二・三集、二〇〇二〜二〇〇四年）。

文禄二年（一五九三）二月十二日連歌巻「何人百韻《ひゃくいん》」では、発句《ほっく》義光、脇句《わきく》氏家守棟《もりむね》、第三句紹巴である。これは肥前名護屋《なごや》に在陣していた義光に、在京連歌師たちから依頼があって、自作発句と家臣の氏家守棟の脇句を添えて京都に届けたのである。使者は家臣の江口光清《あききよ》で、光清はそのまま連歌に同席して、句を詠んだらしい。この頃すでに京都文人から連歌の達者《たっしゃ》として認められていた（片桐繁雄氏のご教示による）。

『源氏物語』への造詣

義光は里村紹巴の指導を受け、文禄五年（一五九六）には連歌に関連する知見・確認事項・疑問・用語解説などを著した『連歌新式』を著述している（最上義光歴史館『最上義光注里村紹巴加筆連歌新式』二〇〇九年）。義光の連歌には『源氏物語』が色濃く反映していて、義光の源氏理解の深さは相当なレベルなものだったとされている（名子喜久雄「最上義光の文芸活動―その古典摂取を中心に―」〈『人文論究』六八、一九九九年〉）。源氏・伊勢・古今・新古今など、古典に精通していた。

一族・家臣らと連歌

連歌の席には、一族の本城満茂《みつしげ》、長男の義康《よしやす》、家臣の氏家守棟・江口光清・堀喜吽《ほりきうん》らが同席している。義光のみならず、家族・一族や家臣たちの文化レベルの高さを示している。江口と堀は、いずれも慶長五年（一六〇〇）の長谷堂合戦の際に討ち死にした。

さらに義光は、一華堂乗阿《いっかどうじょうあ》を師と仰ぎ、山形の光明寺《こうみょうじ》に招請して学んでいる。乗阿から義光が「太守」と呼ばれていたことは前述した。乗阿は古典研究者・歌人・連歌宗匠として名をなしていた。乗阿の紀行文『最上下向道記《もがみげこうみちのき》』によると（最上義光歴史館、二〇〇七年）、慶長八年五月十二日に京都を発って日本海沿いに酒田を経由し、最上川を遡って山形に至る。義光自ら迎えに出て、乗阿はいたく感銘している。当時七十三歳。山形には三年ほど滞在して、慶長十年に京都へ戻る。この間、光明寺住職としての責を負いつつ、最上一門や家来衆と連歌会を催し、和歌を詠む。また、越前一乗谷《いちじょうだに》の連歌宗匠山本宗佐を山形に招聘し、家臣たちの指導にあたらせた。本城城主の本城豊前守満茂、酒田城主志村伊豆守光安《あきやす》、東根《ひがしね》城主里見薩摩守景佐《かげより》なども連歌に親しんだ（〈年不詳〉七月二十七日、里見景佐宛里見昌琢書状、里見家文書。〈年不詳〉壬十月一日、高橋雅楽助宛里見景佐書状、同。『東根市史』通史篇　上巻、一九九五年）。

義光の和歌については、懐紙《かいし》・短冊《たんざく》として伝来するのが二首、軍記物語に取り上げられたものが九首あり、その他に宝幢寺《ほうどうじ》住職尊海上人に宛てて二首の古歌を連ねて消息を出したものが知られている。いずれも古典をふまえて詠まれた雅趣あふれる歌であり、筆跡もすばらしいものである。

芸能・文化への造詣

義光は、能・茶の湯・蹴鞠《けまり》などの芸能・文化も身につけていたと思われる〈小林清治「戦国期南奥の武士と芸能」〈前掲『中世南奥の地域権力と社会』〉〉。この教養の高さは、一代で身につけたのではなく、最上氏の文化的継承性と蓄積を考えねばなるまい。

山形城三の丸跡の発掘が行なわれ〈山形市双葉町遺跡、城南町遺跡〉、井戸跡・土坑・溝跡から、中国産〈景徳鎮《けいとくちん》〉磁器・肥前系陶磁器・瀬戸美濃系陶器・かわらけ・金箔瓦《きんぱくがわら》などの遺物が見つかっているが、なかでも黒織部《くろおりべ》茶碗や鼠志野《ねずみしの》大皿が出土している〈『山形市埋蔵文化財調査報告書』第一七・二四・二五集、二〇〇四～二〇〇六年〉。このことから家臣たちの生活のなかに、茶の湯が浸透していたことがうかがわれる。

2　書・美術・陶芸・刀剣

書

義光の自筆書状は比較的多く残っているので、その書を見てみる。年号が明確で、戦国期・豊臣期・江戸期、年齢などを考慮して取り上げてみると、

・立石寺《りっしゃくじ》文書、永禄十三年（一五七〇）正月吉日、義光願文（花押）、二十五歳
・光明寺《こうみょうじ》文書、文禄三年（一五九四）正月二十八日、光明寺住職宛義光書状（折紙、花押）、四十九歳
・慈光明院所蔵文書、（慶長十八年〈一六一三〉）卯月二十六日、林光和尚宛義光書状（小黒印）、六十八歳

などが代表的自筆文書である。いずれも軽快に筆を走らせた癖のない筆跡。人情味あふれる義光の人間性が書に表れている。

また美術品では、義光が文禄三年七月七日に光明寺へ寄進した「一遍上人絵巻」十巻（かつては光明寺所蔵であったが、現在は奈良文化財研究所所蔵）がある。絵師は、土佐派大和絵の手法を活かした画人として著名な狩野宗秀《かのうそうしゅう》（元信の孫、永徳の弟）で、その芸術性が高く評価されている。なお、この絵巻は、最上氏改易後、寛永八年（一六三一）に孫の義俊《よしとし》（家信《いえのぶ》）が再寄進している。

山形城内で使用されたと思われる襖絵《ふすまえ》には、狩野玄也《かのうげんや》筆「紙本著色　四季花鳥図　六曲一双本仕立屏風」・「金下地　武蔵野図　六曲一双本仕立屏風」がある。玄也の出自はよくわからないが、絵は狩野派の特徴がよく表れているとされる。

義光が菩提寺光禅寺《こうぜんじ》に寄進した「紙本金地著色　葡萄棚図　六曲半双本仕立屏風」は、棚作りの葡萄《ぶどう》が題材となっていて、葡萄が武道に通じるところから武家に好まれた。明治二十七年（一八九四）の大火で光禅寺も全焼したため、右隻は焼失してしまったという（山形美術館『山形市内の指定文化財による屏風絵名作展』二〇〇六年）。「老松図《ろうしょうず》」（襖仕立四枚、紙本墨画彩色、狩野派の絵師による）も城内にあったものとされている。これらの作品は、義光が上洛のつど調達したと考えられる。城中御殿にあったとされる杉板戸《いたど》絵（五羽の鍋鶴、狩野派の絵師による）も残されている。

さらに大崎氏内乱の際には勝間田《かつまた》氏に虎の絵を贈り、「客来之時節」でもあるので虎の絵を掛けて鑑賞してもらいたいと申し送っている。自信の絵だったのだろう（〈天正十六年〉七月二日、勝間田馬亮宛義光書状、室岡氏所蔵文書）。義光の手元には有名な絵師の絵が多数集められていたものと思われる。

陶芸品では、専称寺に奉納された「砧青磁筍節花瓶《きぬたせいじたけのぶしかびん》」（南宋製）も、義光によって山形へ招来されたと思われる。

刀剣類

刀剣類に関しては、最上家伝来の宝刀鬼切丸《おにきりまる》（伯耆安綱作）・無銘伝長船《おさふね》光忠太刀・大《だい》黒正宗《こくまさむね》（相州正宗在銘短刀）・大垣《おおがき》正宗（無銘刀）・韮山則重《にらやまのりしげ》（越中則重短刀）・古備前正恒《こびぜんまさつね》太刀・

来国俊《らいくにとし》短刀・長船長光《おさふねながみつ》短刀・畠田守家《はただもりいえ》太刀などがあげられる（『最上義光歴史館収蔵品図録』）。大黒正宗は『最上家譜』に「慶長六丑四月上洛、神君江御目見」「即正宗御刀拝領仕候」とあるように慶長五年（一六〇〇）の〝北の関ヶ原〟合戦の比類なき功によって徳川家康から下賜されたものである。正宗は鎌倉末期に活躍した鎌倉の刀工で、その刀は織田信長・豊臣秀吉・徳川家康らによって珍重された。したがって、拝領した正宗は、義光に対する家康からの最大級の返礼と見てよい（布施幸一「慶長出羽合戦の褒賞としての名刀正宗」〈『歴史館だより』一六、二〇〇九年〉）。

このように義光に関するものを見ていくと、その審美眼の確かさ、特に絵画を見る目がしっかりしている。洗練された資質がうかがわれる。

高い文化的素養

このレベルの高い文化的素養がどのようにして身についていったのか。永禄六年（一五六三）、父義守と義光は入洛して将軍足利義輝に馬を献上した。そのときに将軍とその周辺、公家や文化人らと多くの人的関係も築き、その後も文化交流も重ねていったに違いない。さらには豊臣政権の下で、新たな武家の序列化がなされ、領地の再分配を受けると、家門の由来を示す必要が生まれ、家名・系図、武家としての武具・甲冑、古い家柄を示すものとしての蔵書（漢籍・和書）などが利用されたといわれる。清和源氏斯波《しば》家、羽州探《うしゅうたん》題《だい》家としての家柄に加えて、これらの収集や集成を行っていくなかで、高い文化的素養も身についていったのであろう。

二　心象の世界

天正十八年（一五九〇）の奥羽仕置《しおき》の際、義光は四十五歳であった。社会は近世への胎動を示しつつあるものの、彼が中世人であったことは明らかである。天台宗・真言宗など平安時代以来の伝統的な顕教・密教（これを顕密仏教という）や、室町幕府の保護を受けた臨済宗の五山派、それに武士層の保護を受けて地方に広く展開した曹洞宗といった禅宗などの仏教の世界と、そしていまだ「神道」として独立する以前の神祇信仰との融合のなかで、つまり神仏習合・本地垂迹《ほんちすいじゃく》の宗教世界のなかで日々暮らしていたのである。

それでは、義光は病気平癒や戦勝祈願などを行なうときに、どのような信仰に依っていたのだろうか。宗教の様相をはじめ、この問題については、誉田慶恩氏が『奥羽の驍将』のなかで「最上家の悲劇と社寺の保護」という章を設けて著述している。さらに『山形県史』第一巻・第二巻や『山形市史』上巻・中巻等でも関説されているが、私なりに義光の心象を探ってみたい（伊藤清郎「最上義光と宗教」〈『国史談話会雑誌』四三、二〇〇二年〉）。

1　立願と起請文の世界

立願

まず、義光の願文《がんもん》について考えたい。なお、奥羽の起請文と神々については、かつて述べたことがある（前掲『霊山と信仰の世界』）。

A　永禄十三年（一五七〇）正月吉日　最上義光願文（立石寺《りっしゃくじ》文書、口絵参照）

B　天正七年（一五七九）八月二十八日　最上義光願文（関根源治氏所蔵文書）

C　慶長五年（一六〇〇）九月二十一日　最上義光願文（工藤文書）

Aは家督相続をめぐって父義守との対立が深まりつつあった際に、立石寺へ本懐を遂げたあかつきには同寺に天台宗以外の他宗の者が居住することを認めさせないと誓った願文、Bは湯殿権現へ煩気を取り除くため立願したものである。Cは長谷堂合戦の際に、八鍬《やくわ》・美之輪《みのわ》（箕輪）・檜皮《ひわだ》（日和田）三ヵ村（いずれも寒河江市）の寄進を受けて、慈恩寺本尊弥勒菩薩に法主と寺司二人が連名で義光・義康父子の弓矢勝利《ゆみやしょうり》の立願をしたものである（義光の意を受けているので、義光願文という文書名になったものと考えられる）。

湯殿権現への信仰

また、義光の立願については、最上領国内でも有力寺院である立石寺や慈恩寺、それに出羽三山の一つ湯殿権現への強い信仰が見られる。湯殿山との関係でいえば、慶長五年の関ヶ原の戦いの際には、誓願寺《せいがんじ》（山形市）の上人が、徳川家康の戦勝を祈って湯殿山に四八日間山籠を行ない、さらに八日町の町人一〇八人が最上軍の勝利を祈って湯殿山へ参拝している（〈慶長五年〉七月五日、下美作書状。〈慶長六年〉六月二日、下美作書状、誓願寺文書）。

八日町と特権

義光は勝利の後、八日町に三山参詣宿の特権を与えたので、その後、八日町は大いに繁盛し、行者宿《ぎょうじゃ》も二十数軒となり、湯殿山参詣の行者目当ての店も軒を連ね、六・七月は奥州・関東からの道者《どうじゃ》（行者）で、どの宿も満員の盛況であったという。明和初年頃に著述された『風流松の木枕』には、そのように記されている（『山形市史資料』六四、一九八二年）。

起請文

次に義光の起請文《きしようもん》について考えてみたい。

起請文の文書様式は前書《まえがき》と神文《しんもん》から成り、前書には約束の内容が記され、神文には誓いを立てる神仏の名称が記されている。もし約束を破ると、神仏の冥罰《みようばつ》・仏罰《ぶつばつ》を毛穴《けあな》ごとに蒙り、業病《ごうびよう》に罹患し（特に皮膚病）、属する共同体や生活空間から排除され、周縁にある宿《しゆく》などに追いやられて長吏《ちようり》の下で物乞いなどして生活をせざるをえなくなり、遠からず死を迎えることになると考えられていた。秋田実季《あきたさねすえ》が上洛するにあたって家臣

触穢思想

重層的体系

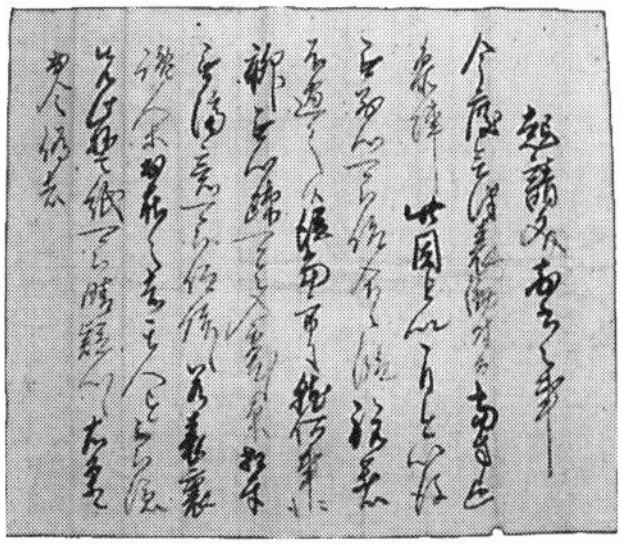
（前書）

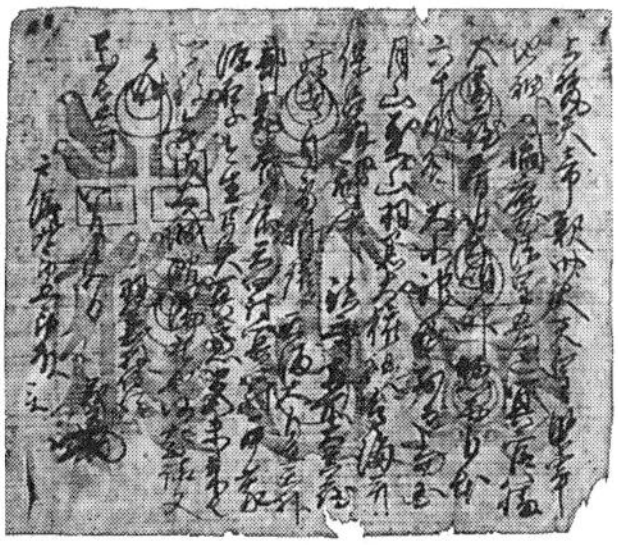
（神文）

慶長５年８月20日，最上義光血判起請文〈戸沢文書〉
（新庄ふるさと歴史センター所蔵）

長谷堂（出羽）合戦の際，孤立した最上氏の状況を挽回すべく，角館の戸沢氏に対して二心無く相互に上杉氏にあたることを義光が誓った起請文．139頁参照．

たちが結束を誓い合った文禄三年（一五九四）十月二十三日、湊英季《みなとひですえ》他四名起請文案写（後掲）に「御罰を蒙り、今生《こんじょう》においては、白癩《びゃくらい》黒癩の持病を請け、来世に至っては、無間奈落に堕罪して浮世なく、神罰明罸（ママ）を四拾弐の節々に、罷り蒙るべき者なり」と記されている世界そのものである。

背景には、強烈な触穢《しょくえ》思想が存在している。起請文はきわめて中世的な文書様式であり、十二世紀頃に成立して十六世紀末、十七世紀初頭には歴史的終焉を迎える。それ以降は、形骸化していくのである。

義光の起請文の代表的なものは、慶長五年（一六〇〇）八月二十日の最上義光起請文（戸沢文書）である。これは、長谷堂合戦の際に、角館《かくのだて》の領主戸沢氏に対して二心無く上杉氏にあたることを誓ったものである。この起請文からは、梵天《ぼんてん》・帝釈《たいしゃく》・四大天皇《しだいてんのう》（王）などの「密教的仏神」↓八幡大菩薩・春日大明神などの「日本全国」に広がる神々↓月山・葉山・羽黒・鳥海などの「出羽国」に広がる神々↓両所大菩薩《りょうしょだいぼさつ》などの「最上郡」中の鎮守神↓最上氏を擁護する「殊に天満自在天神」という重層的体系が、義光の頭の中にできていたことがうかがえる。

そこに触穢思想が深く関わっている。「月山・葉山・羽黒それに両所の宮」が神文に登場しているのは、在地的・山形的である。起請文の料紙《りょうし》には、熊野護符、熊野三山（本宮・新宮・那智）のうち、新宮の牛玉宝印《ごおうほういん》が使用されている。護符をもたらしたのは熊野先達《せんだつ》や熊野比丘尼《びくに》であり、義光と熊野先達・比丘尼との関係がうかがわれる（『牛玉宝印―祈りと誓いの呪符―』町田市立博物館、一九九一年）。

起請文の効力

なお、この起請文と関連して、長谷堂合戦に一度動員された「衆中」、すなわち北奥羽諸大名が戦況を見ておのおの「居城」へ引き上げようとした際に、最上領の境にあった番所を通過するときに番将に「二心」無きことを誓った「霊社起請文《れいしゃきしょうもん》」を提出している。『最上家伝覚書』によると、南部信濃守利直《としなお》・戸沢《とざわ》九郎五郎政盛《まさもり》・赤尾津孫次郎・六郷《ろくごう》兵庫頭政乗《まさのり》・本堂源七茂親《しげちか》・滝沢刑部・丹加保《にかほ》（仁賀保）兵庫挙誠《きよしげ》・内越孫太郎・秋田藤太郎実季・岩屋右兵衛たちであった（千々和到「霊社上巻起請文」〈『國學院大學日本文化研究所紀要』八八、二〇〇一年〉）。この段階では、まだ起請文は効力を有している。

義光の頭のなかにある神々の体系は、周辺の同時代の戦国大名・領主たちが記した起請文と比較して、ほぼ共通のものである。天正十七年（一五八九）十二月二十七日付の伊達政宗起請文（浅川家文書）、天正十九年正月二十日付の葛西晴信起請文（加瀬谷氏所蔵文書）、前述の文禄三年（一五九四）十月二十三日付の湊英季外四名起請文案写（秋田藩家蔵文書）などからも、それが理解される。

起請文が形骸化の兆候を示しながらも、戦国最末期から近世初頭（豊臣期・江戸初期）にもまだ機能をしている様相が見てとれよう。さらに義光の精神構造のなかには、神仏習合に基づいた神々の体系が存在していることも理解されよう。

2　武具と経典

義光の行動に、神仏習合・本地垂迹《ほんじすいじやく》体系がどのような影響を与えているのか、関連するモノからも読みとれる。

脇差

最上義光歴史館収蔵の脇差《わきざし》は、寸法長さ五〇チセン・幅四チセン・反り一・四チセンで、白鞘《しらさや》に収

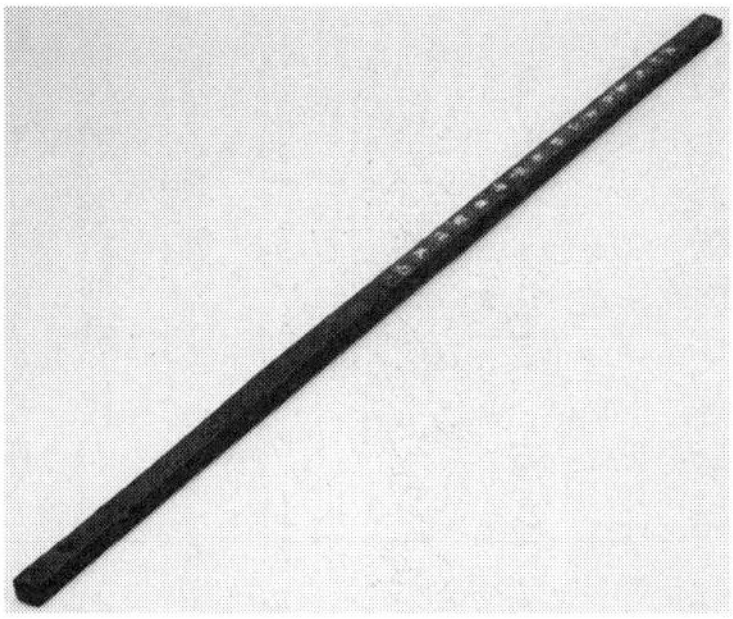

義光の鉄製指揮棒（最上義光歴史館所蔵）

められている。銘は「（表）備前国住長船祐定作」「（裏）天文六年八月日」とある。白鞘にも鞘書きがあり、「備前長船作、最上出羽守依頼富士山ニ大護摩修業之折護摩刀として得之云々」と記されている。備前長船《びぜんおさふね》祐定《すけさだ》によって天文六年（一五三七）に作成された脇差が、最上出羽守義光が檀那となって富士山（富士権現）で行なわれた修験道の柴燈護摩《さいとうごま》を修する際、乳木《ちぎ》を切るのに用いられた、と解釈できよう。

戦国大名と修験道との密接な関係は、今川氏・武田氏・上杉氏などの例からも、従来から指摘されていることである。ただこの場合、富士山信仰と最上氏との関係が明らかになったことは注目される。しかもこの脇差は、元は京都伏見荘の鎮守御《ご》香宮神社《こうのみやじんじゃ》に奉納されていたということなので、義光と伏見の関係も追究せねばならないであろう。

また、長谷堂合戦を描いた「長谷堂合戦図屏風」には、鎧兜を着け、長い鉄棒を振り回し、背中に赤い母衣《ほろ》を身につけて獅子奮迅の活躍をする義光の姿が描かれている（一五三頁参照）。そのとき着用した義光の兜は最上義光歴史館に所蔵されていて、兜には三《さん》鈷《こ》がついている（口絵参照）。三鈷はインドの武器で、密教で煩悩をうち砕く意を表すものである。鉄製指揮棒には、「清和天皇末葉山形出羽守有髪僧義光」と陰刻されている。長さ八七センチ・幅二センチ・高さ一・五センチ・重さ一・七五キロのものである。仏教・密教の加護を求めていることは明らかであろう。

尊海上人

ここで義光の信頼の厚かった宝幢《ほうどう》寺《じ》尊海《そんかい》上人に少しふれておく。父栄林（義守《よしもり》）と義光が対立していた天正二年（一五七四）七月七日に義光の使者として米沢の伊達《だて》輝宗《てるむね》の元に遣わされたり（『伊達輝宗日記』）、天正十二年の天童氏を中心とする最上八楯との合戦においても戦勝祈願をして（天童城の守護神喜太郎稲荷との呪術合戦という伝説を生んだ）、勝利後には天童城の頂上に勝軍地蔵を祀る愛宕神社を勧請《かんじょう》してその別当に補任《ぶにん》されるなど、義光に重用されている。

法華経信仰・伊勢信仰

愛知県南知多町圓増寺所蔵の「紺紙金字法華経」一〜八巻の銘文に、文禄五年（一五九六）正月三日付で宝幢寺法印尊海が、「羽州山形殿千宝子丸」の「長寿福」を祈願していることが記載されている。また「羽州山形孫三郎」の「千秋万歳」も祈願されている。この「紺紙金字法華経」は、建長四年（一二五二）に製作されて京都周辺の寺社に奉納された後、

宝幢寺跡（現もみじ公園，山形市東原町）
延文元年（1356）に最上氏初代の斯波兼頼が山形に入部した時に祈願所となり，以降，歴代当主の保護を受けた．

一〇〇年以上を経て外部に流出して、箱も失ったが、尾張国海東郡松葉荘南明山報恩禅寺がそれを修復し、外箱も新調して伊勢内宮に奉納した。そして文禄五年に伊勢内宮周辺で修復・祈願が行われ、伊勢湾を隔てた知多半島の圓増寺に移されたのではないかとされている（鳥居和之・橋村愛子「圓増寺所蔵『紺紙金字法華経』について」〈『名古屋市博物館研究紀要』三四、二〇一一年〉、片桐繁雄氏の教示による）。

なお、祈願された「千宝子丸」や「山形孫三郎」は、誰なのか。山形殿は義光以外考えられないので、すでに元服している義康・家親以外の義光の子どもか、あるいは「羽州山形殿代々千宝子丸」という記載もあることから、代々の最上宗家の子どもたちという意味でもあろうか。いずれにしても、義光の指示の下に祈願・修復が行なわれたのであろうから、法華経信仰、伊勢信仰と最上氏との関係を示すものである。

時代と思惟構造

このように、義光の思惟構造は、典型的な中世人の特質を有しているといえよう。ただし、既述の（天正十七年）三月一日付のお東宛最上義光書状に、「五度十度の神名血判も、ちゝに成り申し候浮世にて候」と記されているところから、中世的意識も薄れてきている状況をしっかり認識している様子もうかがわれる。中世から近世への移行期・転換期に生きる人間の心情が吐露されているともいえよう。

3 城郭と神仏

山城と聖地

最上氏の領国支配と本城―支城のネットワークなどを考えると、山城を築いた場所には、霊場、庶民信仰の場が多いことに気づかされる（前掲『中世の城と祈り』）。

例えば、山形城のほぼ南に位置する成沢城を見てみると、館山と呼ばれるところに山城が築かれているが、ここには磨崖板碑《まがいいたび》や五輪塔《ごりんとう》があり、かつ山頂には八幡宮が本来祀られていた。そこに山城を築いたのである。しかも、宿町を抱え込んだ宿城《しゅくじろ》であり、結界となる宿尻《しゅくじり》には白山神社、一方の町外れの道場山には千手観音が勧請《かんじょう》されている。

山形城の南西に位置する長谷堂城では、城山の東端には最上三十三観音札所の一つ長谷堂観音があり、ここに後から山城を築城したのである。他にも聖地を取り込む例としては、高楯城（上山市）・天童城（天童市）・小山家城《こやんべ》（天童市）・延沢城（尾花沢市）など、多数見うけられる。

要素としての寺院

また、寺院そのものを城郭の構成要素の一つに据えたものとしては、生石延命寺《おいしえんめいじ》（酒田市）・岩波石行寺《いわなみしやくぎようじ》（山形市）などがあげられよう。

これらは心の支配ともいえるし、神仏を勧請し、その加護によって守るとも考えられる。このような最上氏領国内で見られる事実は、他の領国でも普通に見られることではあろう（中澤克昭『中世の武力と城郭』吉川弘文館、一九九九年）。

民衆の掌握

このような山城の築城は、たんに地理的条件が一致したというだけではなかろう。神仏習合の社会のなかにあって、権力や暴力によってだけでなく、呪術性による防衛能力を増大させることや、民衆を「心の世界」から掌握するという点で大きな効力があったに違いなかろう。

これは中世後期だけに限定された事柄ではない。すでに京都を典型にして（伊藤喜良『中世王権の成立』青木書店、一九九五年）、多賀城を中核とする陸奥国の府中《ふちゆう》が四方鎮守《しほうちんじゆ》によって守護され、同じく地方都市平泉が四方に祀られた鎮守（日吉・白山・北野天神・新熊野《いまくまの》・

祇園神社）によって守護されていた例から、中世成立期・前期から存在していた事柄であることが理解されよう（斉藤利男『平泉―よみがえる中世都市―』岩波書店、一九九二年）。

戦国武将にとっていかに呪術が大切であり（前掲、小和田哲男『呪術と占星の戦国史』）、戦国大名最上氏にとっても呪術がいかに重要であったかは先述したとおりである。

社会変化への対応

天文十五年（一五四六）に名門羽州管領・羽州探題家の嫡子として生まれた義光（幼名白寿、通称は源五郎）は、十三歳で元服し、将軍義輝《よしてる》の偏諱《へんき》を賜り、義光と名乗る。教養は高く深く、京都・大坂・肥前名護屋《なごや》・江戸等に赴くなど視野は広く、一族との相克や周辺の国人領主・戦国大名との紛争・合戦にも勝ち抜き、強靱な精神力・強烈な指導力を兼ね備えていた。戦国時代から江戸時代初期に至る激動の時代を生き、勝ち抜いていったのである。その眼孔は本質を見抜き、時代の大きな変化にも対応していった。

中世的精神構造

しかしながら、彼は山形人であり、中世人でもあることは疑うべくもない。大航海時代を迎えて、彼の思惟と心象に風穴があけられ、キリスト教や鉄砲それに南蛮人《なんばんじん》・紅毛人《こうもうじん》が現れているとはいうものの、やはり中世的世界観、神仏習合に代表されるような中世的精神のなかにあったのであり、またそのなかで義光は行動した。激動の社会変化にうまく対応したとはいえ、依って立つ精神構造からは、そう簡単に脱却できたわけではなかろう。中世末期の戦国時代に生を受け、中世的英知を身につけ、時代に対応しながら、近世の初めの豊臣期・江戸初期を駆け抜けていったのである。

包摂しきれない民衆の心

ただし、義光のような領主的思惟構造を有している者に対して、庶民層がまったく同じような構造を有していたとは思われない。顕密・禅等とその主導による神仏習合を担う正統的宗教の下でも、それに包摂しきれない民衆の心があり、異端的な宗教を抱いて領主に対抗する武器としていることも忘れてはなるまい（誉田慶信『中世奥羽の民衆と宗教』吉川弘文館、二〇〇〇年）。

第九　晩年の義光と最上氏改易

一　妻と子どもたち

大崎御前

最上義光の正妻は、大崎氏十一代である義直《よしなお》の娘である。大崎御前《おおさきごぜん》と呼ばれ、長男義康《よしやす》（『最上氏系図』〈『寛政重修諸家譜』〉には「母は某氏」とある）・次男家親《いえちか》（『最上源代々過去帖』では、慶長三年十二月十四日に死去した法名高月院殿妙慶禅定尼を家親の実母としている）、それに竹姫・松尾姫（『最上氏系図』には「母は某氏」とある）・駒姫《こまひめ》（『最上氏系図』には「母は某氏」とある）を産む。（天正十八年）八月十二日付の浅野長政宛豊臣秀吉朱印状（浅野家文書）に「山形出羽守幷伊達妻子早京都へ差上候」と見える「山形出羽守妻子」や、（天正十八年）八月十日付の伊達政宗宛和久宗是《わくそうぜ》書状（伊達家文書）に「尚以《なおもって》最上妻子をハ山形殿御自身御同道にて、昨九日に被上申《のぼられもうし》候」と見える「最上妻子」は、大崎御前と義康ら子どもたちであろう。

彼女は文禄四年（一五九五）に死没した。娘の駒姫が豊臣秀次事件で斬首された一四日目にある八月十六日のことである（『最上源代々過去帖』）。先にもふれたが、娘のあとを追った可能性は高い。法号は月窓妙桂大禅尼という。次男の家親は藩主になると、山形の常念寺（浄土宗、義康の菩提寺）の三世であった岌讃専阿《きゅうさんせんあ》を開山として不動山正覚寺《ふどうさんしょうがくじ》（寒河江市）を建立し、母の菩提を弔った。同寺には大崎御前を弔ったとされる二メートル余りの五輪塔がある。専称寺に絹本著色義光夫人像がある。

天童夫人

義光は側室に、天童氏（頼貞《よりさだ》）の息女や、清水氏の息女も迎えている。天童夫人は天正十年（一五八二）に三男義親《よしちか》を産んで死去したとされる（「清水興源院過去帳」）。法名は花清官公大禅定尼という。「宝幢寺本最上家系図」（宝幢寺本）の系図では、義康・家親の母を天童頼貞の娘としている。

清水御前

清水城主清水義久の娘は、清水御前《しみずごぜん》と呼ばれていた（清水大蔵系図、小屋家文書）。年不詳正月十七日付の書状は清水御前のものと伝えられていて、源五郎（最上家信《いえのぶ》のことか）の山形帰国のことなどにふれている（村山市高宮宏平氏所蔵文書）。

次に義光の子どもたちについて見てみよう。

長男・義康

長男は義康で、白鳥《しろとり》十郎長久《ながひさ》の息女を妻に迎えた。「第三―三　白鳥氏との戦い」でふれたように寒河江《さがえ》大江氏の娘婿ともされる（『寒河江市史』上巻）。修理大夫《しゅりだいぶ》に補任《ぶにん》されて

専　称　寺（山形市緑町）

いる。連歌にも通じていたようで、父義光とともに連歌の席に同席しており、慶長二年（一五九七）正月の「最上義康連歌懐紙」が残されている（村山市高宮宏平氏所蔵文書）。慶長六年に義光が眼病を患って体調が悪かった時期には、庄内酒田（東禅寺）城の制圧をめぐって活躍した下《しも》氏や西馬音内《にしもない》氏らに、義康が軍功の労を賞している（〈慶長六年〉四月二十七日、下勘七郎宛書状、越後下文書。〈慶長六年〉五月二十日、西馬音内氏宛義康書状写、秋田藩家蔵文書など）。義光がもつ権限の一部を代行していたのであろうか。「康」の一字を家臣に与えたという指摘もある（胡偉権「最上義康について」〈『山形史学研究』四三・四四合併号、二〇一四年〉）。

しかし、家督相続をめぐる抗争は熾烈で、慶長八年（一六〇三）八月に、長男義康は暗殺されてしまう（胡氏は『藤田丹波働の覚』を根拠に、義康暗殺を慶長七年七月のこととする）。時に二十九歳であった。義光は義康を供養するために、山形の義光山常念寺を菩提寺とし、鶴岡にも常念寺を建立した。重臣たちを巻き込んだ父子相克が背景にあり、このことが後の最上氏改易の遠因となった。

次男・家親

次男は家親で（三男説もある）、天正十年（一五八二）に生まれ、義光没後、最上十二代当主となる。文禄三年（一五九四）十三歳で徳川家康の御前にて元服し、「家」の偏諱《へんき》を与えられ、駿河守・侍従に補任されている。慶長元年（一五九六）には江戸城に出仕して家康に仕える。慶長五年の〝北の関ヶ原〟合戦における上杉攻めの際、徳川秀忠にともなって宇都宮に詰め、真田攻めにも供をしている。慶長九年八月八日の竹千代《たけちよ》（後の家光）の三七夜のお祝いの席にも着座し（『慶長見聞録案紙』）、秀忠の征夷大将軍宣下《せんげ》にあたり、慶長十年四月九日には侍従に補任され、昇殿を許されている（『言経卿記』）。慶長十五年、琉球国王《りゅうきゅうこくおう》が来朝した際には、奏者役を務めている。また慶長十六年九月十九日に家親は駿府の家康に大鷹を献じている（『駿府記』）。このように家親は、将軍の側近として活躍している。慶長元年十二月には、七十三歳の里村紹巴《さとむらじょうは》から『三部抄』を贈られており、和歌にも精通していた（同奥書）。元和《げんな》三年（一六一七）三月に山形城中で急死したため（享年三十六）、子の家信（義俊）が後を継ぐが、御家騒動により改易され、近江大森藩一万石で入封することになる。光禅寺《こうぜんじ》に葬られ、法名は盛光院殿安景長公という。

三男・義親

義光の三男は義親《よしちか》（光氏、氏満、満氏とも）で、母は『最上氏系図』に「母は某氏」とあるが、「清水興源院過去帳」によると、天童夫人（天童頼貞の娘）となっている。義光は次男家親を徳川家康の元に送って近仕させたが、義親の方は豊臣秀頼《ひでより》に奉仕させた。その後に義親は清水城主となり、清水大蔵大夫《しみずおおくらだいふ》とも称した。慶長十九年（一六一四）十月に死去、時に三十三歳であった。法名は大林院殿檀翁梅（称）公という。義光死後に生じた内紛によって、後を継いだ兄家親に攻められ、自刃した（「清水大蔵系図」）。

四男・義忠

四男の義忠《よしただ》（光茂とも）は、母は『最上氏系図』に「母は某氏」とある。山野辺《やまのべ》城主で山辺《やまのべ》右衛門大夫と称したが、若くして藩主となった最上家信（義俊）と対立し、改易事件の当事者となる。法名は良原院殿前監門貞誉松屋道慶公という。山寺立石寺《りつしやくじ》の中性院の向かいに「義光公霊屋《たまや》」があるが、義光と殉死した四人の家臣、家親、義忠とその息子義堅《よしかた》・義致らの位牌一〇柱が納められている。これまでは位牌から、義忠が、義光の位牌を守り、その意志を継ぐのは自分であることを示すために建てたとされてきた。しかし、永井康雄氏は建築学とC14による科学的分析結果をふまえ、霊屋は十二代家親が建て、最上氏が改易されたあとに、水戸の徳川家に召し抱えられた義忠が、義光の三十三回忌あたりに修造したと指摘した（永井康雄「立石寺の最上義光霊屋について」〈『村山民俗学会』例会報告、二〇一四年五月十八日〉）。

五男義直

五男は義直《よしなお》（光広とも）で、『最上氏系図』には「母は某氏」とある。上山《かみのやま》城主となり上山兵部大夫（少輔）と称す。法名は義広院殿逸将閑（宋）公という。

六男光隆

六男は光隆《あきたか》で、母は『最上氏系図』に「母は某氏」とある。大山《おおやま》城主となり、大山内膳正と称す。

竹　姫

女子については系図によって長幼が異なる（巻末系図は『寛永諸家系図伝』他の記載順による）が、『最上家譜』によると、長女は氏家尾張守光氏《あきうじ》妻となる。長女の母は『最上氏系図』に「母は某氏」とある。竹姫《たけひめ》といったという。

松尾姫

次女は松尾姫《まつおひめ》といい、延沢《のべさわ》（野辺沢）能登守満延の嫡子又五郎（遠江守光昌）と婚姻した。朝鮮出兵に動員されて肥前名護屋に在陣していた文禄二年（一五九三）に、五月十八日付で家臣の伊良子信濃守宛に出した最上義光書状（伊達家文書）には、「一、のへさハ（延沢）家内おのおの（各々）けんこ（堅固）のよし、ふみ（文）み（見）申候て、満足申候て、いつかいつかくた（下）り申候て、又五郎ふうふ（夫婦）のものみ（見）申度《たく》候」とあって、「又五郎と松尾姫夫婦は手紙で元気であることを知って満足はしている。いつかは国元に帰って夫婦に会ってみたいものだ」と書いている。このとき、義光は四十八歳、娘夫婦はまだ十代だったようで、父親として嫁いだ娘を心配する心情があふれている。『最上家譜』『最上氏系図』によれば、松尾姫が「家臣野辺沢能登守妻」とされているが、『延沢軍記』(『尾花沢市史資料』九、一九八五年)や前掲義光書状から満延の子又五郎の妻ととらえた方が妥当である。

駒姫、伊満

三女は駒姫《こまひめ》、伊満《いま》という。文禄四年(一五九五)五月、豊臣秀次《ひでつぐ》に嫁ぐが、「秀次事件」に連座し同年八月二日、三条河原で斬罪、時に十五歳であった。このとき義光と大崎御前も聚楽第に監禁されるが、のち解放された。菩提寺は、浄土真宗専称寺(山形市)と浄土宗瑞泉寺《ずいせんじ》(京都市中京区木屋町通三条下ル石屋町)である。瑞泉寺の墓地は、秀次の墓を正面にして両側に一族妻子と殉死した家臣ら合わせて四九名の墓が並ぶ(一一八頁参照)。

禧久姫

さらに四女もいたようで、阿波の蜂須賀《はちすか》家に預けとなった東根《ひがしね》(里見)家に伝わる天保五年(一八三四)九月二十三日に作成された「東根源右衛門家成立書並系図共」(『東根市史編集資料』八〈その二〉一九八〇年)には、阿波東根家初代となる親宜の項に「妻最上出羽守義光殿女」と記され、二代親春の項には「母最上出羽守義光殿女」とあり、禧久姫《きくひめ》といったという。

二　長男義康との父子相克

慶長八年三月（一六〇三）、徳川家康が征夷大将軍に任じられるにあたり上洛した際、義光も供奉《ぐぶ》している（『東照宮将軍宣下之記』慶長八年三月二十五日条。『言経卿記』慶長八年四月四日条）。

義康暗殺

帰国後ほどなく、義光の長男義康《よしやす》の殺害事件が起こる。義光は五十八歳であった。少年時代から徳川家康に仕え、将軍秀忠にも信頼の厚い次男の家親《いえちか》を、家康が義光の跡継ぎにふさわしいといったという話も伝えられているが、定かではない。

『寛永諸家系図伝』に「義光と不和にして殺さる」、『最上家譜』に「為讒人父子間中絶、慶長八卯八ノ十六誤テ被害」、『最上氏系図』（『寛政重修諸家譜』）に「父義光に讒する者ありて、其間善からず、慶長八年八月十六日害せらる」、「最上家系図」（宝幢寺本）に「慶長八癸卯年八月十六日於松原里卒」、『最上・天童・東根《ひがしね》氏系譜』に「慶長八年八月十六日松原の里に於て、父義光の臣戸肥半左衛門に銃殺せらる」と記されている。

父子の戦い

慶長八年、反主流派の家臣たちが、義光の隠居と義康の擁立を図ったため、その対抗措置として、義光は義康に、高野山に入って出家し、父母の菩提を弔うように命じた。

義康がわずかな供を連れて山形城をあとにし、月山道《がっさんどう》を越えて庄内松原（丸岡という説もある。いずれも鶴岡市）というところにさしかかったとき、最上家臣といっても大山城主下《しも》氏の家臣戸井（戸肥）半左衛門らが鉄砲を撃ちかけ、その場で絶命した。時に義康二十九歳であった。義康は山形の浄土宗常念寺に葬られ、法名は常念寺殿補天白六介公（補天錦公）という。後に鶴岡にも常念寺が建立され、義康の菩提寺とした。さらに義康暗殺の場所とされる丸岡《まるおか》常楽院に阿弥陀三尊仏を祀り、菩提を弔っている（慶長十二年師走、

常　念　寺（山形市緑町）

最上義康供養塔（常念寺内）

旧常楽院弥陀三尊厨子銘)。

めぐる父子相克

義光はかつて、父義守《よしもり》の後継をめぐって父子相克を経験したが、今度は自分の後継をめぐって父子相克をつくりだし、しかも長男の殺害という事態に至ってしまった。この事件の翌九月に愛宕神社(天童市)の修造が行なわれ、宝幢寺《ほうどうじ》(山形市)住職宥雄が棟札《むなふだ》を納めているが、そこに「奉為御大檀越出羽守義光君臣《くんしん》和合《わごう》」と記され、義康殺害によって亀裂の生じた藩内に、義光を中心とした君臣和合がいかに大切かを感じ取り、結束を願う最上家祈願寺住職の心情が表れている(愛宕神社棟札)。

家親の家督相続

これで次男の家親が義光の後を継ぐこととなった。時に家親二十三歳であった。家親は、藩内では義康の後をついで直轄地である旧大江氏領を領知したようで、預置状・安堵状・宛行状・普請免許状などを発給している(慶長八年八月十一日、最上家親普請免許状、五十嵐義一氏所蔵文書。慶長八年十二月十九日、最上家親預置状、工藤文書。慶長九年極月九日、最上家親安堵状、白田文書など)。また、家臣に「親」の一字を与える一字宛行状も発給しており(慶長十六年正月十一日、最上家親一字宛行状、田川八幡神社文書など)、次期家督としての行為を、家督相続以前から行なっていた(鈴木勲「最上(寒河江)家親文書に関する一考察—新しい三通の文書を中心に—」〈『西村山の歴史と文化』Ⅳ、二〇〇二年〉)。

三　義光の逝去

江戸へ

義康暗殺事件後の義光の動向はどうであったろうか。

慶長九年（一六〇四）には、松前《まつまえ》氏が将軍に鷹を献上するにあたり、そのルートにあたる諸大名に便宜を図るように命じる奉書《ほうしょ》が出されているが（四月十日、青山成重等五名連署奉書、松前文書）、そのなかに「最上出羽守殿」が見える。また、この年も義光は江戸に登っていたようである（〈慶長九年〉閏八（月脱カ）二日、北館《きただて》大学宛最上義光書状、最上川土地改良区所蔵）。慶長十年四月に秀忠《ひでただ》が征夷大将軍に任じられて上洛した際にも義光は供をしており、『慶長十年御参内行列記』慶長十年四月二十九日条「八番　塗輿之衆」のなかに、上杉《うえすぎ》景勝《かげかつ》・伊達《だて》政宗《まさむね》らと並んで「最上侍従出羽守義光」が見える。

義光と家康

慶長十二年、奥羽などの大名は江戸城普請を命じられ、六十二歳の最上義光は伊達・上杉・佐竹氏らとともに堀普請を課せられた（〈慶長十二年〉二月二十八日、本城満茂《みつしげ》書状、秋田藩家蔵文書。『当代記』〈『史籍雑纂』二所収〉）。同年、家康の隠居所である駿府《すんぷ》城が完成したときにも駿府に赴いている（『最上家譜』）。その後、義光六十六歳の慶長十六年（一六一一）三月に、従四位上、左近衛少将（『最上・天童・東根氏系譜』は権少将とする）に叙任された。早速、鶴岡の日枝（山王）神社の修造、鰐口《わにぐち》・鉄鉢の寄進に「少将出羽守義光」を名乗っている（日枝神社鰐口銘、鉄鉢銘、棟札、鶴岡市日枝神社）。また、五月一日に北館大学に出した書状の追書に「京都ニて存《ぞんじ》もよらぬ我等くらい（位）の事、御所様よりおほせ出され、くわふん（過分）忝《かたじけ》なき事、かたかたまてまんそく（満足）候よし、尤《もっとも》に候」と記し、家康からの推挙によるもので過分の栄誉である、と喜んでいる義光がいる（北館文書）。

一方、同年春三月の江戸城普請や（『伊達政宗記録事蹟考記』慶長十六年四月六日・二十日両条）、同三月に禁裏《きんり》修造役も義光に課せられている（『禁裏御普請帳』）。また同年八月に義光は駿府の家康に「菱喰《ひしくい》」（カモ科の大形の水鳥、渡り鳥）を献じ、家康はその鳥を禁裏に献上している（『駿府記』慶長十六年八月二十二日条）。

江戸屋敷

ところで、義光はしばしば江戸に出仕しているが、最上家の屋敷はどこにあったのか。小野末三氏によれば、『慶長江戸絵図』から慶長九年頃には江戸城大橋（大手門）から出たすぐの川中島少将（松平忠輝《ただてる》）屋敷の道を挟んだ向かいにあったと指摘する（小野末三「関東に於ける最上義光の動向について（前編）（後編）」〈『山形県地域史研究』二六・二七、二〇〇一・二〇〇二年〉）。

眼病

さて義光は以前から眼病を患っていた。（慶長六年）六月二十日付の下《しも》勘七郎宛義光書状に「眼病故判形《はんぎょう》に及ばず候」とあって、花押を書けないくらいの疾患だったようである（下次右衛門文書）。慶長五年の〝北の関ヶ原〟合戦による心労が一層疾患を悪化させたのであろう。その後の体調についてはよくわからないが、左近衛少将に叙任されて以降から義光は体調を崩し、病に伏す状態が続いたようである（『徳川実記』）。北館大学宛の慶長十七年と思われる五月十八日の義光書状には、堰普請工事を激励する文中に「此時分気相も能《よく》候ハハ、罷下《まかりくだり》見申《みもうし》候者、皆々も悦、我々もなくさミ《（慰み）》ニ成候ハん物をと、呉々残多候」と記し（北館文書）、体調が良ければ、現場に行き激励すれば工事関係者も喜び、こちらも嬉しいのにはなはだ残念だと、口惜しい気持ちを表している。

体調の悪化

慶長十八年に入ると一層体調は悪化したようで、正月三日の駿府家康への拝賀は使者が出向き（『駿府記』慶長十八年正月三日条）、江戸の秀忠にも参賀したようで二月十三日付の最上少将（義光）宛の秀忠感状が出されている。

再び江戸・駿府へ

ところが四月に、義光は自ら山形を発って、十八日には江戸に到着して将軍秀忠に謁見し、さらに駿府に向かって江戸を立ち、四月二十六日には「加の川」（神奈川）まで行っている（林光和尚宛最上義光書状、慈光明院所蔵文書）。義光は書状のなかで体調が少々回復しているのは葉山大円院別当林光和尚が祈禱してくれたお蔭だと感謝を述べている。しかし駿府には使者が立てられたようで、銀子・蠟燭《ろうそく》・鶴などの贈り物が贈呈されたのに対して、最上少将（義光）宛に五月二十五日付の家康礼状が出されている。その後帰国したようで、護摩堂の僧が、豆腐・牛《ご》蒡《ぼう》・大根・茗荷《みょうが》・昆布など体によい食材を贈ってきたのに対して、礼状を書いている（慶長十八年七月二十五日、最上義光書状、山形大学文書）。八月に白岩（松根）備前守光広は、熊野那智神社に義光の病気平癒を祈願している（慶長十八年八月二十日、白岩光広書状、熊野夫須美神社文書）。

宝幢寺伝来の「天下呑分《のみわけ》ノ杯」
（山形県立博物館所蔵）

家康の気づかい

そのようなか、九月に再び義光は病をおして駿府の家康に参上し、謁見する。家康は本多正純《ほんだまさずみ》を途中まで出迎えさせ、玄関まで輿に乗ることを許し、自ら薬などを下賜した。最上氏の祈願寺宝幢寺の宝物を記載した『大和錦襥紀《やまときんとうき》』には、この時に家康から義光が拝領した九品のうち三品を、同寺住職祐雄（尊雄カ）が受領したことが見える。その三品とは家康着用の陣羽織《じんばおり》、御杯、二俣竹杖で、御杯について「一、同御杯　是ハ天下《てんか》

呑分《のみわけ》ノ杯ト称ス　但《ただし》上ノ字ノ処ハ神君　下ノ字ノ処ハ義光呑ム処ナリ」と記している。この木杯は内面が朱塗り、外面が黒漆が塗られ、外面には葵紋と桐紋が描かれ、高台《こうだい》内面にも葵紋が描かれている。内面には茶色がかった黒の漆で上・下の二文字が書かれている。つまり上の字の処から家康が呑み、下の字の処から義光が呑んだということになる。この「天下呑分ノ杯」は家康と義光両者の親密さを今に伝える逸品である。

義光の死

その後、義光は江戸城にも参上して秀忠にも対面し、数々の贈り物を頂戴した。さらに秀忠は、家親が江戸に在勤している間は、永年の国役三分の一を免除すると命じたので、いたく感謝しながら山形に帰った（『徳川実紀』）。十月の頃である。その気力たるや、驚くばかりである。しかし帰国した翌年慶長十九年（一六一四）正月十八日に、ついに義光は波乱に満ちた六九年の生涯を閉じた。

五言絶句と和歌

最近、金沢市の笠嶋剛氏から、「最上駿河辞世幷詠歌」という五言絶句《ごごんぜっく》と和歌を書いた文書が紹介された。その内容は、

五言絶句は、

一生居敬全　　一生居するに、敬を全うし
今日命帰天　　今日、命、天に帰す

六十余霜事　　　　　　　六十余霜の事
対花拍手眠　　　　　　　花に対して手を拍《う》ちて眠らん

和歌は、

有りといひ　無しと教へて　久堅の　月白妙の　雪清きかな

というものである。最上駿河守といえば、家親のことであるが、彼は元和三年（一六一七）に三十六歳で死去しているので、「六十余霜事」には適合しない。むしろ六十九歳で死去した父義光にふさわしく、内容からも義光の作とすれば合致するとされる（片桐繁雄『最上義光公没後四百年　その生涯と事蹟』最上義光歴史館、二〇一四年）。動乱のなかを生き抜き人生を全うして、今はただ清らかな心境であることを吐露している。

死去の報

秋田藩佐竹氏の重臣梅津政景《うめづまさかげ》が、江戸に登る途中の楯岡《たておか》（村山市）で、山形藩主最上義光死去の報にふれる。『梅津政景日記』に「出羽守様御死去之様子、館岡宿にて承届候、十八日に御死去被成《なされ》候と、在々まで昨日ふれまハり候由」と記され（正月二十四日条）、村々まで死去の報がまわった。

葬儀

二月六日に菩提寺の慶長寺（後に光禅寺《こうぜんじ》と寺号が変わった）で葬儀が執り行なわれた。法号は慶長寺（後に光禅寺）殿玉山白公大居士。葬儀が終わった夕刻に、家臣四人が殉死を遂げる。寒河江肥前守・寒河江十兵衛・長岡但馬守・山家河内守の四人である。現在、義光の墓は光禅寺（山形市鉄砲町）にあり、殉死した四人の墓碑がその前に並んで立っている。高野山奥の院参道に、家親が慶長十九年正月十八日付で建てた義光の供養五輪塔がある。

義光公霊屋

立石寺《りっしゃくじ》奥院の近くの中性院の向かいには、覆堂をともなう「義光公霊屋《たまや》」がある。御霊屋内には義光と殉死者四人、家親、四男義忠とその息子長男義堅《よしかた》・次男義致らの位牌一〇柱が納められている。村山民俗学会や永井康雄氏らの調査によって、建築の時期は、義光が亡くなってから早い時期で、当初極楽院境内地（『出羽国風土略記』）にあったのが、後に中性院向いに移築されたと考えられる（野口一雄「最上義光霊屋の移築年代について」〈『村山民俗学会会報』二六四、二〇一三年〉、永井康雄「山寺立石寺の最上義光霊屋について」〈『日本建築学会東北支部研究報告集計画系』七八、二〇一五年〉）。

当初の建築者を、義光四男の義忠《よしただ》とするか、十二代家親が造立し、最上氏改易後に水戸の徳川家に召し抱えられていた義忠によって修造されたとするか、議論が分かれてはいるものの、前述したように、義光四男の義忠が、最上氏の正統を継ぐのは自分であることを後世に知らしむために、造立あるいは修造に関わった可能性は高い。

最上義光の墓（光禅寺内）

光　禅　寺（山形市鉄砲町）

殉死した4家臣の墓（光禅寺内）

左から，寒河江十兵衛（活翁快吉居士）・寒河江肥前守（真庭是正居士）・山家河内守（即永了心居士）・長岡但馬守（賞通義忠居士）の墓．

義光の霊屋（立石寺敷地内）

四　最上氏改易

1　十二代家親

十二代家親

義光の死去によって、十二代最上宗家《そうけ》を継いだのは次男の家親《いえちか》である。慶長十九年（一六一四）の義光の死後、幕府の許可を得て（『慶長年録』五）、家親はすぐに江戸から山形に帰国して二月に葬儀を行ない、藩主を継いだ。このなかで家康六男松平忠《ただ》輝《てる》の居城である越後高田城の手伝《てつだい》普請《ぶしん》を命じられ、三月頃には越後に向かったものと思われる（小野末三「山形藩主時代の最上家親について（前編）（後編）」〈『山形県地域史研究』二八・二九、二〇〇三・二〇〇四年〉）。

同年に大坂冬の陣が起こると家親は、九月に江戸に上り、十月には駿府に入り「継目《つぎめ》御礼」として義光の遺物である来国俊作の脇差などを、家康に献上している（『駿府記』）。江戸城留守居を命じられため、大坂には直接には出陣はしなかった（〈慶長十九年〉十二月八日、本城豊前守満茂宛最上家親書状、阿保文書）。ただ使者として武久庄兵衛と富田加兵衛の二人が両陣に派遣されている（『最上家伝覚書』）。この武久庄兵衛が大坂夏の陣を描かせたとされる『最上屏風』が光禅寺に伝存していたが、明治二十七年（一八九四）の大火で焼失してしまった。しかし模本が描かれ、上山城所蔵となっている（宮島新一「『最上屏風』の由来について」〈『歴史館だより』一九、二〇一二年〉）。

坂紀伊守光秀《あきひで》画像

（清源寺〔山形市長谷堂〕所蔵・山形市教育委員会提供）

最上家と将軍家の関係

元和元年（一六一五）正月に家康が岡崎で鷹狩りを行なったときには、坂上紀伊守兼定（坂紀伊守光秀ヵ）を遣わして白鳥・黒馬を献上して、いたく喜ばれたし、秀忠にも「御鷹野見舞」を献上して、秀忠から感状を与えられている（〈元和元年〉七月（十一月ヵ）十八日、徳川秀忠書状、内閣文庫所蔵「古文書（記録御用所本）」所収文書）。このように最上家と将軍家の間は緊密な関係にあった。

内紛の勃発

しかし、藩内では内紛が起きていた。その原因としては、慶長五年（一六〇〇）の関ヶ原合戦後に五七万石の大大名になったが、分限帳を見ると自立的な城将《じょうしょう》の知行をそのまま認めていること、〝北の関ヶ原〟合戦後の論功行賞《ろんこうこうしょう》で取り立てられた者と合戦後の配置に不満をもつ者がいたこと、これらに加え、徳川方に強く臣従していく義光・次男家親に対して、大坂に隠然たる勢力を有する豊臣方に親近感をもつ者もいたこと、などが原因として考えられる。

慶長八年（一六〇三）の長男義康《よしやす》暗殺事件は、こうした藩内のくすぶりつづける対立のなかで、反主流派が義康擁立の挙に出たことによって起きたのであった。それでも義光が生きているうちは、藩内の憤懣《ふんまん》を押さえるだけのカリスマ性が義光にはあった。しかしその義光がこの世を去ってしまうと、歯止めがなくなってしまった。

一栗兵部の乱

慶長十九年六月、鶴岡城主の新関《にいぜき》因幡守久正邸に招かれていた大山城主の下《しも》対馬守秀実と亀ヶ崎（酒田）城主の志村光惟（光安《あきやす》の子）を、庄内添川館主の一栗《いちくり》兵部少輔の手勢が襲い、下・志村両氏が討ち取られた。主流派・家親派の中核にいた城将らを、反主流派・義親《よしちか》（義光の三男、家親の弟）派の一栗が殺害に及んだことになる。一栗の手勢は、新関の手勢によって鎮圧されたものの（〈慶長一九年〉六月十日、大津藤右衛門宛新関因幡守久正書状、大津文書）、鶴岡城内で起きたため、大きな衝撃を与えた。十月、藩主の家親は、野辺沢（延沢）遠江守・日野将監に命じて、一栗兵部の乱の背後にいたとされる弟の清水義親（満氏）の拠る清水城を攻撃し、義親は自刃した。

内紛の広がり

これにより、清水氏の知行地二万七〇〇〇石余は蔵入地《くらいりち》となる。亀ヶ崎城主志村氏の

光禅寺にある最上家親と家信父子の墓（山形市鉄砲町）
向かって右が家親（法名盛光院殿安景長公）墓，左が家信（改易後は義俊，法名月照院殿華嶽英心）墓．

知行地三万石も取り上げて蔵入地とした。蔵入地の増大は、最上氏の支配強化につながるとともに、内紛の広がりを生み出したのではないか。後述するが、山形城二の丸外側・三の丸内側の空き地の設定も、同様な反発を受けたに違いない。

家親は元和三年（一六一七）三月六日、山形城にて急死した。『徳川実記』には猿楽《さるがく》を見ながら頓死《とんし》したとあるが、毒殺という説もある。一方、小野末三氏は、寒松和尚（足利学校に学び、足利学校庠主《ようしゅ》・鎌倉建長寺住持を歴任した人物）に関する史料（日暦・寒松稿など）から、三月はじめに江戸において能楽を楽しんでいた最中に突然倒れ死去したもので、変死ではなく急死であったと指摘する（前掲「山形藩主時代の最上家親について」）。家親の死をめぐっては検討を要する。家親は時に三十六歳、光禅寺《こうぜんじ》に葬られ、法号は盛光（広）院殿安景長公という。高野山奥の院参道脇に、元和三年三月六日付で子の家信《いえのぶ》が建てた最上家親の供養五輪塔がある。藩主としては三年余の短い期間であった。

2　十三代家信（義俊）

家親《いえちか》の後を継いだのが、十三代家信《いえのぶ》（改易後に義俊と改名）で、慶長十一年（一六〇六）に家親の嫡子として生まれ、当時まだ十二歳という元服前の少年であった。彼が家督を継ぐにあたって「最上源五郎殿家来中」宛てに、家信を盛り立て先規に従って政道を行なうよう、江戸幕府から元和三年五月十日付の土井大炊頭利勝《どいおおいのかみとしかつ》をはじめ五人連名の七ヵ条の御条目を仰せつかっている。このような幕府の厳しい干渉を受けた藩は他にないとされる（前掲、横山昭男『山形藩』）。さらに幕府は元和六年九月には、今村伝四郎正長と石丸六兵衛定政を最上監使に命じて派遣している（『徳川実紀』）。

家信は、元和六年十月十六日の銘をもった絵馬（猿曳駒図）三体を、日枝神社（山形市香澄町）に寄進している。「おさめたてまつる馬形三疋　元和六年十月十六日　家信」という墨書銘がある。家信十五歳の時なので、元服の慶事として寄進奉納したのであろうが、図柄から家臣の不仲を主人家信に結集することで乗り切りたいという意志も籠められて

最上家信奉納の絵馬「猿曳駒図」三体
（日枝神社〔山形市香澄町〕所蔵・最上義光歴史館提供）

いるのかもしれない。愛宕神社（天童市）にも、（年未詳）九月二十四日付で家信が奉納した絵馬掛軸があり、そこにも「為諸願成就」と書かれている。

収束の見えない紛争

しかし、家臣内の紛争は収まらなかった。楯岡城主の楯岡《たておか》光直《あき(みつ)なお》（義光弟）・山辺城主の山辺義忠《やまのべよしただ》（義光子）と、松根《まつね》備前守光広《あき(みつ)ひろ》との対立を中心とした紛争がうち続いた。元和八年、松根備前守は幕閣の酒井雅楽頭忠世《さかいうたのかみただよ》に、家親の急死は楯岡甲斐守光直による毒殺によるものだと訴え出た。そこで関係者を呼んで幕府で審理が行なわれた。しかし証拠は得られず、逆に、松根備前守は根拠のない訴えをした罪で、筑後国柳川《やながわ》藩に預けられるという処分を受けた。幕府は同時に、島田弾正利政・米津《よねきつ》勘兵衛由政を使者として派遣し、幼主家信を家臣たちで補佐するように諭告した。

家臣の派閥争い

この背景には、最上宗家に権力を集中して藩内を固めようとする体制派（氏家尾張守光氏、松根備前守光広、日野備中守）と、幼主家信の素行《そこう》が悪いこともあって（『徳川実紀』）、山辺右衛門大夫義忠を家親の後継者に擁立しようとする派（楯岡甲斐守光直〈義久〉、本庄豊前守満茂〈光俊・満慶〉、延沢遠江守光昌、鮭《さけ》延《のべ》越前守秀綱ら）との派閥争いがあったといわれる。

改易

このように第一段階では、将軍秀忠が最上家中に幼君家信をもり立て大名最上家を存続させようとしたのに対し、家中はそれを承諾しなかった。そのため、ついに幕府は元和八年（一六二二）八月二十日、改易の決定を下し、将軍の直仕置《じきしおき》にする命令を出したのである（福田千鶴『御家騒動―大名家を揺るがした権力闘争―』中央公論新社、二〇〇五年）。当初は全領知没収ではなく、家信が成長するまで六万石を与え、成長後に旧領に復するという通達であったともされるが、結果的には全領知没収ということになった（前掲、横山昭男『山形藩』）。

城明け渡しにあたっては、本多正純《ほんだまさずみ》と永井直勝《ながいなおかつ》が城の請け取りに来る。この時、城付の武具・城米は、目録化されて管理下に置かれたのであろう（佐藤宏之「城の受け取りと財」〈『国立歴史民俗博物館研究報告』一八二、二〇一四年〉）。伊達政宗・上杉景勝をはじめ周辺大名も動員された。

家信の死

改易となった最上家信（義俊）は、近江国蒲生《がもう》・愛知《えち》・甲賀三郡と三河国内に合わせて一万石を与えられ、近江大森に所替《ところがえ》となり、寛永八年（一六三一）十一月、二十六歳の若さで死去する。法号は月照院殿華嶽英心という。法祥寺（山形市）に、寛永九年に建てられた最上義俊の供養五輪塔がある。なお、家信の正妻は南部信濃守利直《なんぶしなののかみとしなお》の娘七姫である。

最上氏の最後

その子義智《よしさと》が、わずか二歳で後を継ぐが、三河五〇〇〇石は削られて、近江蒲生に五〇〇〇石だけが与えられ、「交代御寄合表向御礼衆」として旗本の身分に組み入れられた。最上氏はもはや大名ではなくなったのである。

3 義光妹保春院のその後

保春院の晩年

最上氏が改易されたとき、山形城には、義光の妹であり、伊達政宗の母の保春院《ほしゅんいん》（義姫・お東）がいた。秀吉の命によって天正十九年（一五九一）に伊達氏が米沢から岩出山（「岩出沢」を「岩出山」に伊達氏が改めたとされる）に国替えになったときに、保春院はともに岩出山に移っていたが、政宗が朝鮮出兵のために動員されるなどして留守にしている時に、留守居の武将の富塚近江守宗綱といざこざがあって、実家であり、兄義光が居城とする山形城に帰っていたのである。なお、政宗が文禄二年（一五九三）七月二十四日付で朝鮮から母保春院に宛てた涙をそそる手紙が残されているが、これはまだ保春院が岩出山にいたころのことである（前掲佐藤憲一『伊達政宗の手紙』）。

山形在住のなかで保春院が使っていたという能楽の面や能管（横笛）が、山形市内の個人宅に大切に伝存されている。『風姿花伝《ふうしかでん》』を学び、能楽を演じ、伝統的美学を身につけた激しくも教養深い保春院の姿が浮かんでくる。

最上氏が家信《いえのぶ》（義俊）の代、元和八年（一六二二）に改易されてしまうと、山形にいて行き場を失った母を、伊達政宗は同年九月には仙台に迎えている。政宗は翌元和九年五月に、将軍父子の上洛に供奉するよう命じられる。五月十七日に、政宗夫人から上洛の様子を伝える書状（保春院侍女小宰相宛政宗夫人陽徳院消息、伊達家文書）が保春院の元へ送られたり、六月には保春院から政宗を気遣う書状（〈元和九年〉六月五日、政宗宛保春院消息、伊達家文書）が送られたりしていた。ところが七月十六日、京都にいた政宗の元に保春院の訃報が届く。八月五日には仙台北山覚範寺《かくばんじ》にて葬儀を行なっている。

武家女性として

さて、戦国期から江戸初期にわたる保春院（義姫・お東）をめぐる書状（二十数通ある）を見ると、戦国期から江戸初期にかけて、武家の女性は政略結婚などに利用されてはいるものの、情報の提供・紛争和睦のための仲介役を担っていることが明らかになってくる。家に閉じこもって紛争に翻弄されている存在ではなく、積極的に政治にも関与しているのである。保春院はその役割を見事に果たしている（遠藤ゆり子「戦国期奥羽における保春院の働き」〈『日本史研究』四八六、二〇〇三年〉）。

4　最上家親・家信期の山形城

最上氏時代の山形城下絵図の、最も古く祖本に近い写本とされる守春本を見ると、本丸は「御本丸」と記載され、水堀と土塁・築地塀がめぐり、虎口《こぐち》は東西に二口開かれ、天守閣はなく、中に殿館があった。先に見た亘理《わたり》家本までの段階では、本丸は東西南北四口開いていたのが、東西二口になったということは、本丸に大きな改修の手が入ったことになる。西南西の角が削られている。二の丸は、水堀と土塁・築地塀がめぐり、虎口が北に二口、東・西・南に一口あり、各外枡形《そとますがた》となっている。郭内には御中館・御馬屋・御蔵・御横目衆のほか、布施野・和田・神保・里見・西仙ら近臣の屋敷が見える。三の丸内には上・中級家臣の屋敷が見える。

二の丸の各口の外側付近には宿老の氏家《うじいえ》や上山《かみのやま》、楯岡《たておか》などの重臣が、三の丸の出口付近にも大山《おおやま》・東根《ひがしね》・鮭延《さけのぶ》・延沢《のべさわ》・富並《とみなみ》・山辺《やまのべ》・近藤《こんどう》・伊良子《いらこ》・新関《にいぜき》・本庄《ほんじょう》・小国《おぐに》等の重臣の名前が見える。三の丸の虎口は一一口がある。侍屋敷は、郭内と、郭外の東部

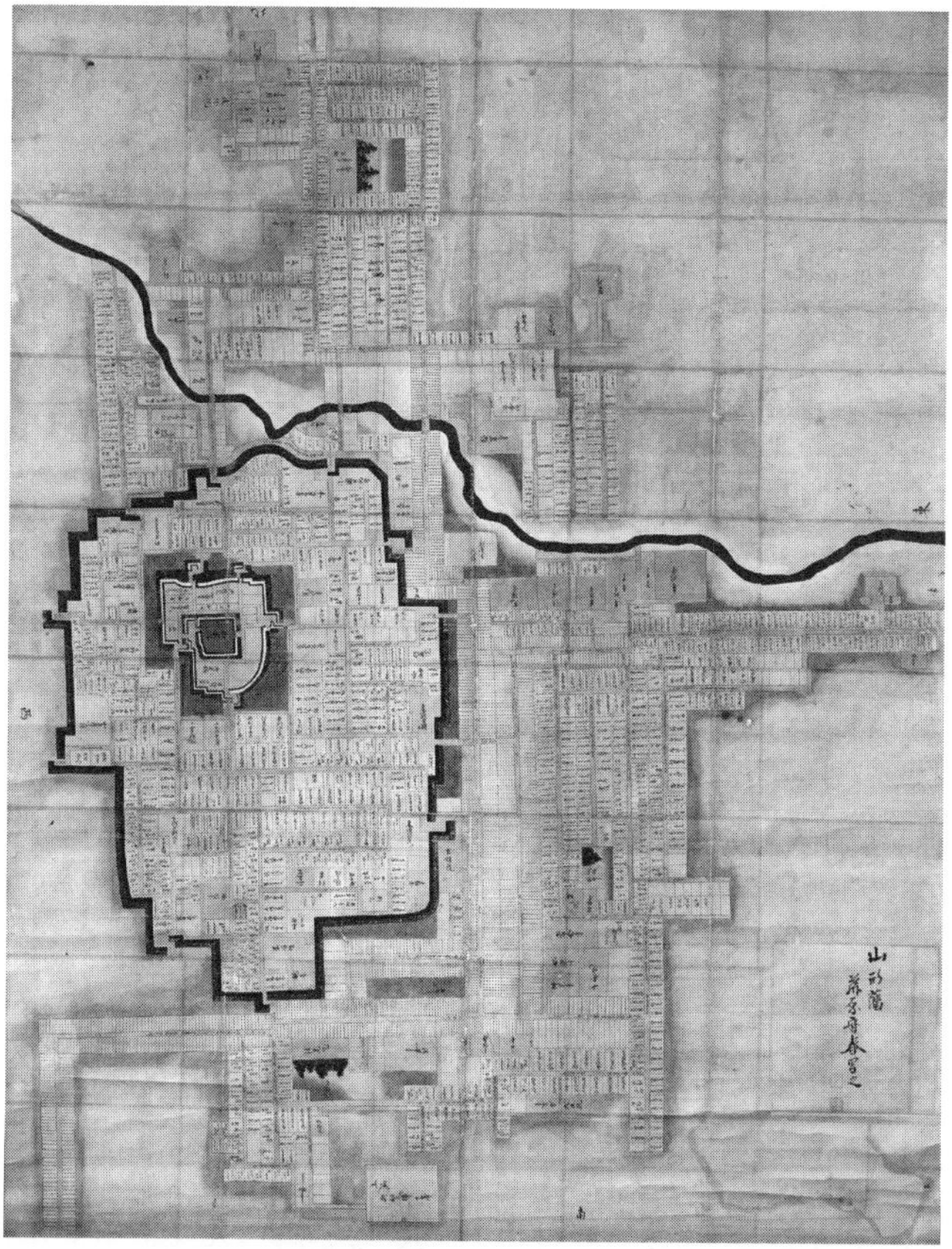

「最上家在城諸家中町割図」（藤原守春本，山形県立図書館所蔵）
最上時代の山形城を描いた根本絵図とされてきた絵図で，元和８年（1622）年の改易時，山形藩引継に使用されたといわれている．

を主にしつつも北と南にも見え、小姓町《こしょうまち》・歩町《ぶまち》・弓町《ゆみまち》があった。鉄砲組は、南方の鉄砲町、小白川《こじらかわ》鉄砲町、下条《しもじょう》に鉄砲町があった。下条や上町《うわまち》には、中間・小者が多く見られる。郭外には下級家臣らの屋敷と、重要な地点に重臣らの下屋敷があり、羽州街道が走り、街道に沿って市場町・宿場町があって、町人らが居住していた。その裏通りや馬見ケ崎《まみがさき》川の河原近くに職人町があった。寺町も外郭の重要な所に置かれている。防御的な意味合いも強いと考えられる。なかでも、豊臣秀次事件で妻妾の一人として斬首された義光の娘駒姫の菩提を弔うために、天童高擶《たかだま》から移したといわれる専称寺は、寺内塔頭《たっちゅう》一三ヵ寺をもつ寺内町を形成している。

空き地

守春本の特長の一つに、二の丸堀の外側、三の丸内側に空き地と思われる空間が設定されていることがあげられる。この空き地の意味について、これまで言及されてこなかったが、これは家親《いえちか》による改造だったのではないかと思う。藩主の権威を高めようとした政策で、家臣を藩主から遠ざけたのではないだろうか。カリスマ性が弱い家親が、自らの権威を高めようとした政策といえよう。それが家臣たちの一層の反発を招き、山形城内で急死（暗殺）する原因となったのではないか。

諸本の変遷

亘理家本に見るように、まず一部西側を空き地とし、次に守春本に見るように周囲全体を空き地とした。一度に一気に空き地を設定できなかったとも読み取れる。この部分のみに注目して諸本の流れを見てみると、伊藤家本・秋元本↓致道博物館本↓亘理家本↓守春本という変遷が見えてくる。この改造は、先に指摘した本丸の虎口が四口から二口に改修されたこととも対応する。四口を開いて本丸に居住する藩主義光と一体感を味わえる構造であったのを、あえて変えて、二口に縮小することによって一体感よりも藩主家親の権威を高める方向を選択したと、いえるのではないか。この二つの改造は、一連の発想に基づくものととらえておく。これは、藩主であった家親個人の問題としてとらえるのではなく、中世的遺制を残したままの義光期から、近世的大名制つまり幕藩体制を山形藩でもつくりあげていく志向として評価できるのではないか。それが実現できないうちに改易となってしまったのである。

第十　改易後の最上家臣と伝説化する義光

一　家臣たちの行く末

1　大名家へ再仕官した家臣

家臣たちの選択

最上氏改易後、家臣たちはその後どうなったのか。

再び仕官の道を求めて散っていった者たちについては、その系譜を調査した小野末三氏の研究があり（小野末三『新稿　羽州最上家旧臣達の系譜―再仕官への道程―』最上義光歴史館、一九九八年）、再仕官した者たち以外の土着化・帰農《きのう》化した者たちなどについては、かつて私が述べたことがある（伊藤清郎「最上氏の改易と家臣の行方」〈藤木久志・伊藤喜良編『奥羽から中世をみる』吉川弘文館、二〇〇九年〉）。

再仕官先

まず、小野氏の研究をふまえて、主だった者たちの再仕官先をまとめると表の通りで

最上家家臣の主な仕官先

仕官先(行く先)	家　臣　名
弘前藩津軽家	進藤太郎左衛門正勝など
盛岡藩南部家	大崎源三郎義久・中山仁右衛門など
秋田藩佐竹家	岩谷四良右衛門・小国元俊・草刈重右衛門など
本庄藩六郷家	瀧澤六右衛門など
亀田藩岩城家	梅津文蔵など
矢島藩生駒家	菅原太郎右衛門景長など
庄内藩酒井家	安食藤左衛門・江口次郎左衛門・潟保曽兵衛・北館大学利長・辻加賀吉助・新関豊後成正・前森治郎右衛門・和田七郎右衛門正直など
仙台藩伊達家	伊良子氏・浦山善左衛門・松根久兵衛政広・日野十兵衛栄信など
新庄藩戸沢家	安食平七・江口五兵衛・丹郷左衛門など
山形藩鳥居家	神保隠岐利長など
米沢藩上杉家	下美作秀政・坂重内光重など
会津藩蒲生家	寒河江拾兵衛親清など
会津藩松平家	安恵久右衛門など
二本松藩丹羽家	白岩伊右衛門守広など
水戸藩徳川家	山辺右衛門大夫義忠・大石田六兵衛道勝・寒河江忠左衛門勝永・安食七兵衛信重・丹金衛門友直・鮎貝覚左衛門など
前橋藩酒井家	本城豊前守満茂・楯岡長門守満広など
前橋藩松平家	寒河江傳兵衛勝昌など
忍藩阿部家	安食彦兵衛・岩崎外記など
古河藩土井家	鮭延越前守秀綱・新関因幡守久正・庭月理右衛門広綱など
新発田藩溝口家	下長門本国など
加賀藩前田家	鮭延秀庵義知など
福井藩松平家	寒河江甚右衛門信安など
小浜藩酒井家	武久庄兵衛昌勝など
津藩藤堂家	日野将監光綱など
福山藩水野家	柴橋石見義正など
福山藩阿部家	中山七左衛門光信など
広島藩浅野家	大山内膳正光隆など
萩藩毛利家	氏家左近親定など
福岡藩黒田家	上山兵部光広など
熊本藩加藤家	延沢遠江守光昌など
熊本藩細川家	伊良子喜左衛門・楯岡甲斐守光直など
柳川藩立花家	松根備前守光広など
佐賀藩鍋島家	小国日向守光忠など
徳島藩蜂須賀家	東根源右衛門親宜など
幕臣関係	安良与五左衛門忠正・日野清左衛門時信など

小野末三『新稿　羽州最上家旧臣達の系譜―再仕官への道程―』1998年による.

ある。

これを見ると、最上氏改易の後の山形に入部してきた鳥居家、庄内酒井家や、近隣の上杉家、伊達家、佐竹家、南部家、津軽家をはじめ全国に仕官を求めて散っていったことがわかる。

2　湯殿山と最上氏・最上氏旧臣

湯殿山へ

最上氏改易よりかなり時代は下るが、文化元年（一八〇四）八月に、湯殿山表別当大日坊が庄内藩寺社奉行に提出した「湯殿山由来並別当四箇寺振合」を書写した文書が残されている（酒田市立図書館「光丘文庫所蔵文書」）。それによると、寛永年中（一六二四〜四四）に、「困窮した百姓」「最上出羽守没落後の御家中浪党《ろうとう》」の者たちを注連寺《ちゅうれんじ》・大日坊の「寺用」となし、「湯殿山参詣の山役銭《やまやくせん》」を与えて、剃髪させて僧名を名乗らせ、僧衣を着させて、「家来」となして、清僧の代わりとして祈禱を行なわせていた。「浪党」らは武士身分であるが、「百姓地」に居住していたので、百姓と同様に「御伝馬役・村役など」に勤仕してはいた。しかし、「村役人」の支配下には属さずに、注連寺・大日坊の支配下に属していたという。

修験に

最上氏旧臣のうち、再仕官もならず、かといって帰農化もできなくて、路頭に迷っていた者たちの一部を、湯殿山が抱え込んで面倒を見てくれていたことになる。ところが、「百姓地」に居住しているので百姓の扱いを受けることもあったが、「修験ヲ好者」でもあったので、貞享ころ（一六八四〜八八）には、和泉国内山法印の指導を受けて修験になる者もでてきたようである。

湯殿山神社（鶴岡市田麦俣）

大日坊には山内衆と呼ばれる一二院・先達《せんだつ》の四坊があり、注連寺には七院・七坊があった。本道寺には、塔頭《たっちゅう》と呼ばれる六坊・門前衆と呼ばれる一四軒の妻帯衆《さいたいしゅう》の坊があり、大日寺には、六口供僧・門前家来六軒・先達の二一坊（天保八年の段階）があった（『西川町史』上巻、一九九五年）。「中古取立候」者たちは、注連寺・大日坊の諸坊に収斂していったものと思われる。

湯殿山と最上氏

さて、湯殿山が最上氏の旧臣を抱え込んだのは、なぜであろうか。そこでよく知られたことではあるが、最上氏と湯殿山との関係をかいま見てみよう。

義光は、天正七年（一五七九）八月二十八日付で湯殿山に病気平癒の祈願をし、福泉坊を代参させ、翌年四月八日に「斗長・馬・紅花一貫二〇〇文」を奉納することを約束している（関根源治氏所蔵文書）。次に慶長五年（一六〇〇）七月、〝北の関ヶ原〟合戦にあたり、東軍徳川方の勝利を祈願するために、山形誓願寺の僧尊養に四八日間の湯殿山山籠を依頼した。尊養上人は山形八日町の者一〇八人とともに、この代参《だいさん》を行なった。徳川方・最上方勝利後に、八日町では湯殿山参詣の行者宿の特権を与えられ、多くの参詣客で賑わうこととなって、その後の八日町発展につながった（〈慶長五年〉七月五日、下美作書状。〈慶長六年〉六月二日、下美作書状、誓願寺文書）。

緊密な関係

義光は、湯殿山のみならず、羽黒山・月山を含む出羽三山全体に対して篤い保護を加えており（羽黒山五重の塔・瀧水寺・荒沢寺の不動堂・御影堂などの修造など）、ことに慶長五年以降は顕著である。

このように、最上氏と湯殿山は密接な関係を有しており、最上氏が改易されて没落した旧臣たちを抱え込む素地がすでにあったように思える。

3　羽黒山寂光寺・慈恩寺・山形宝幢寺と最上氏旧臣

羽黒山へ

軍記物語の一つである『羽源記《うげんき》』は、羽黒山の僧信辨《しんべん》によって、寛永・明暦年間（一六二四〜五八）に『奥羽越戦記』一〇巻本として著述されたものが、後世に付加・加筆され、二〇巻本の『羽源記』になったとされる（『山形市史』史料編一）。著者の信辨は、羽黒山健之院の院主で、俗称公平七之助といい、最上氏の遺臣といわれる。彼は院主であるので、羽黒山内における地位はかなり高い。いずれにしても湯殿山のみならず、羽黒山にも、最上氏旧臣たちは流れ込んでいたのである。

慈恩寺へ

さらに『最上源五郎様時代御家中幷寺社方在町分限帳』に「一、百四十石　氏家外記」と見える氏家外記《うじいえげき》光重《あきしげ》は、慈恩寺宝蔵院と師弟関係を結び、同寺境内に光重院を建て、同寺衆徒として転身したことが知られている（大宮冨善「江戸時代初期の慈恩寺再建について」〈『西村山地域史の研究』三二、二〇一四年〉）。

山形宝幢寺へ

次に山形宝幢寺《ほうどうじ》についてだが、延文元年（一三五六）に最上氏初代となる斯波兼頼《しばかねより》が山形に入部すると、醍醐寺《だいごじ》から道助《どうじょ》を招請して滝平（白鷹丘陵の麓に位置、山形市）から山形の地に寺宇を移し、祈願所としたとされる。以降、宝幢寺は最上氏歴代の保護を受けてきた。

寺侍として

寺伝によれば天正十二年（一五八四）、義光と最上八楯《はちたて》とが戦った天童合戦の際には、宝幢寺第十六代住職尊海《そんかい》が、その法力によって天童城内の妖気を攘《はら》い退けたために、同城が落城した。その功績によって義光が寺領を加増するとともに、舞鶴山《まいづるやま》（天童山）山頂に建立した愛宕権現社の別当に尊海を補任《ぶにん》したという。

近世において、宝幢寺は山形藩内の真言宗の惣録寺《そうろくじ》（触頭）の地位を与えられ、元和八年（一六二二）に最上氏が改易されるまで、山形城内の祈禱に際して法頭の役を勤め、また藩内真言宗僧侶は、最上氏の命によって宝幢寺に集会《しゅうえ》して制戒を受けることを例とした。

山形宝幢寺文書の『弘化四年未正月　寺柄由来書上』（『山形市史編集資料』一五、一九六九年）には、天童合戦において、花立河原で祈禱する際に、その檀（壇）場を守護するために詰めていた数百人の者たちに、武器として弓三〇張・鉄砲三〇挺・鑓三〇筋が付与された。その後、最上氏が改易されたのちに、行き場を失った「檀（壇）場守護の御家人」を、「祭礼・収納役」を勤める者として召し抱えた。それが、「愛宕門前村二四軒の家来」である、という内容が記されている。「愛宕門前村」に居住しているのであるから、ある程度農業にも携わっていたのであろうが、基本的には、宝幢寺の家来、つまり宝幢寺の「寺侍《てらさむらい》」ということになろう。このように、改易後の家臣には、有力寺院の寺侍という道もあったことがわかる。

4 他国への移住

他国へ

この他にも帰農化した者も多数いたであろうことは予想がつく。安永年間（一七七一～八一）に仙台藩で作成された『風土記《ふどき》』を見ると、最上氏に関連する事例もいくつか見られる。義光の家臣である延沢遠江守光昌の「家中修験」であった慶詠が、慶長十三年に死去し、後を継いだ栄應の時に最上氏が改易されたため、浪人して陸奥国加美郡小野田本郷下野目村に移住して頼全院（羽黒派）を再建した事例も見える（『風土記』）。

二 伝説化する義光

1 鳥居入部以降の山形城

鳥居氏入部

元和八年（一六二二）の最上氏改易後、山形城は幕府の普請奉行によって修築されたが、鳥居氏が入部して元和九年には検地を実施し、さらに寛永年中（一六二四～四四）に大改造した。

天下普請《てんかぶしん》であったのかはわからない。本丸・二の丸が大きく変化している。

本丸の変化

本丸は、守春本では虎口《こぐち》が東西に開いているが、正保絵図では虎口は北と東南に開き、枡形をともない、東南の虎口は外に張り出している。西口は、守春本では外側に馬出《うまだし》状に張り出して、二の丸に連結しているが、正保《しょうほう》絵図には西口がない。戦国期から山形城が有していた西口の特色がこの段階で消え去り、最上氏の城郭から徳川系の城郭に切り替わったことを意味しているようだ。

二の丸の変化

二の丸は、守春本では東・西・南に虎口が開き、北は二口開いていて、どれも外枡形《ますがた》となっている。二の丸は堀と土塁が回っているが、東南の堀と土塁は、守春本ではカーブを描き、正保絵図では北の二口のうち一つが閉じられ、拡張も行なわれたようで、東南のカーブは内側に組み込まれて解消され、角張っている。しかも残った四つの虎口は、外枡形から内枡形に変えられており、徳川好みに改造したのではないか。三の丸には大きな変化は見られない。

石　垣

それでも石垣は虎口付近だけで、二の丸虎口周辺の石垣は、高垣で安山岩を使用した打ち込みはぎ工法である。二の丸の坤櫓《ひつじさるやぐら》（南西隅櫓）の石積みについては、一段目の根石《ねいし》には安山岩が用いられているが、ほとんどが未加工の玉石である。二段目以上の築石は割石で花崗岩《かこうがん》・流紋岩《りゅうもんがん》・デイサイトなどが使用され、使用された石は馬見ヶ崎川流域付近（盃山《さかずきやま》・菰張山《こもはりやま》・千歳山《ちとせやま》）の石であることが発掘によって明らかになった。鳥居氏が、流路の付け替え工事に合わせて、石も切り出したようである（山形市教育委員会『発掘調査現地説明会資料』二〇一三年）。

次に、笹谷街道が小白川《こじらかわ》を経て直接城下に入るのを改修して、三日町に迂回するようにしたり、伝馬町や小荷駄町《こにだまち》を新設したり、城内外の寺社などの配置を大きく変えている。さらに馬見ヶ崎側の流路を付け替える大工事も行なっている。これは、洪水の際に、直接城下を襲うのを避けるための工事と思われる。ただ、正保の絵図を見ると、旧流路は残っている。

鳥居氏による山形城内外の改造は、正保《しょうほう》の絵図に見る世界である。正保城絵図は、正保元年（一六四四）十二月に、幕府が大目付《おおめつけ》の井上筑後守政重《いのうえちくごのかみまさしげ》を奉行として諸藩に命じて領内の絵図を献上させた。この時に国絵図《くにえず》・城絵図《しろえず》・郷帳《ごうちょう》・道帳《みちのちょう》もともに作製された。幕府によって諸藩への統制を強化するために実施されたのであった。

城下町の変化

鳥居氏は山形城・町割りの骨格を作り上げたが、その後の変化は、以降入部してきた各大名が作製した山形城下絵図によって見ることができる。

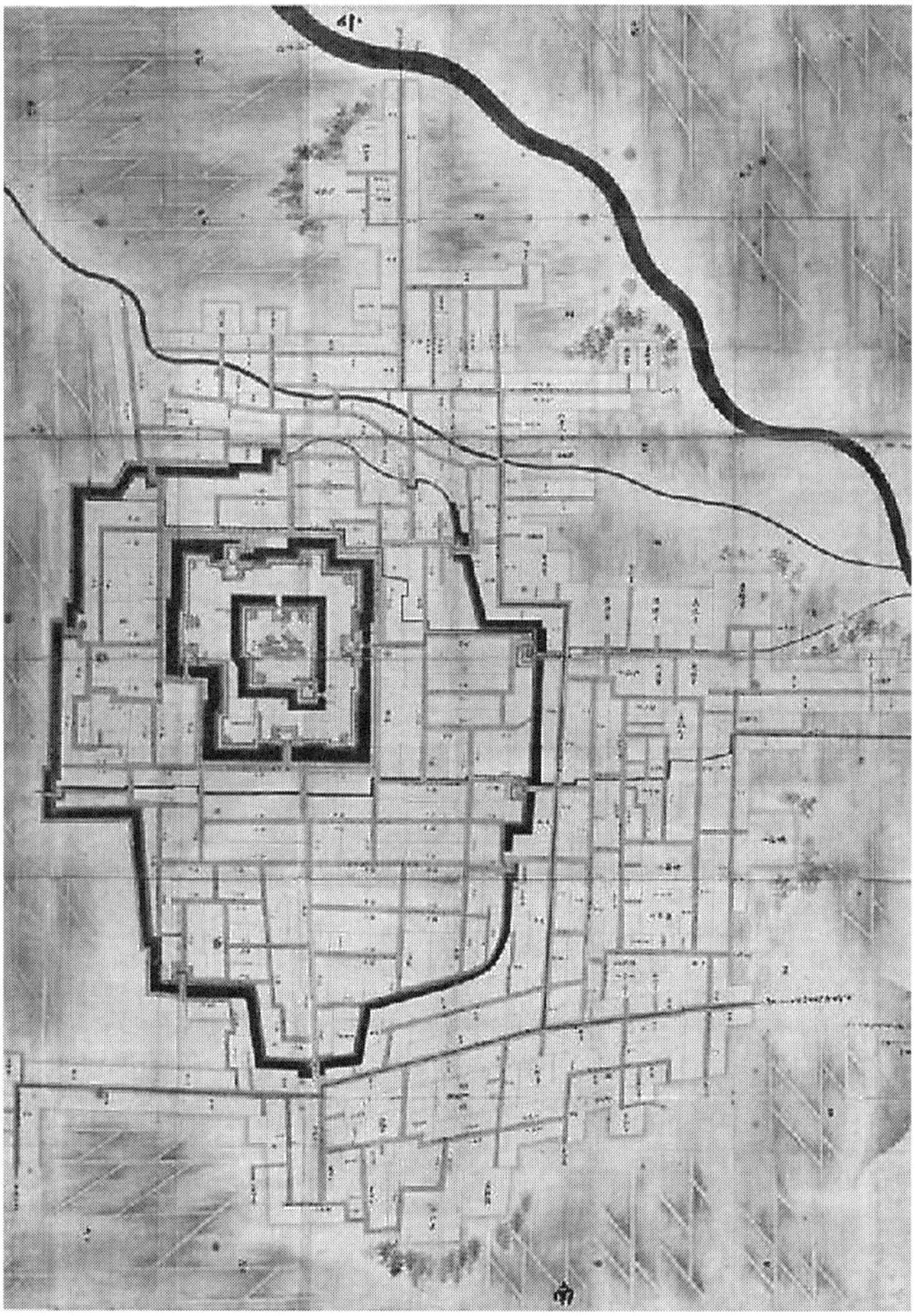

「出羽国最上山形城絵図」（正保城絵図，国立公文書館所蔵）

絵図の隅に「松平大和守居城」の墨書がある．山形藩は，最上改易後，領主の交代が多く，鳥居忠政，保科正之と変わり，保科の会津転封後，幕府領となった．「松平大和守」とは，寛永21年（1644）に越前大野から入封した松平直基のことである．

城下絵図とアイデンティティー

以上をふまえて一点だけふれておく。最上時代の山形城下絵図の写本が多いのは、城下の人びとにとって、最上時代がアイデンティティーの拠り所であったためではないかと思われる。これは「直江状《なおえじょう》」が上杉の家臣たちにとって拠り所になっていたのと類似する（伊藤清郎「直江兼続と最上氏」〈『天地人リレー講演会記録集』新潟県立歴史博物館、二〇〇九年〉）。最上氏改易以降、一二（一次・二次の幕府領時期も入れると一四となる）もの領主が入れ替わり立ち替わり入部してくるなかで、最上時代こそが山形城下の人たちにとって栄光の時代だったという意識が強く刻まれていったのである。

2 創られた義光像

最上氏が改易によって山形を離れたこともあって、義光が伝説化され、史実から離れた義光像が創られていく。義光の伝説化の原点は、『最上記《もがみき》』にあると思われ、以下に若干関説してみる。

『最上記』

『最上記』は寛永十一年（一六三四）に最上遺臣によって作成されたもので、改易からほぼ十年後に作成された、物語・軍記のなかで最も古いものである。『義光物語』『最上義光《もがみよしあき》物語《ものがたり》』『最上義光記』『最上物語』と題する流布本があるものの、内容はほとんど同じである。これまで『続群書類従』二十一上「合戦部」に『最上義光物語』上下として所収され、明治三十四年（一九〇一）に『羽陽史叢』第一巻に所収され、明治四十三年（一九一〇）安斎吉太郎『義光物語』が刊行され、一九七三年『山形市史』史料編一（最上関係史料）に所収して解説を付して刊行、一九八九年中村晃が現代訳『最上義光物語』（教育社）を刊行し、二〇〇九年片桐繁雄が現代語訳と原文を付して『最上記』（最上義光歴史館）を刊行している。

『最上記』の内容

この『最上記』は、天と地の二巻に分けられていて（上下二巻とも記載）、義光が十六歳の青年時代から、六十九歳で死去するまでの一生が描かれている。冒頭の十六歳で父と高湯《たかゆ》へ湯治に行ったときに襲ってきた盗賊を切り伏せた義光の強力・剛腕、武勇の話、延沢《のべさわ》能登守満延《みつのぶ》に負けない大力であった話、敵に猛進して譜代家臣氏家《うじいえ》尾張守守棟《もりむね》から諌められた話、白鳥《しろとり》十郎長久《ながひさ》を騙し討った話、上山満兼《かみのやまみつかね》を討った際にその家臣里見内蔵介の子どもまで殺せと命じた話、各合戦で見せる智謀・知略の話、娘駒姫《こまひめ》が首をはねられた際に父親としていたく愁傷した話、長谷堂合戦で退却する会津勢を追撃する際に見せた大将がとるべき態度の話、谷地《やち》城の攻防戦から降参した敵武将の使い方の話、長男義康《よしやす》生害の時に見せた家督を時の権力者との関係で決める冷徹な話、天童原馬揃《うまぞろえ》を中止した深慮遠謀な話、家臣の素性を見抜く鋭い眼力の話、義光死去の際に殉死した家臣の忠義の話、などが語られている。

『最上記』の脚色

史実と思われる箇所もあるが、脚色して作られた話もある。大力・強力、剛胆な姿。猪突猛進的な部分と冷静にして智謀・知略に優れた武将の姿。父として人間として厚い情をもった姿。家臣たちに厚い信頼をもたれた武将。冷徹・非情さらに残忍な姿。これらの義光の姿が、やがて軍記や物語で、より一層拡大強調されて義光像が創られていったものであろう。

一方で、後から山形に入部してきた大名たちによって、城下町の改造をはじめ、義光や歴代最上氏の〃におい〃が消されていく。

栄光の時代

しかしながら、最上時代の城下町絵図の写が多数作られていったのが示すように、山形城主が徳川の譜代大名、幕領と次々に入れ変わるなかで、山形の人びとは、最上時代こそが栄光の時代だったことを再認識し、実高一〇〇万石とさえいわれた最上時代の山形城下町の姿に強く引かれて、一層追慕の念を強めていったのである。

変わる義光像

ただ、大正年間（一九一二〜二六）には、山形新報社長の菊地蛮岳氏が東根町中嶋三郎氏から借り受けて書写した『最上・天童・東根《ひがしね》氏系譜』にしか出てこない、義光の弟とされる「義時　中野殿」と家督相続をめぐって骨肉の争いをして、弟義時を殺したという話が生まれ、冷酷非道な人物だという義光像が創られてしまった。このことに対する批判も行なわれている。

冷静な義光像を作る

戦国期には、父子相克や一族の殺害などは、伊達家の稙宗《たねむね》・晴宗《はるむね》父子の争い、晴宗・輝宗《てるむね》父子の争い、政宗による弟小次郎の殺害などに見るように、よくある事例である。また、合戦で手に入れた仏像・仏具などの戦利品を領国に持ち帰っていることも多々見られる。むろん民衆から見れば、合戦があると村が焼かれ、村人が拉致されて人買いに売り払われるなど、無道なことが行なわれており、その総大将である戦国大名が残忍に見えることはいうまでもない（藤木久志『雑兵たちの戦場―中世の傭兵と奴隷狩り―』朝日新聞社、一九九五年）。実際〝北の関ヶ原〟合戦での畑谷合戦では、上杉軍は村々を焼き払っている。戦国大名を単純に英雄視などはできないことは当然であり、義光もその戦国大名の一人であることはいうまでもない。

したがって求められていることは、一次史料や十分な史料批判に基づいた丁寧で客観的な義光の人物像を造り上げていくことである。本書でも基本的にはこの姿勢をとったが、史料の制約で軍記などを援用せざるをえなかった部分もあり、忸怩《じくじ》たる思いである。

その成否は読者の判断に委ねたい。

おわりに

義光は天文十五年（一五四六）、山形の羽州《うしゅう》探題《たんだい》家に生まれ、元亀元年（一五七〇）二十五歳で最上宗家の家督を継いだ。戦国末には姻戚関係にあるとはいえ、台頭する伊達氏の勢いに圧倒されつつあったなかで、義光は自身の下に権力を集中し、家臣団の結束力を強めて数々の戦いを勝ち抜き、天正十二年（一五八四）三十九歳の時に白鳥《しろとり》・寒河江《さがえ》、最上八楯《はちたて》との合戦で勝利し、天正十八年四十五歳の時に奥羽仕置《しおき》で大名としての地位を確固たるものにするとともに、豊臣期の武家秩序のなかでは公家成《くげなり》大名という地位を築いた。

慶長五年（一六〇〇）五十五歳の時に〝北の関ヶ原〟合戦を勝ち抜き、江戸期には五七万石の大大名となった出羽守最上義光は伊達政宗と双璧をなし、奥羽はおろか日本全国を代表する大名として君臨した。居城山形城も、近世期には江戸以北では最大規模の平城である。傾きかけた老舗最上氏を再建し、さらに全国を代表する大名に成長させた逸材といえる。「奥羽の驍将《ぎょうしょう》」「虎将」「北天の巨星」「勇将」など義光をたたえた呼称がいくつかあるが、それにふさわしい武将であったことは間違いない。

『奥羽永慶軍記《おううえいけいぐんき》』「鮭延《さけのべ》越前守書伝の事」に、鮭延越前守秀綱が書き写したとされる「最上家の掟二十三箇条」「出陣の掟　十七箇条」が記載されている。「最上家の掟」には、文武両道、忠孝専一、火の用心、好色・博奕《ばくえき》の禁止、私的婚姻の禁止など、江戸時代的項目も多いが、横合いの槍、女・童の猥《みだ》りの殺害禁止、下知《げち》なしの民屋を焼くことの禁止、苅田《かりた》禁止など、戦国の戦場をふまえた項目も多数見られる。義光自身も「郡《ぐん》中法度《ちゅうはっと》」の存在を公言しているところから（年不詳三月十八日、最上義光書状、曽根久江氏所蔵文書。年不詳三月十八日、最上義光郡中法度写、宝蔵院文書）、家臣や寺社の統制、領民の支配など、いわゆる分国法に通じるものが最上領国に存在したことを推測できるものである。

（天正十六年）二月晦日、岩屋能登守宛最上義光書状写（秋田藩採集文書）に「一途可抽奉《いちずにほうこうぬきんず》公之由《べきのよし》、侍道ニ《さむらいみちに》悃望申間《こんもうもうすあいだ》」とあり、（天正十七年カ）三月一日、お東宛義光書状（伊達家文書）に「すこしの儀なり共、偽ハ侍道にあるへからす候」とあり、（天正十七年カ）十三日、お東宛最上義光書状（伊達家文書）に「さむら道ニくるい候」とある。確固たる「侍道」つまり武士道を良く理解してかつ身につけ、武人としての心構えがしっかりした武人であることがわかる。

また、里村紹巴《さとむらじようは》を師にもつ最高レベルの連歌作家でもあり、彼の書や所有する刀剣・陶芸・美術品などからも洗練された資質がうかがわれ、一級の文化人でもあった。

ただ、「秀次事件」で娘の駒姫《こまひめ》を助けられなかったことや、長男義康《よしやす》を殺害し、最上氏の改易の遠因を作ってしまった。これらはいずれも天下人と一大名とのやりとりのなかで生起した出来事とはいえ、深い禍根を残した人生でもあった。さらに肥前名護屋《なごや》から国元山形へ出された書状には、義光の本音が吐露され、家臣との厚い信頼関係が築かれていたことをうかがわせるものであるが、同時に領国内において権力の頂点に立った者の孤独とつらさに耐え抜く人物像も見えてくる。

義光は慶長十九年（一六一四）に六十九歳で死去し、慶長寺（のち光禅寺《こうぜんじ》と改称）に葬られたが、その後、山寺立石寺《りつしやくじ》の中性院の脇に義光御霊屋《みたまや》が建てられ、義光、家督家親《いえちか》、四男山辺義忠《やまのべよしただ》とその息子長男・次男、殉死した家臣四人の位牌群が納められている。立石寺は山形城下の鬼門《きもん》の位置にあって、義光が特に信仰し、厚く保護した寺院である。その奥の院近くに御霊屋を造ることによって、たんに義光の霊を祀るだけでなく、義光自らが造り上げた山形城下を見守るという性格を付与したということになる。義光は江戸時代から現代までずっと山形を見守り続けているのである。

最後に、この人物史を執筆してみて、先人の研究の質の高さとその成果に大きく拠っていること、ことに県史と市町村史の本編と収集された基礎資料に大きく頼っていることを実感している。歴史研究は、一時の発想と努力ではなかなか成り立たないものであり、先人の成果に一つ一つ積み重ねてこそ、新たな成果が生まれ出るものもあることを強く意識している。ちょうど義光や戦国の歴史から、現代の私たちが多くを学びとるのと同様である。そういう意味では、この『人物叢書　最上義光』は山形の大地で研鑽を重ねてきた先人たちとのコラボレーションのたまものともいえる。この拙著が未来に「花咲く」「君」たちに少しでも役に立てればこれほど幸せなことはない。

最上氏略系図（寛永諸家系図伝・寛政重修諸家譜を主とし、諸本を参考にした。＝は養嗣子）

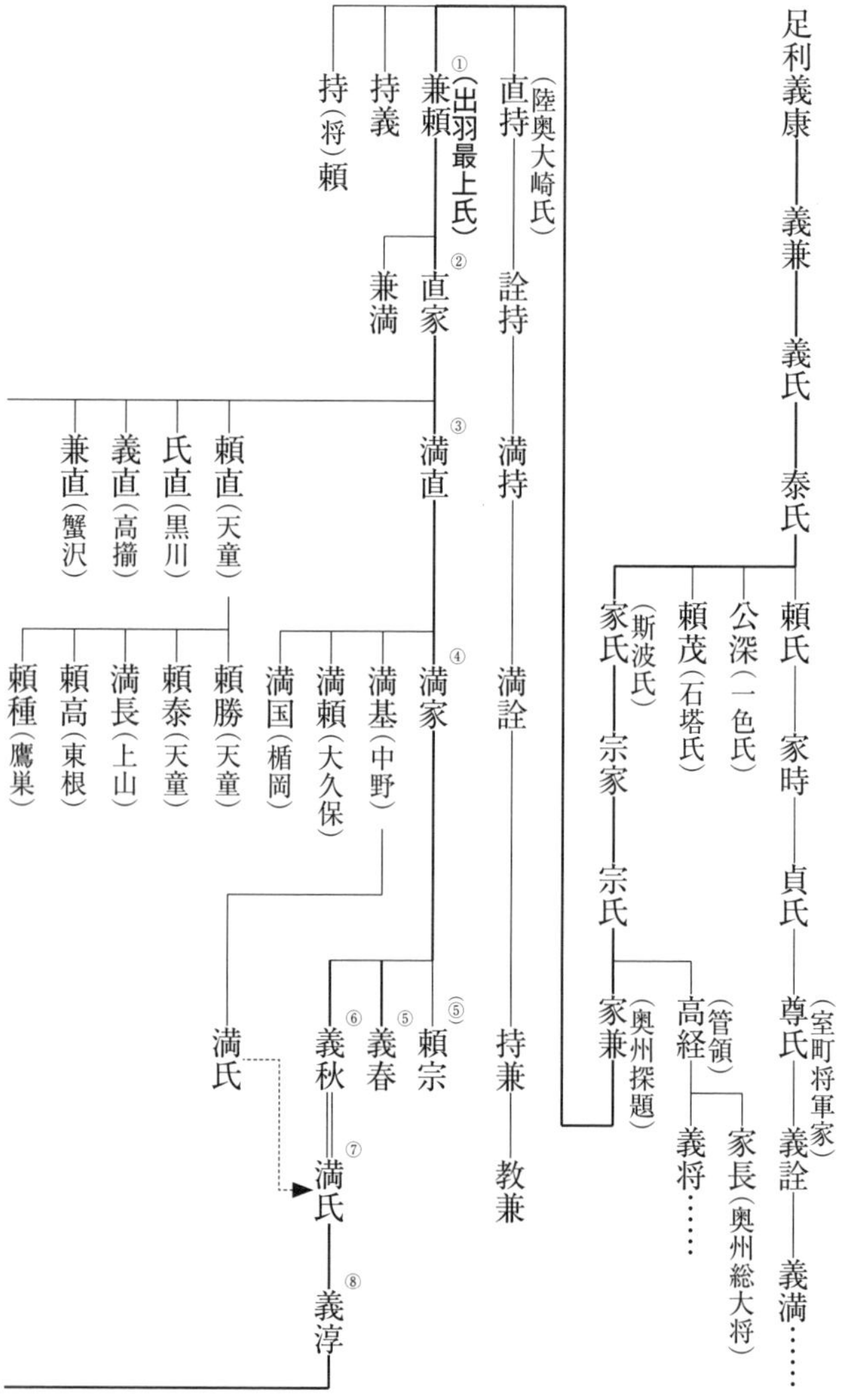

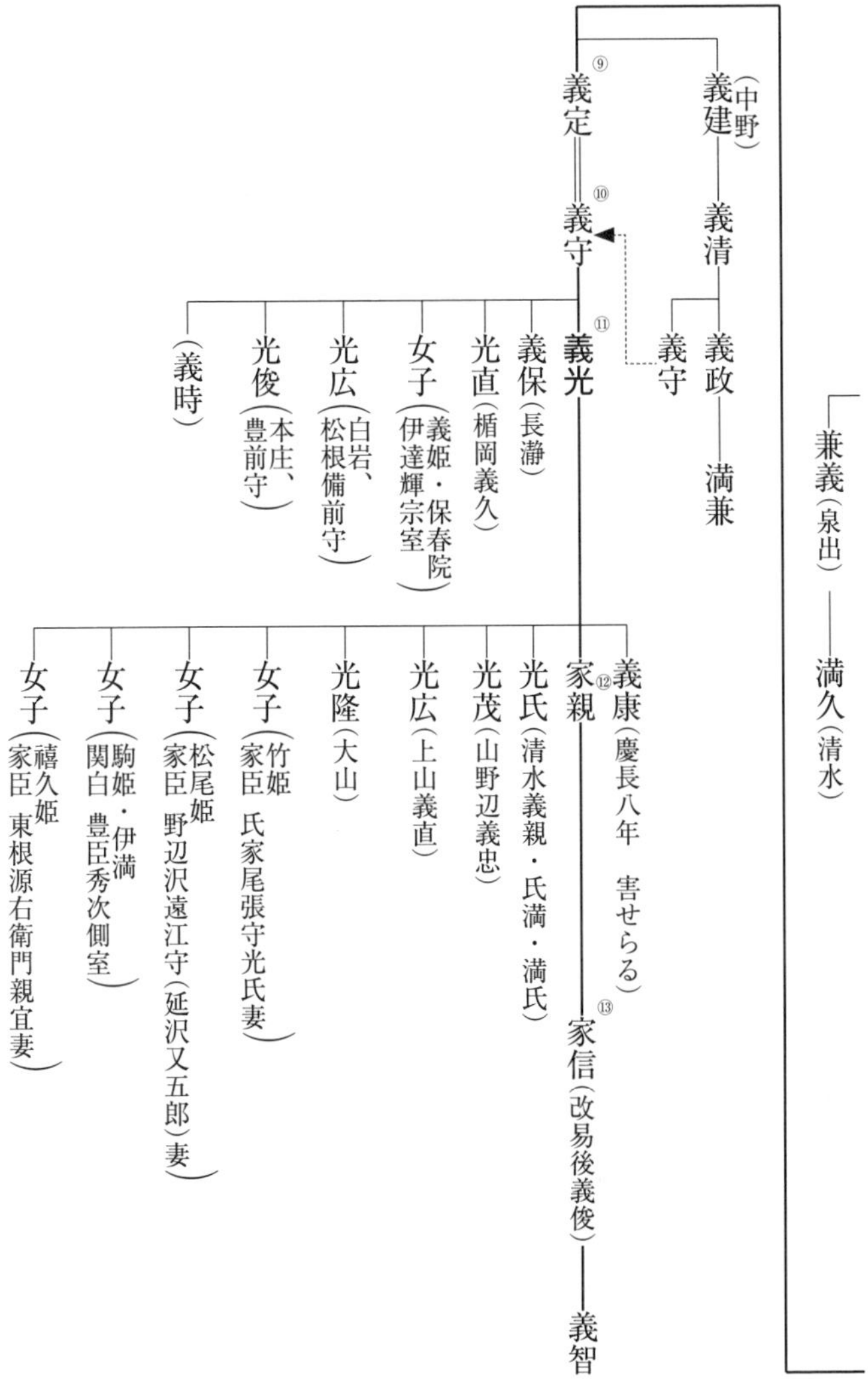
兼義（泉出）
満久（清水）
義建（中野）
義清
義政
満兼
義守
⑨義定
⑩義守
⑪義光
義保（長瀞）
光直（楯岡義久）
女子（義姫・保春院 伊達輝宗室）
光広（白岩、松根備前守）
光俊（本庄、豊前守）
（義時）
義康（慶長八年 害せらる）
⑫家親
光氏（清水義親・氏満・満氏）
光茂（山野辺義忠）
光広（上山義直）
光隆（大山）
女子（竹姫 家臣 氏家尾張守光氏妻）
女子（松尾姫 家臣 野辺沢遠江守（延沢又五郎）妻）
女子（駒姫・伊満 関白 豊臣秀次側室）
女子（禧久姫 家臣 東根源右衛門親宜妻）
⑬家信（改易後義俊）
義智

城郭一覧

① 由利城
② 滝沢城
③ 横手城
④ 湯沢城
⑤ 東禅寺城
（→亀ヶ崎城→酒田城）
⑥ 砂越城
⑦ 庭月城
⑧ 鮭延（真室）城
⑨ 金山城
⑩ 新庄城
⑪ 志茂の手館
⑫ 小国城
⑬ 大浦（尾浦）城（→大山城）
⑭ 大宝寺（鶴岡）城
⑮ 藤島城
⑯ 古口城
⑰ 清水城
⑱ 名木沢城
⑲ 牛房野城
⑳ 鷹之巣城
㉑ 富並城
㉒ 大石田城
㉓ 延沢城
㉔ 白鳥城
㉕ 楯岡城
㉖ 大窪（大久保）城
㉗ 長瀞城
㉘ 東根城
㉙ 白岩城
㉚ 谷地城
㉛ 蟹沢城
㉜ 成生城
㉝ 左沢楯山城
㉞ 寒河江城
㉟ 蔵増城
㊱ 天童城
㊲ 高擶城
㊳ 漆山城
㊴ 長崎城
㊵ 鳥屋ケ森城
㊶ 中野城
㊷ 八ツ沼城
㊸ 山辺城
㊹ 青柳城
㊺ 畑谷城
㊻ 若木城
㊼ 長谷堂城
㊽ 鮎貝城
㊾ 柏倉城
㊿ 成沢城
51 飯田城
52 岩波城
53 谷柏城
54 上山（高楯）城

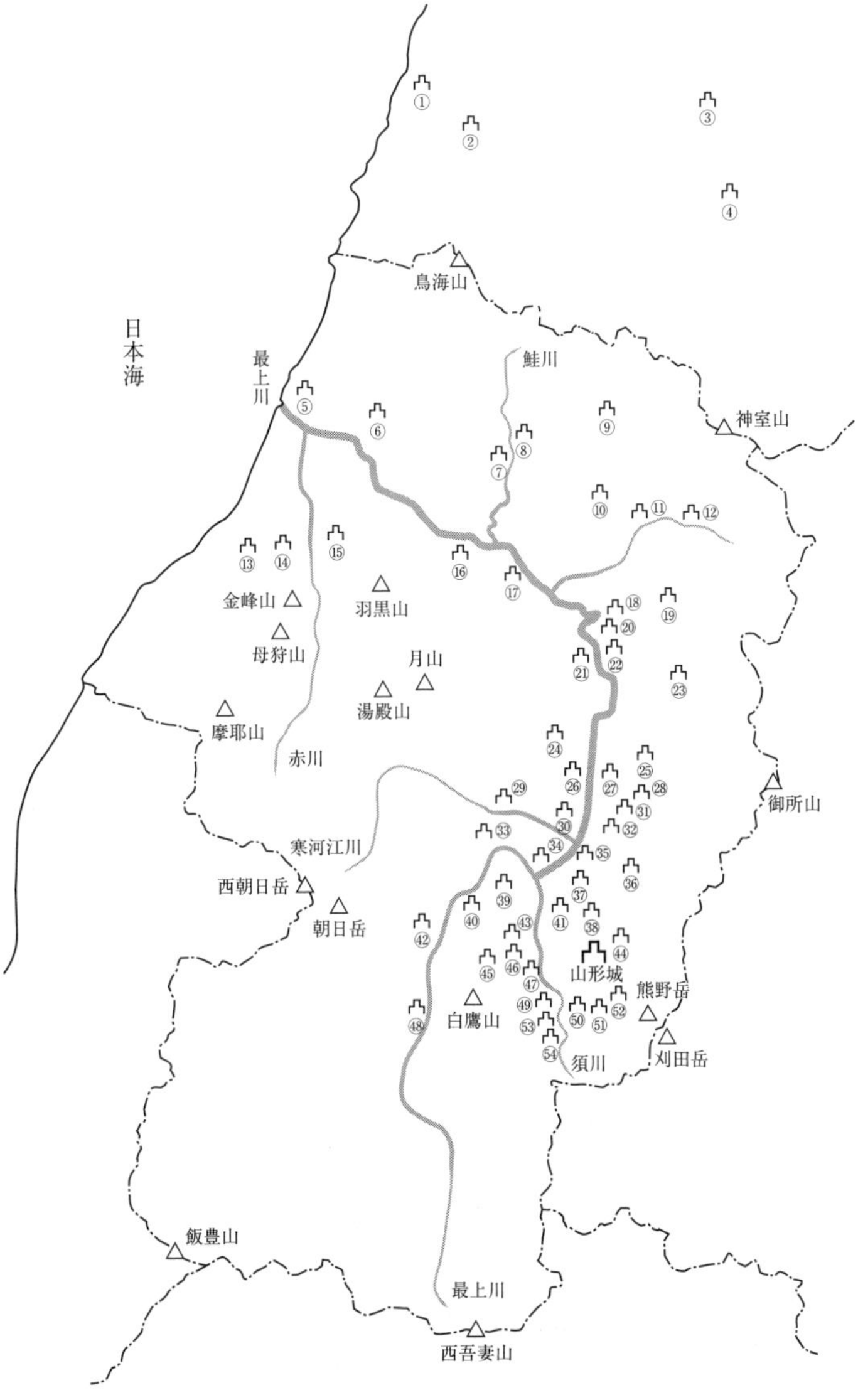

本書に登場する城郭一覧

龍門寺
柏山寺
山形城跡
法祥寺
専称寺
来迎寺
光明寺
正楽寺
日枝神社
宝幢寺跡（もみじ公園）
常念寺
誓願寺
浄光寺
六椹八幡宮
勝因寺
光禅寺

山形市街図

略年譜

年次	西暦	年齢	事蹟	参考事項
天文一五	一五四六	一	義光、山形城に誕生（幼名白寿丸）	
永禄 元	一五五八	一三	元服、将軍足利義輝から偏諱を受け、義光と称す	
二	一五五九	一四	父義守、将軍に馬を献上	五月一日、長尾景虎、上洛、参内す
六	一五六三	一八	義光、父義守（四三歳）と上洛、永浦尼、無事を祈って宝光院増円に文殊菩薩騎獅像寄進	
一〇	一五六七	二二		八月三日、義姫、米沢城で政宗（幼名梵天丸）を産む
一二	一五六九	二四		清水・鮭延両城が大宝寺氏の支配下に属す
一三	一五七〇	二五	正月吉日、義光、立石寺に願文を出す○五月以前に義守は義光に家督を譲る○この頃、大崎義直娘を正室に迎える	五月一五日、義守（栄林）、伊達家臣牧野久仲へ書状を出す
元亀 二	一五七一	二六		秋彼岸に栄林が、一翁和尚から下炬語をもらう○九月一二日、信長、延暦寺を焼討ち
三	一五七二	二七	三月一七日、義光、萩生田弥五郎に妙見寺・飯田	一二月二二日、武田信玄、遠江三方

天正 二	一五七四	二九	の田畑を加増 二月二四日、義光、北条荘川樋を攻撃○二月二八日、義光、伊達側に捕虜を返す○三月一八日、最上軍、北条荘石田孫右衛門の在所を攻撃○四月一四日、荒砥、一五日に畑谷で手切、両軍戦闘○五月三日、義光、若木城主から攻撃される○九月一一日、最上と伊達間に和睦成立○閏一一月、義光と天童氏間に和睦成立○一二月、和睦破れ、再乱○この年、義光、信長の斡旋で出羽守に補任	原で家康を破る 正月一三日、栄林、大津将監に助勢を求める○正月一五日、伊達輝宗、上山城を攻撃○正月二九日、寒河江氏が伊達家に帰伏○二月一一日、栄林、輝宗に無事なことを伝える○三月一四日、伊達の使者円成坊、山形に来る○三月一六日、伊達軍、楯下から撤退○四月二一日、輝宗、小山田筑前守に笹谷口の警護を命ず○四月二一日～二四日にかけて伊達軍出陣○五月五日、栄林、江俣で山形勢と合戦○五月七日、輝宗、米沢を出陣して新宿に着陣○五月一二日、栄林、小島右衛門に伊達方の支援を感謝○五月二〇日、伊達軍、仙石を焼き討ちす○五月二三日、輝宗、亘理重宗に笹谷口から攻撃するよう命ず○六月三日、輝宗、荒砥に移動○七月二五日、輝宗、新宿まで出陣○八月三日、輝宗、楯下まで進駐○九月

三	一五七五	三〇	義光、上山満兼を殺害○この年、長男義康誕生	一二日、輝宗、米沢に帰陣 五月、信長・家康、長篠で武田勝頼を破る○この頃、栄林（義守）、龍門寺に隠居・逼塞
五	一五七七	三二	八月二四日、義光、上洛して信長に謁見したとされる？	七月一五日、信長、白鳥長久に縮羅・虎皮等を下賜？○一一月一五日、政宗一一歳にて、元服
六	一五七八	三三	五月一〇日、義光、里見越後守に恩賞を付与	三月一三日、上杉謙信死去、四九歳
七	一五七九	三四	八月二八日、義光、病気平癒のため湯殿権現に願文を出す	この年、天童頼貞死去し、子の頼澄（久）が一二歳で家督をつぐ
八	一五八〇	三五		閏三月五日、信長、本願寺顕如と和議なる
九	一五八一	三六	五月二日、義光、庭月氏に、帰伏したことを悦し、着物・袴を下賜○五月二七日、義光、片倉小十郎に鮭延氏を帰伏させたと伝える○八月五日、義光、神主八郎に山辺南分内の地を付与○九月一二日、義光、卯鶴に安藤九郎成敗地を付与	五月九日、白鳥長久から伊達家臣遠藤基信へ、大崎義隆が京都愛宕神社へ立願のため上洛するにあたり、長井口安全の便宜を図ってもらえるよう依頼
一〇	一五八二	三七	三月二二日、義光、庭月氏に庄内へ進軍するにあたり鮭延氏に加勢するよう命ず○五月一六日、義光、砂越氏に下国氏への仲介を依頼○八月七日、義光、大崎義隆に、鮭延氏に援軍を出すよう要請	六月二日、本能寺の変、信長自刃○一一月二五日、氏家守棟、下国氏へ添状を出す

			○一一月二五日、義光、下国氏へ、庄内へ味方した白岩氏を退治したこと、来春に清水・鮭延氏らが庄内へ進軍した際には加勢してほしいことを伝える○この年、家親誕生	
天正一一	一五八三	三八	四月一一日、義光、大宝寺義氏を倒した前森蔵人をたたえるとともに、古口氏に酒田の前森氏との仲介を依頼	七月七日、前森氏永、山形へ庄内の兵乱が治まったことを伝えるとともに、宇治茶・昆布などを献上
一二	一五八四	三九	二月二一日、義光、関口氏に大宝寺義興と東禅寺（前森）氏との融和をはかることを伝える○三月四日、義光、山家九郎二郎に天童領分温津・成生に七千苅地を付与○五月一一日、義光、伊達家臣堀江氏に天童氏と不仲であることを伝える○五月一三日、義光、留守政景に天童氏が城造成をしていることを伝える○六月、白鳥氏・寒河江大江氏を滅ぼす○一〇月、天童氏を滅ぼす	五月一二日、氏家守棟、伊達家臣砂金氏に、輝宗から義光に心遣いの手紙が来たことに感謝○五月一三日、中山光広、砂金氏に、天童氏が国分氏に助勢を要請していることを伝える○六月七日、白鳥長久死去とされる○一〇月、政宗、伊達家の家督を継ぐ
一三	一五八五	四〇		二月、天童家臣瀧口・浅岡らが川原子で蜂起したとされる○八月二七日、政宗、義光に小手森合戦で勝利したことを伝える
一四	一五八六	四一	一月一日、義光・高擶小僧丸（義康）連名で立石寺に油田を寄進○一月七日、義光、酒田東禅寺筑	一月一日、近習浦山光種、同添状を出す○一二月二日、政宗、大宝寺義

			前守に援兵を出す○五月、最上氏、小野寺氏と有屋峠で合戦○七月三日、義光、相馬家臣伊泉大膳亮に、庄内へ進軍し、大宝寺氏の対応次第によって和議もあることを伝える○八月五日、義光、政宗に二本松合戦勝利を悦して鳥屋鷹一羽を贈る	興へ、最上氏との周旋を謝して鷹・馬を贈る○一二月三日、秀吉、関東・奥羽の諸大名に惣無事を命ず○一二月一九日、秀吉、太政大臣に叙任
一五	一五八七	四二	二月二一日、義光、関口能登守に、大宝寺氏と東禅寺氏との和融を図る意志を伝える○二月二八日、義光、境介次郎に西里内六〇〇苅地を付与○六月一八日、義光、岩城家臣三坂氏に庄内の調停がうまくいく見通しを伝える○一〇月二二日、義光、小野寺家臣西野氏へ、庄内は大宝寺方が降参し、義興を山形に連行してきたことを伝える○一一月五日、義光、鈴木能登守に来春庄内へ下向することを伝える○一一月二四日、義光、西野氏へ、庄内を手中に入れた祝いとして馬を小野寺氏から贈られたことに謝意を表す	五月吉日、羽黒山別当宥源、秋田湊氏に最上・大宝寺両氏の調停を依頼○六月晦日、政宗、本庄越前守繁長に最上・大宝寺両氏の調停を依頼○七月一三日、政宗、延沢氏に最上・大宝寺両氏の調停仲介を依頼○九月二〇日、東禅寺氏永、岩屋氏に大宝寺氏と和解したと伝える○一〇月一二日、政宗、白石宗実に、庄内に再乱が起きて調停が失敗したことを伝える
一六	一五八八	四三	一月二五日、義光、大勧進に、由利衆と大浦との取りなし依頼○二月一日、義光、石川長門守に、大崎氏をめぐって、政宗が出陣したときは合戦になると伝える○二月六日、義光、新田留守氏に弟の仕官を許すと伝える○二月一三日、義光、沼辺	二月九日、岩屋朝盛、氏家氏に旧冬に庄内に下向した義光と面会したことを伝える○二月一一日、秀吉、末吉平次郎に諸国往還の自由を認める○二月二〇日、直江兼続、本庄繁長

氏に大崎氏を支援することを伝える○二月晦日、義光、岩屋能登守に、大崎をめぐる伊達との合戦で勝利したことを伝え、岩屋氏が東禅寺・中山氏との親交を深めるよう依頼○三月二八日、義光、中山図書助に、大崎をめぐる伊達への対処は中山駿河と相談するよう伝える○五月一七日、義光、小介川氏に、庄内は最上の手中にあるが、越後境へ退去した小国氏が反乱を起こしたことを伝える○閏五月一一日、大浦城主中山光直、由利の潟保氏に秀吉使者金山宗洗が来庄し、出羽探題義光に出羽国中が従うよう命じたことを伝える○七月一八日、義光、由利小介川氏に、義姫が最上・伊達軍の間に八〇日間も輿を入れたため伊達と和睦したこと、庄内の備えを中山・東禅寺両氏に任せたことを伝える○七月二五日、義光、末吉平次郎に出羽国中荷物諸関往還の自由を認める○八月一三日、義光、仁賀保氏に、横手の西野氏から来札があったため、東禅寺氏を召還したことを伝える○八月二五日、義光、羽黒山長吏に、庄内の備えが手薄だったことを悔やむと伝える○一〇月一一日、義光、三坂氏に、庄内を東禅寺氏に一任したばかりに、秀吉が出羽へ使者を派遣したことを伝える○三月一三日、政宗、遠藤氏に、庄内の情勢が最上氏に不利であることを伝える○四月九日、政宗、石母田氏に庄内再乱となり本庄繁長が侵攻したと伝える○四月一〇日、政宗、遠藤氏に本庄繁長が庄内の過半を攻略したと伝える○八月六日、岩屋朝盛、吉高氏に、庄内で最上勢と大宝寺・越後勢が激しい合戦を繰り広げていることを伝える○八月、義光、小野寺領内の争乱の調停を行う○九月八日、本堂道親、三戸氏に、越後勢が庄内を奪還したことを伝える○一〇月五日、政宗、石母田氏に、本庄繁長が庄内を手中にしたことを伝える○一一月二四日、上杉景勝、大宝寺氏の勝利を祝し、本庄繁長に虎皮を贈る○一二月九日、秀吉、上杉景勝に、庄内をめぐって、来春最上・本庄両氏を糺明すること

年次	西暦	年齢	事蹟	参考事項
			りに油断して奪われたことを悔やむとともに、来春は奪回すると伝える	を伝える○一二月二八日、景勝、本庄繁長に、最上氏の提訴によって上洛するよう命じる
天正一七	一五八九	四四	二月五日、義光、家康使者玄悦に、仲介の労に感謝○二月二〇日、義光・谷地小僧丸連名で、青木氏に木下在家を付与○三月一日、義光、大崎氏をめぐる対応についてお東に連絡○三月九日、家康、義光に庄内の件について秀吉は十分承知していることを伝える○三月一七日、家康、義光に庄内の件は秀吉に十分伝達されていることを伝える○四月六日、家康、義光に上洛を促す○四月二六日、政宗、義光に、助勢等に付き連絡○五月三日、家康、義光に上洛遅延を秀吉が了解したことを伝える○九月九日、義光、葛西氏に、上洛する際は最上・大崎・葛西三人で行うことを伝える	六月二日、来次氏、由利の小介川氏に、庄内で最上氏残党が蜂起したが鎮圧されたことを伝える○六月五日、摺上原合戦、伊達氏、蘆名氏に勝利○七月、大宝寺義勝、「従五位下出羽守」に叙任○一一月六日、政宗、遠藤高康に、義光が大崎に画策しているのでその詳細を連絡するよう命ず
一八	一五九〇	四五	七月一日、和久宗是、政宗に、義光が家康の取り次ぎによって一〇日ばかり前に秀吉に馬・金子を献上したと伝える○七月四日、義光、浅野長政に、上洛が困難であることを伝える○七月二六日、木下吉隆、政宗に、秀吉が宇都宮に、政宗と義光を呼んで、奥羽の措置を図る意志であることを伝え	三月一日、秀吉、京都を出陣○七月五日、小田原北条氏直、降伏○七月、秀吉、田川郡に禁制を発布○七月二八日、秀吉、戸沢光盛に、兄盛安の遺領を安堵し、角館を除く領内諸城の破却を命ず○八月一日、秀吉、上

る○八月九日、和久宗是、政宗に、義光が妻子をつれて会津の秀吉のもとに参陣したと伝える○八月一二日、秀吉、浅野長政に奥羽の検地と最上・伊達両氏妻子の上洛を命ず○一二月二六日、孝蔵主、政宗に、義光が一一月二八日に上洛を開始し、一二月二一日岡崎に到着したことを伝える

杉景勝・大谷刑部に庄内三郡の検地を命ず○八月九日、秀吉、会津黒川城に入り、奥羽の検地を命じる○八月一一日、秀吉、嶋津義久に、奥羽仕置の実施と、最上・伊達・南部の妻子を上洛させることを伝える○八月、秀吉、木村・大谷両氏に出羽検地の方法を明示○一〇月一六日、大崎葛西一揆起こる○一〇月二二日、仙北一揆鎮圧のために湯沢に出陣している最上家臣鮭延愛綱・寒河江光俊、大森に在番している上杉家臣色部長真に見舞いを述べる○一〇月二二日、横手宿老中、大森康道に、義光が山形から仙北へとって返すという情報が在地に不穏の動きを生み出していると伝える○一〇月二三日、鮭延愛綱、色部氏に、湯沢在陣は大谷氏の指図によるものだと伝える○一〇月二五日、鮭延愛綱、色部氏に、一両日中に帰国すると伝える○一〇

天正一九　一五九一　四六

一月八日、義光、従四位下侍従に叙任○二月八日、鮭延愛綱、色部氏に仙北三郡の内上浦郡付与の朱印状が下されたと伝えるが、二月一三日、色部氏は鮭延氏に主君景勝から連絡なく、承知しないと返答○二月二六日、氏家守棟、色部氏に、義光が上浦郡を拝領したことを再度伝え、横手領に移動している同郡百姓に帰還をするように指導するよう依頼、二月二八日、鮭延愛綱、これに副状を書く、それに対して二月晦日、色部氏は、鮭延と氏家に、領知拝領は聞いていないこと、百姓還住は横手留守居らに伝えおくことを連絡○二月二九日、鈴木新兵衛、石母田氏に、上洛した伊達・最上の屋敷普請がなされていると伝える○五月三日、義光、末吉兵衛に京都滞在中の懇意に謝す○七月二二日、肥前名護屋在陣衆に、出羽侍従が見える○八月一二日、義光、小介川氏ら由利衆に、伊達口へ豊臣秀次・家康を迎えに行ったこと、大崎口にこれから大谷氏を迎えに行くことを伝える○一二月二〇日、仙北の刀狩で没収された武具が色部氏に引き継がれ、さらに一一月一〇日に大谷氏に渡される

閏一月二三日、政宗、前田利家に、旧冬より最上領と仙北の路次が不通になっていると伝える○五月一二日、木戸氏、大石播磨守に、藤島城を破却し大宝寺城を本城とすることを伝える○六月六日、西馬内茂道、直江兼続に藤島一揆制圧を悦す○八月二三日、秀吉、来年三月朝鮮出兵を表明、名護屋城普請を諸将に命ず○六月二〇日、秀吉、奥郡仕置を命ず○一二月二八日、秀次、関白となる

文禄 元	一五九二	四七	月二八日、義光、赤尾津氏からの歳暮祝儀に謝す 三月二八日、義光、蔵増大膳亮に、三月一七日京を立ち、三月二八日に堺から名護屋に向けて出航したと伝える○三月二九日、五奉行長束正家、義光に徴発した船一〇艘に自由寄港を許可	一月五日、秀吉、諸大名に三月一日からの朝鮮渡海出陣を命ず○二月二八日、楯岡聖王丸、石川与三と鮎貝摂津守に各南谷地内の地を宛行う○四月一二日、小西行長ら第一軍釜山浦に到着
二	一五九三	四八	二月一二日、義光、連歌巻「何人百韻」で発句を詠じる○三月一〇日、豊臣秀吉掟書に、朝鮮国目楚城取巻衆の一人に、出羽侍従が見える○五月一八日、名護屋在陣の義光、伊良子信濃守に、朝鮮の戦況、渡海の可能性はない、堀普請の指示、生きて山形に帰国して水を一杯飲みたいことなどを伝える○五月二〇日、明国勅使に対して今後悪口などは言わないことを誓約、連署者二〇名の中に山形出羽侍従が見える	四月一八日、小西行長ら漢城を撤退○一〇月一二日、上杉景勝、甘粕景継に坂城領を付与
三	一五九四	四九	一月二八日、義光、光明寺住持に在家などを宛行う○五月、義光、光明寺に制札を出す○七月七日、義光、光明寺に一遍上人絵巻を寄進○八月五日、家康、義光次男家親に家の字を付与○八月一五日、義光、稲荷神社に獅子頭を奉納○一〇月二八日、	七月一八日、直江兼続、下次右衛門に、羽黒山・湯殿山に立願の施物を給するよう命ず○八月一六日、直江兼続、庄内二郡に治世の法度を下す

			秀吉が上杉邸に御成、御相伴衆の中に最上侍従・大崎侍従が見える	
四	一五九五	五〇	七月二〇日、おひろい（豊臣秀頼）に忠誠を誓った二八名の連署起請文の中に、羽柴出羽侍従が見える○八月二日、秀次の子女・妻女三条河原で処刑、駒姫も斬首○八月一六日、義光妻大崎御前（駒姫母）急死○一一月一八日、義光、鳥海月山両所宮に制札を下す○一二月、義光、連歌を巻く（光明寺弥阿同席）	七月八日、秀吉、秀次を高野山に追放○七月一五日、秀次、自刃
慶長　元	一五九六	五一	一月三日、宝幢寺尊海、写経奥書に、羽州山形殿繁栄の願文を記す（尾張国知多郡圓蔵寺所蔵）○七月一日、義光、『連歌新式』を著述○一二月二六日、里村紹巴、家親に『三部抄』を贈る	九月一日、明冊封正使、大坂城で秀吉に謁見○九月二日、秀吉、朝鮮再出兵を決める
二	一五九七	五二	一月一日、義康、連歌を詠ず	二月二一日、秀吉、朝鮮再出兵の陣立を決定○この年、義光夫人像・駒姫像に本願寺教如、銘を記す
三	一五九八	五三	八月二日、義光、専称寺に掟を定める	三月一五日、秀吉、醍醐寺で花見○八月一八日、秀吉没、六二歳○一〇月一〇日、下次右衛門秀久、金峰山青龍寺を造営○一一月二〇日、日本軍、朝鮮より撤退完了

慶長 四	一五九九	五四	七月吉日、義光、立石寺納経堂を修造す○八月吉日、本寺浄花院心蓮社、常念寺の号を与え、法度を定める、同月二七日、義光、常念寺を浄土宗領内第一とす	三月六日、万里小路綱光、山形常念寺に参内式目を定める○三月二五日、後陽成天皇、綸旨をもって常念寺住持岌讃の参内着衣を定める○閏三月三日、前田利家没○閏三月四日、石田三成、加藤清正らの攻撃を逃れて家康を頼る○閏三月九日、石田三成、佐和山に蟄居
五	一六〇〇	五五	四月、義光、下原から大沼までの伝馬印証を下す?○五月七日、義光、由利の仁賀保・赤津・滝沢三氏に、徳川家康に忠誠を誓うので、由利衆もそれに従うよう要請○七月七日、家康、義光を始め出羽諸将に出陣を命ず○七月二一日、義光、小野寺氏に、家康からの使者が近日中に会津上杉と合戦になると伝えてきたことを連絡す○七月二三日、家康、義光に、石田・大谷らが触状を回しているが、心配無用だと伝える○七月二九日、家康、義光に、石田が蜂起したので上方へ向かうが、会津については秀忠と相談するよう伝える○八月一三日南部氏、一八日戸沢氏、一九日本堂氏らが、義光に対して起請文を書く○八月二七日、家康、	四月一日、家康、相国寺西笑承兌を通じて上杉景勝に上洛を促す、四月一四日、これを拒否（直江状）○六月六日、家康、会津攻めの諸将の陣立を決定○七月五日、最上家臣下美作守、誓願寺上人に、家康勝利のため湯殿山に四八日間参籠するよう命ず○七月二一日、家康、江戸を発つ○七月二四日、家康、小山着、二五日、小山評定○八月二九日、徳川家臣城氏、寒河江氏に関ヶ原合戦直前の様子を伝える○九月八日・九日、上杉軍、米沢を発つ○九月一八日、

義光に、二三日に岐阜城を攻略したと伝える○八月二八日、家康、義光に、石田・嶋津と呂久川合戦で勝利したと伝える○九月一六日、政宗、義光に、援軍大将として留守政景を送ると連絡○九月二〇日、お東、留守政景に早く出陣するようせつく○九月二一日、義光、慈恩寺本尊に勝利祈願をする○九月二二日・二三日、義光、留守氏に今日は人馬を休めるよう伝える○九月二三日、お東、留守氏に、景勝が二五日も攻撃してくるという情報があるので、援軍をよろしくと伝える○九月二七日、秋田実季、義光に近日中に由利衆と庄内へ進軍すると伝える○一〇月一日、義光、留守氏に白岩・寒河江・左沢から敵首をもってきたこと、谷地城に敵が籠城していることなどを伝える○一〇月三日、義光、留守氏に畑谷と谷地の籠城問題はまもなく片が付くと連絡○一〇月一三日、義光、岩城家臣竹貫氏に、出羽合戦の詳細を連絡○一〇月一五日、義光、留守氏に、明日一六日は谷地に籠城し降伏した下氏を庄内へ出陣させると伝える○一〇月一七日、家康、義光に、先月大坂城に入り成敗したことを伝える○一〇月二〇日、義光、

上泉泰綱が、小山田将監に、一三日に畑谷を攻め落とし、簗沢・八つ沼・鳥屋が森・白岩・延沢・山辺(山野辺)・谷地・若木・長崎・寒河江などをたやすく攻め落としたと連絡○九月二五日、政宗、留守氏に、上杉軍が二本松の鉄砲を三〇〇丁移すなど、山形を攻撃する態勢をつくっていると連絡○九月二六日、政宗、留守氏に、二五日に湯の原を攻め、二井宿峠まで進軍して村々に火をかけたと連絡○九月二九日、上杉方に、関ヶ原合戦で西軍大敗の報が入る○九月三〇日、政宗、留守氏等の家臣と最上氏へ、今夜一〇時に家康使者が、去る一五日関ヶ原で西軍が大敗したと連絡してきたことを伝える○一〇月一日、水原親憲、櫛田嘉兵衛尉に、一日の撤退が大変だったことを伝える○一〇月二日、政宗、最上陣大将留守政景に勝利を悦す○一〇

留守氏に、畑谷は焼き払われてしまったこと、谷地にはまだ敵がいることを伝える○一〇月二四日、家康、義光に、来春早々に景勝討伐を命じるので準備をするように命ず

月三日、政宗、桑折氏に、一日に昼一二時から夜七時頃まで上杉軍を追撃して戦果を上げたが、最上軍の追撃がうまくなくて大利は得られなかったと伝える○一〇月四日、上杉軍米沢に帰陣○一〇月七日、お東侍女、留守氏に、最上への援軍に感謝す○一〇月一五日、家康、政宗に、最上に加勢したことを謝す○一〇月二〇日、家康、政宗に、一日に上杉軍が敗走したことを確認したと伝える○同日、上杉方、会津で家中会議○一二月一七日、安部兵庫助、志村伊豆守に、義光の指示で槍・鉄砲などの武器を酒田攻撃のために準備していると連絡

慶長 六 一六〇一 五六

三月二二日、義康、庄内へ出陣する下氏の労をねぎらう○四月二七日、義康、酒田城攻撃の下勘七郎の軍功を賞す○五月二〇日、義康、西馬音内氏に庄内制圧の労を賞す○六月二〇日、義光、下勘七郎に、制圧された庄内へ下向する意志を伝える

三月一三日、滝沢主膳正、鮭延・志村両氏に、横手仕置のため最上氏家臣らが下向するのに参陣することを約束○四月二一日、政宗、今井氏に、酒田城が落ち、庄内が制圧されたこ

			（これは本多佐渡守の許可も得ている）○一〇月二二日、義光、有沢采女に越後境の小国城を預け置く○一一月頃、義光、家康に、秋田実季が石田三成に加担したと提訴○この年、義光・義康、月山神社を造営す	とを伝える○五月二四日、本多忠勝、岩屋氏に酒田攻撃の労を賞す○六月二日、山形八日町の一〇八人が湯殿山に代参した賞として、道者宿の営業を許される○七月一日、景勝、上洛の途につき、二四日、伏見の邸に着く○八月一六日、景勝、大坂城で家康から一二〇万石から三〇万石に減封を厳命される○一一月一八日、越後堀直寄、下勘七郎に酒田浦に揚がった鯨を進上
七	一六〇二	五七	一月、江戸大久保邸の裁判で、義光代官坂氏と秋田代官が陳弁す○七月二三日、義光、東根（里見）景佐に六千石の知行地を宛行い、さらに最上氏蔵入地の代官にも補任○一一月二八日、家親、松田角助に月布地を宛行う	
八	一六〇三	五八	三月一七日、義光、吉祥院に御詠歌を奉納○八月一二日、家親、大庭丹波守に、一代の普請役を免除す○八月一六日、義康、殺害される、二九歳○九月吉祥日、義光、天童愛宕神社を造営○一二月一九日、家親、工藤氏に外西小路の地を宛行う	二月一二日、徳川家康、征夷大将軍に叙任○五月一二日、一花堂乗阿、京都を発ち、山形へ向かう（慶長一〇年まで光明寺住職）

慶長 九	一六〇四	五九	二月一二日、家親、清野七良に十八才地を宛行う○三月吉日、義光、鳥海月山両所宮に石灯籠を寄進○閏八月二日、義光、北館大学に、庄内へ下向する上使の船の手配を命ず○一二月九日、家親、大谷五郎兵衛に大谷の地を宛行う	四月一六日、坂紀伊守光秀、清源寺に寺領を寄進す○八月一六日、日野光久・東根景佐連署して、慈恩寺御堂造営を悦す○九月二八日、本城（本庄）満茂、石川丹後守に知行地を配分す
一〇	一六〇五	六〇	五月一二日、義光、金峰山本社を造営	四月一六日、秀忠、征夷大将軍に叙任○一二月吉日、最上家大工小澤光祐の依頼によって、桜井越後守吉久が天守閣建地割を描く
一一	一六〇六	六一	一月三日、義光、東根氏に預けていた最上蔵入地を東根氏に宛行う○二月七日、義光、東根氏から礼として判金・白鳥・国元の酒を江戸まで送ってきたことに対して謝す○七月上旬、義光、荒沢寺不動堂を造営○この年、義光、羽黒山本堂を造営○この年、家信誕生	
一二	一六〇七	六二	四月一六日、本城満茂、北国街道の伝馬制について、規範を示す○一二月、義光、義康供養のために丸岡常楽院に阿弥陀三尊を寄進	
一三	一六〇八	六三	七月七日、義光、羽黒山五重塔を修造○七月二七日・一〇月四日、義光、羽黒山五重塔に棟札を納	八月、慶長六年に家康から義光に下賜された政宗作刀剣に、金具が拵付

			める○一〇月吉日、義光、金峰山釈迦堂を修造	けられる○一〇月二六日、楯岡光直、兄義光の息災延命を願って立石寺根本中堂に鰐口を奉納
一四	一六〇九	六四	八月二一日、義光、金峰山へ寺領を寄進○九月二一日、原美濃守、浜中村へ伝馬宿送りの掟を出す○一〇月六日、義光、羽黒山北の院釈迦堂を造営○一〇月一六日、義光、荒沢寺御影堂を修造	六月二四日、氏家光氏、天童愛宕神社に石灯籠寄進
一五	一六一〇	六五	三月、義光、平清水平泉寺に三ヵ状の制札を出す	九月二二日、横代村の荒地開墾が許可される
一六	一六一一	六六	三月二三日、義光、少将に叙任○四月一四日、義光、鶴岡山王神社に鰐口と鉄鉢を寄進○四月一五日、義光、鶴岡山王神社を修造○五月二二日、義光、山形常念寺に寺領を寄進○五月吉日、義光、宝光院に鉄鉢を寄進○六月一〇日、義光、庄内下向にあたり、北館父子に準備を命ず○七月二日、義光、北館大学に、三日清川に下着すると伝える○八月五日、義光、北館大学に鶴岡での厚情に感謝す○一〇月一四日、義光、小国摂津守に、庄内下向の際の厚情と柚が贈られてきたことを謝す○この年、義光、山形千手堂行基開祖延命橋（石橋）を寄進	八月一二日、原美濃・進藤但馬連署して、叙任お祝いとして献じられた銀子・扇子の請取を出す

慶長一七	一六一二	六七	一月五日、奥羽諸大名等誓書に最上侍従が見える○一月一一日、家親、市田喜三郎に親の一字を与える○五月九日、義光、和田越中に二七九五石、戸沢金左右衛門に二六〇石、大津藤右衛門に二五〇石、高山喜兵衛に二〇〇石、市田右右衛門に一九〇石、須佐太郎兵衛に二五〇石、長山若狭に一九五石を宛行う○五月九日、義光、北館大学に、鶴岡城の諸道具の虫干しに人を遣わすことを伝える○五月一五日、義光、北館大堰普請検分の役人を遣わす、小国氏にもその旨を伝える○五月一八日、義光、北館大学に、堰普請の労をねぎらう○五月二八日、義光、大津助之丞に、堰普請の労をねぎらう○六月四日、義光、鶴岡の長泉寺、高安寺、円用院、下田川八幡宮、狩川八幡宮、朝日山八幡宮、一条八幡宮に、灯明供物料等を寄進○六月四日、義光、羽黒山の役付きの坊へ知行を付与○六月七日、義光、羽黒領村々の肝煎に扶持を付与○八月五日、義光、北館大学が庄内・由利の大堰普請人足割の書付を確認し、江戸老中にもその功績を伝えると連絡○八月二〇日、義光、北館大学に下屋敷を付与○一一月一九日、義光、北館大	八月一五日、大山城代下氏、石山惣兵衛に知行状を付与○一〇月二七日、北館大学、大日坊に材木の川流しの便を図ると伝える○一一月二七日、原美濃・進藤但馬、北館大学への加増分を無音村で支給した算用状を作成

一八	一六一三	六八	学に三〇〇石を加増 一月二五日、家親、戸沢角左衛門、須佐五郎兵衛に親の一字を与える○二月吉日、義光、出羽三山神社に青銅製狛犬を寄進○四月二六日、義光、林光に、四月一八日に江戸に着いて将軍秀忠に謁見し、駿府に向かって二六日には神奈川に来たと伝える○五月吉日、義光、金峰山如意輪堂に鰐口を寄進○七月二五日、義光、銀子・豆腐・ゴボウ・大根・ミョウガ・昆布などを贈られてきたのに謝す○九月、義光、駿府で家康に謁見、帰路、江戸で秀忠に謁見、一〇月、山形に帰る	
一九	一六一四	六九	一月一八日、義光、山形で死去○同日付で、家親、高野山奥の院参道に五輪塔を建てる○二月六日、菩提寺慶長寺（後に光禅寺）で葬儀、家親継嗣す、三三歳○六月六日、家親、一栗兵部事件での小国摂津守の対応を賞す○七月一八日、家親、羽黒山宝前坊職等について裁定を行う○一〇月一一日、家親、延沢・日野両氏に命じて清水城を攻撃、清水義親（満氏）自刃○一二月八日、江戸留守居の家親、本庄豊前守に、大坂冬の陣の様子を知らせる	二月六日、酒田城代志村九郎兵衛光惟、山形へ出向していた永田勘十郎から、義光死去を知らされる○六月一〇日、新関因幡守、大津藤右衛門に、一栗兵部事件について知らせる○一〇月、大坂冬の陣、一二月、和議なる

元和 元	一六一五		九月、家親、本庄豊前守に、大坂の陣の際に定め置いた軍役を確認	四月、大坂夏の陣、五月、豊臣秀頼・淀殿死去○六月五日、最上氏代官原美濃守、熊野三山へ初穂を進上
二	一六一六		九月二日、家親が江戸に上るにあたり、鶴岡・酒田に金銀を上納させる	四月、家康死去、七五歳○五月一一日、原美濃守、伊勢神宮と熊野三山へ初穂を進上
三	一六一七		二月二八日、家親、本庄播磨守に親の一字を与える○三月六日、家親、急死、三六歳○同日付で、家信、高野山奥の院参道に家親供養の五輪塔を建てる○五月、家信、継嗣す、一二歳○一一月三〇日、黒川春日社社人、最上家信へのお目見えを許される	四月一日、鶴ケ岡城御広間番割が書かれる
六	一六二〇		一〇月一六日、家信、山形日枝神社に絵馬三面（猿曳駒図）寄進	
七	一六二一		六月吉日、家信、大沼浮島神社に石灯籠寄進	
八	一六二二		八月、最上家改易、諸城が接収される○その後、家信（義俊と改名）、寛永八年（一六三一）一一月、死去、二六歳	

主要参考文献（本文中で引用したもの、県・市町村史は含めていない。副題は略）

『郷土資料叢書　戸沢氏以前史料集』第三輯　新庄市立図書館　一九六七年
『郷土資料叢書　新庄領内寺社関係文書』第二〇輯　新庄市立図書館　一九九一年
誉田慶恩・横山昭男『県史6　山形県の歴史』山川出版社　一九七〇年
横山昭男・誉田慶信・伊藤清郎・渡辺信『県史6　山形県の歴史』山川出版社　一九九八年
山形市教育委員会・最上義光歴史館編『発掘された山形城三の丸：〝埋蔵文化財〟からみる城の歴史』最上義光歴史館　二〇〇五年
安孫子博幸「山形城下絵図と寺院」（『村山民俗』二八）二〇一四年
阿部哲人「慶長五年の戦局における上杉景勝」（『歴史』一一七）二〇一一年
安部俊治「天正二年頃の伊達氏人数日記（着到帳）について」（『古文書研究』四九）一九九九年
安部俊治「『伊達天正日記』に記された天正十五年の外交関係の記事について」（『茨城県史研究』八六）二〇〇二年
安部実「保存されている山形城の瓦について」（『山形県立博物館研究報告』二五）二〇〇六年

粟野俊之『織豊政権と東国大名』吉川弘文館 二〇〇一年
五十嵐貴久「山形城」(『季刊考古学』一〇三) 二〇〇八年
池上裕子『織田信長』(人物叢書) 吉川弘文館 二〇一二年
石畑匡基「秀吉死後の政局と大谷吉継の豊臣政権復帰」(『日本歴史』七七二) 二〇一二年
市村幸夫「宮城県図書館所蔵の山形城下絵図」(『村山民俗学会会報』二六三) 二〇一三年
伊藤清郎・誉田慶信編『中世出羽の宗教と民衆』高志書院 二〇〇二年
伊藤喜良『東国の南北朝動乱』吉川弘文館 二〇〇一年
伊藤真昭「豊臣政権における寺社政策の理念」(『ヒストリア』一七六) 二〇〇一年
遠藤巌「あかうそ三郎」(『六軒丁中世史研究』八) 二〇〇一年
遠藤ゆり子「中近世移行期の平和維持と女性」(西村汎子編『戦の中の女たち』) 吉川弘文館 二〇〇四年
遠藤ゆり子編『伊達氏と戦国争乱』吉川弘文館 二〇一六年
大木彬『天童合戦の前後』中央印刷株式会社 二〇一二年
大越良裕「伊達輝宗家臣遠藤基信と連歌」(『国史談話会雑誌』四三) 二〇〇二年
大崎シンポジウム実行委員会編『奥州探題大崎氏』高志書院 二〇〇三年
大澤慶尋「『天正二年最上の乱』の基礎的研究」(『青葉城資料展示館研究報告』特別号 改訂版) 二〇〇二年

岡田清一「泉田重光と天正十六年合戦」(『岡田ゼミナール研究年報』三七、東北福祉大学) 二〇一五年
岡本顕實『秀吉の野望と名護屋城』〈郷土歴史シリーズVOL1〉 さわらび社 一九九三年
奥田勲『連歌師』 評論社 一九七六年
小野末三「関東に於ける最上義光の動向　前編・後編」(『山形県地域史研究』二六・二七) 二〇〇一・二年
垣内和孝「天正一四年の二本松「惣和」と伊達政宗」(『中央史学』三四) 二〇一一年
片山正彦「天正後期秀吉・家康の政治的関係と『取次』」(『日本歴史』七二一) 二〇〇八年
加藤理文『織豊権力と城郭』 高志書院 二〇一二年
金子拓「戦国大名出羽小野寺氏の花押」(『秋大史学』五三) 二〇〇七年
川崎利夫『天童の歴史散歩』 ヨークベニマル 一九九七年
川瀬同「文献にみる光禅寺所蔵大阪夏の陣屏風絵」(山形郷土史研究協議会『研究資料集』一一・一七) 一九八九・九五年
木下聡「武家と四職大夫」(『日本史研究』五四九) 二〇〇八年
木下聡「中世後期における武家と受領官途」(『日本歴史』七三〇) 二〇〇九年
木村重道『最上義光の面影を追う』 みちのく書房 一九九七年
久保健一郎「『境目』の領主・再論」(早稲田大学史学会編『史観』一五九) 二〇〇八年

久保健一郎「戦争経済と兵糧・軍隊」（池享編『室町戦国期の社会構造』）吉川弘文館　二〇一〇年
黒田基樹「慶長期大名の氏姓と官位」（『日本史研究』四一四）一九九七年
小久保嘉紀「書札礼からみた室町・戦国期西国社会の儀礼秩序」（『年報中世研究』三八）二〇一三年
小林清治『伊達政宗』（人物叢書）吉川弘文館　一九五九年
小林清治『秀吉権力の形成』東京大学出版会　一九九四年
小林清治『奥羽仕置と豊臣政権』吉川弘文館　二〇〇三年
小林清治『奥羽仕置の構造』吉川弘文館　二〇〇三年
今野真「豊臣秀吉文書における自称文言について」（『歴史』一一七）二〇一一年
『再現日本史：週刊 time travel』戦国七　講談社　二〇〇二年
齋藤仁・須藤英之「山形市双葉町遺跡出土の中世前期の遺物について」（『さあべい』一八）二〇〇一年
堺有宏「天正九年京都馬揃え朝廷」（『日本歴史』七八八）二〇一四年
佐藤圭「佐竹義宣の発給文書について」（『秋大史学』五八）二〇一二年
佐藤貴浩「家督相続以前の伊達政宗」（『戦国史研究』五五）二〇〇八年
七宮涬三『陸奥・出羽　斯波・最上一族』新人物往来社　二〇〇五年

渋谷敏己「置賜地方の近世の『村』の系譜覚書」(『山形史学研究』二七・二八・二九合併号) 一九九六年
下　達也『荘内・下越後の下家』 信濃毎日新聞社出版局 二〇〇三年
下村効「豊臣氏官位制度の成立と発展」(『日本史研究』三七七) 一九九四年
白根靖大編『室町幕府と東北の国人』 吉川弘文館 二〇一五年
菅原義勝「大宝寺氏と越後国守護上杉氏」(『駒澤大学大学院史学論集』四〇) 二〇一〇年
杉山一弥「室町幕府と出羽大宝寺氏」(『地方史研究』三一三) 二〇〇五年
鈴木勲『新しく発見された白鳥十郎長久書状』 河北郷土史研究会 二〇〇九年
鈴木勲「『天正最上軍記』を読む」(『河北の歴史と文化』七) 二〇一一年
鈴木和吉『山形合戦』 私家版 一九九〇年
高桑登「奥羽南半における「伊達氏系遺物」の分布について」(財団法人山形県埋蔵文化財センター『研究紀要』創刊号) 二〇〇三年
高橋明「会津若松城主上杉景勝の戦い、乾・坤」(『福大史学』八〇・八一) 二〇〇九・一〇年
高橋俊介「天正十四年の南奥羽における『惣和』と相馬氏」(『駒澤大学大学院史学論集』三七) 二〇〇七年
高橋信敬「城下町における町割と地名の研究」(『山形地理』一) 一九六七年

高橋　充「蒲生秀行・忠郷時代の会津藩政」(『日本歴史』七一八)　二〇〇八年
高橋涙声編『慶長五年長谷堂附近戦史』　金井村　高橋雄一　一九三三年
竹井英文「出羽国『庄内問題』再考」(池享編『室町戦国期の社会構造』)　吉川弘文館　二〇一〇年
竹井英文『織豊政権と東国社会』　吉川弘文館　二〇一二年
武田喜八郎『武田喜八郎著作集　巻一』　私家版　二〇〇八年
戸谷穂高「関東・奥両国惣無事と白河義親」(村井章介編『中世東国武家文書の研究』)　高志書院　二〇〇八年
中井　均「伏見城と豊臣・徳川初期の城郭構造」(『ヒストリア』二二二)　二〇一〇年
中村晃訳『最上義光物語』　教育社　一九八九年
中村孝也『徳川家康文書の研究』中巻　日本学術振興会　一九五九年
名子喜久雄「最上義光の文芸活動について」(『歴史館だより』三)　一九九八年
名子喜久雄「最上義光と『源氏物語』」(『歴史館だより』五)　一九九八年
名子喜久雄「最上義光の『文禄二年六月十三日連歌』について」(『人文論究』六九)　二〇〇〇年
仁木　宏「近世社会の成立と城下町」(『日本史研究』四七六)　二〇〇二年
野崎　準「東北戦国武者の技術文化」(『東北学院大学東北文化研究所紀要』三七)　二〇〇五年
野村　玄「豊国明神号の創出過程に関する一考察」(『史学雑誌』一二一)　二〇一二年

長谷川成一『北奥羽の大名と民衆』清文堂出版　二〇〇八年
長谷勘三郎「文禄四、五年の謎」（『歴史館だより』一九）二〇一二年
花岡興史「江戸幕府の城郭政策にみる『元和一国一城令』」（『熊本史学』九七）二〇一三年
早川和見『山形最上家と古河土井家について』私家版　一九六七年
早川和見「鮭延越前守口述録について」（『山形県地域史研究』三四）二〇〇九年
林千寿「慶長五年の戦争と戦後領国体制の創出」（『日本歴史』七四二）二〇一〇年
平井上総「豊臣政権の国替令をめぐって」（『日本歴史』七七五）二〇一二年
福田千鶴「最上氏の改易について」（『日本史研究』三六一）一九九二年
藤木久志『豊臣平和令と戦国社会』東京大学出版会　一九八五年
藤木久志『刀狩り』岩波書店　二〇〇五年
藤田達生『日本近世国家成立史の研究』校倉書房　二〇〇一年
藤本正行『戦国合戦・本当はこうだった』洋泉社　一九九七年
保角里志『南出羽の城』高志書院　二〇〇六年
保角里志『南出羽の戦国を読む』高志書院　二〇一二年
松崎瑠美「天下統一・幕藩制確立期における武家女性の役割」（『国史談話会雑誌』四五）二〇〇四年
宮島新一「最上家信奉納の神馬図」（『歴史館だより』一七）二〇一〇年

宮島新一「『最上屏風』の由来について」（『歴史館だより』一九）　二〇一二年
矢田俊文「近世軍学者と合戦図・武者絵」（科研費研究成果報告書『室町・戦国・近世期の上杉氏史料の帰納的研究』）　二〇〇六年
矢部健太郎「東国『惣無事』政策の展開と家康・景勝」（『日本史研究』五〇九）　二〇〇五年
矢部健太郎「『源姓』徳川家への『豊臣姓』下賜」（『古文書研究』七四）　二〇一二年
山田将之「中人制における『奥州ノ作法』」（『戦国史研究』五七）　二〇〇九年
横山昭男「近世都市山形の成立と最上義光」（『研究資料』二〇）　一九九八年
吉村雄多「『伊達氏包囲網』再考」（『戦国史研究』六三）　二〇一二年

著者略歴

一九四八年宮城県に生まれる
一九七一年東北大学文学部国史学科卒業
一九七六年東北大学大学院文学研究科博士課程単位取得満期退学
二〇〇〇年東北大学より博士(文学)の学位取得
山形大学教育学部教授・同地域教育文化学部教授を経て、
現在　山形大学名誉教授

主要編著書

『霊山と信仰の世界』(吉川弘文館、一九九七年)
『中世の城と祈り』(岩田書院、一九九八年)
『中世日本の国家と寺社』(高志書院、二〇〇〇年)
『最上氏と出羽の歴史』〔編著〕(高志書院、二〇一四年)

人物叢書　新装版

最上義光

二〇一六年(平成二十八)三月二十日　第一版第一刷発行

著　者　伊《い》藤《とう》清《きよ》郎《お》
編集者　日本歴史学会
代表者　笹山晴生
発行者　吉川道郎
発行所　株式会社吉川弘文館
東京都文京区本郷七丁目二番八号
郵便番号一一三―〇〇三三
電話〇三―三八一三―九一五一〈代表〉
振替口座〇〇一〇〇―五―二四四
http://www.yoshikawa-k.co.jp/
印刷＝株式会社 平文社
製本＝ナショナル製本協同組合

ISBN978-4-642-05278-8

『人物叢書』(新装版)刊行のことば

人物叢書は、個人が埋没された歴史書が盛行した時代に、「歴史を動かすものは人間である。個人の伝記が明らかにされないで、歴史の叙述は完全であり得ない」という信念のもとに、専門学者に執筆を依頼し、日本歴史学会が編集し、吉川弘文館が刊行した一大伝記集である。

幸いに読書界の支持を得て、百冊刊行の折には菊池寛賞を授けられる栄誉に浴した。

しかし発行以来すでに四半世紀を経過し、長期品切れ本が増加し、読書界の要望にそい得ない状態にもなったので、この際既刊本の体裁を一新して再編成し、定期的に配本できるような方策をとることにした。既刊本は一八四冊であるが、まだ未刊である重要人物の伝記についても鋭意刊行を進める方針であり、その体裁も新形式をとることとした。

こうして刊行当初の精神に思いを致し、人物叢書を蘇らせようとするのが、今回の企図である。大方のご支援を得ることができれば幸せである。

昭和六十年五月

日本歴史学会

代表者　坂本太郎

道元　竹内道雄著
北条重時　森幸夫著
親鸞　赤松俊秀著
北条時頼　高橋慎一朗著
日蓮　大野達之助著
阿仏尼　田渕句美子著
北条時宗　川添昭二著
一遍　大橋俊雄著
叡尊・忍性　和島芳男著
京極為兼　井上宗雄著
金沢貞顕　永井晋著
菊池氏三代　杉本尚雄著
新田義貞　峰岸純夫著
花園天皇　岩橋小弥太著
赤松円心・満祐　高坂好著
卜部兼好　冨倉徳次郎著
覚如　重松明久著
足利直冬　瀬野精一郎著
佐々木導誉　森茂暁著
細川頼之　小川信著
足利義満　臼井信義著
今川了俊　川添昭二著
足利義持　伊藤喜良著
世阿弥　今泉淑夫著

上杉憲実　田辺久子著
山名宗全　川岡勉著
一条兼良　永島福太郎著
亀泉集証　今泉淑夫著
蓮如　笠原一男著
宗祇　奥田勲著
万里集九　中川徳之助著
三条西実隆　芳賀幸四郎著
大内義隆　福尾猛市郎著
ザヴィエル　吉田小五郎著
三好長慶　長江正一著
今川義元　有光友學著
武田信玄　奥野高広著
朝倉義景　水藤真著
浅井氏三代　宮島敬一著
織田信長　池上裕子著
明智光秀　高柳光寿著
大友宗麟　外山幹夫著
千利休　芳賀幸四郎著
豊臣秀次　藤田恒春著
足利義昭　奥野高広著
前田利家　岩沢愿彦著
長宗我部元親　山本大著
安国寺恵瓊　河合正治著

石田三成　今井林太郎著
真田昌幸　柴辻俊六著
高山右近　海老沢有道著
最上義光　伊藤清郎著
島井宗室　田中健夫著
淀君　桑田忠親著
片桐且元　曽根勇二著
藤原惺窩　太田青丘著
支倉常長　五野井隆史著
伊達政宗　小林清治著
天草時貞　岡田章雄著
立花宗茂　中野等著
宮本武蔵　大倉隆二著
小堀遠州　森蘊著
徳川家光　藤井讓治著
由比正雪　進士慶幹著
佐倉惣五郎　児玉幸多著
林羅山　堀勇雄著
松平信綱　大野瑞男著
国姓爺　石原道博著
野中兼山　横川末吉著
隠元　平久保章著
徳川和子　久保貴子著
酒井忠清　福田千鶴著

朱舜水　石原道博著
池田光政　谷口澄夫著
山鹿素行　堀勇雄著
井原西鶴　森銑三著
松尾芭蕉　阿部喜三男著
三井高利　中田易直著
河村瑞賢　古田良一著
徳川光圀　鈴木暎一著
契沖　久松潜一著
市川団十郎　西山松之助著
伊藤仁斎　石田一良著
徳川綱吉　塚本学著
貝原益軒　井上忠著
前田綱紀　若林喜三郎著
近松門左衛門　河竹繁俊著
新井白石　宮崎道生著
鴻池善右衛門　宮本又次著
石田梅岩　柴田実著
太宰春台　武部善人著
徳川吉宗　辻達也著
大岡忠相　大石学著
賀茂真淵　三枝康高著
平賀源内　城福勇著
与謝蕪村　田中善信著

三浦梅園　田口正治著
毛利重就　小川國治著
本居宣長　城福勇著
山村才助　鮎沢信太郎著
木内石亭　斎藤忠著
小石元俊　山本四郎著
山東京伝　小池藤五郎著
杉田玄白　片桐一男著
塙保己一　太田善麿著
上杉鷹山　横山昭男著
大田南畝　浜田義一郎著
只野真葛　関民子著
小林一茶　小林計一郎著
大黒屋光太夫　亀井高孝著
松平定信　高澤憲治著
菅江真澄　菊池勇夫著
島津重豪　芳即正著
狩谷棭斎　梅谷文夫著
最上徳内　島谷良吉著
渡辺崋山　佐藤昌介著
柳亭種彦　伊狩章著
香川景樹　兼清正徳著
平田篤胤　田原嗣郎著
間宮林蔵　洞富雄著

滝沢馬琴　麻生磯次著
調所広郷　芳即正著
橘守部　鈴木暎一著
黒住宗忠　原敬吾著
水野忠邦　北島正元著
帆足万里　帆足図南次著
江川坦庵　仲田正之著
藤田東湖　鈴木暎一著
二宮尊徳　大藤修著
広瀬淡窓　井上義巳著
大原幽学　中井信彦著
島津斉彬　芳即正著
月照　友松圓諦著
橋本左内　山口宗之著
井伊直弼　吉田常吉著
吉田東洋　平尾道雄著
緒方洪庵　梅溪昇著
佐久間象山　大平喜間多著
真木和泉　山口宗之著
高島秋帆　有馬成甫著
シーボルト　板沢武雄著
高杉晋作　梅溪昇著
川路聖謨　川田貞夫著
横井小楠　圭室諦成著

小松帯刀	高村直助著
山内容堂	平尾道雄著
江藤新平	杉谷　昭著
和　宮	武部敏夫著
西郷隆盛	田中惣五郎著
ハリス	坂田精一著
森　有礼	犬塚孝明著
松平春嶽	川端太平著
中村敬宇	高橋昌郎著
河竹黙阿弥	河竹繁俊著
寺島宗則	犬塚孝明著
樋口一葉	塩田良平著
ジョセフ＝ヒコ	近盛晴嘉著
勝　海舟	石井　孝著
臥雲辰致	村瀬正章著
黒田清隆	井黒弥太郎著
伊藤圭介	杉本　勲著
福沢諭吉	会田倉吉著
星　亨	中村菊男著
中江兆民	飛鳥井雅道著
西村茂樹	高橋昌郎著
正岡子規	久保田正文著
清沢満之	吉田久一著
滝　廉太郎	小長久子著
副島種臣	安岡昭男著
田口卯吉	田口　親著
福地桜痴	柳田　泉著
陸　羯南	有山輝雄著
児島惟謙	田畑　忍著
荒井郁之助	原田　朗著
幸徳秋水	西尾陽太郎著
ヘボン	高谷道男著
石川啄木	岩城之徳著
乃木希典	松下芳男著
岡倉天心	斎藤隆三著
桂　太郎	宇野俊一著
徳川慶喜	家近良樹著
加藤弘之	田畑　忍著
山路愛山	坂本多加雄著
伊沢修二	上沼八郎著
秋山真之	田中宏巳著
前島　密	山口　修著
成瀬仁蔵	中嶌　邦著
前田正名	祖田　修著
大隈重信	中村尚美著
山県有朋	藤村道生著
大井憲太郎	平野義太郎著
河野広中	長井純市著
富岡鉄斎	小高根太郎著
大正天皇	古川隆久著
津田梅子	山崎孝子著
豊田佐吉	楫西光速著
渋沢栄一	土屋喬雄著
有馬四郎助	三吉　明著
武藤山治	入交好脩著
坪内逍遙	大村弘毅著
山室軍平	三吉　明著
南方熊楠	笠井　清著
山本五十六	田中宏巳著
中野正剛	猪俣敬太郎著
近衛文麿	古川隆久著
河上　肇	住谷悦治著
牧野伸顕	茶谷誠一著
御木本幸吉	大林日出雄著
尾崎行雄	伊佐秀雄著
緒方竹虎	栗田直樹著
石橋湛山	姜　克實著
八木秀次	沢井　実著

▽以下続刊